AF251087

DIALOGUES & ATTITUDES

Richard Avedon
Matthew Barney
Sibylle Bergemann
Joseph Beuys
Christian Boltanski
Hanne Darboven
Tacita Dean
Olafur Eliasson
Gábor Gerhes
Jochen Gerz
Rodney Graham
Andreas Gursky
Tibor Hajas
Gottfried Helnwein
David Hockney
Nan Hoover
Teresa Hubbard/Alexander Birchler
Ilya Kabakov
Seydou Keïta
Barbara Kruger
Marie-Jo Lafontaine
Les Levine
Robert Mapplethorpe
Mario Merz
Ryuji Miyamoto
Tracey Moffatt
Hajnal Németh
Gabriel Orozco
Sigmar Polke
Inge Rambow
Robert Rauschenberg
Klaus Rinke
Jörg Sasse
Cindy Sherman
Anatolij Shuravlev
Santiago Sierra
Taryn Simon
Thomas Struth
Andy Warhol
John Waters
William Wegman
Sascha Weidner

KONZEPT: FOTOGRAFIE

DIALOGUES & ATTITUDES

HATJE
CANTZ

INHALT

CONTENTS

VORWORT

PREFACE

Das Tagesgeschäft einer Bank sind die Märkte, Zinsen und Renditen. Die Kunstsammlung der DZ BANK hat sich von Anfang an aber nie am Markt orientiert – allenfalls ist sie ihm vorausgegangen. Ihr Gravitationszentrum war zu jedem Zeitpunkt die Kunst selbst und ein klares, an den künstlerischen Gehalten orientiertes Sammlungskonzept. Wenn manche Unternehmen „Kunstschätze" sammeln, so bin ich froh, dass für die Fotosammlung der DZ BANK niemand dergleichen behaupten kann.

Bei der DZ BANK ist vielmehr über die Jahre eine äußerst spannende, wohl überlegte und vielseitige Sammlung zeitgenössischer künstlerischer Fotografie entstanden. Sie gehört nach Umfang und Profilierung zu den weltweit anerkannten Sammlungen ihrer Gattung.

Bemerkenswert ist diese Sammlung auch deshalb, weil sie inzwischen ein großes Spektrum an künstlerischen Einzelpositionen und Entwicklungen der Gegenwart repräsentiert. Sie hat damit den Status eines Reservoirs gewonnen, das Ausstellungspartner in aller Welt für eigene Konzepte nutzen können. Viele Perspektiven und Themen sind dabei möglich. Wir freuen uns über Partner, die unseren Fundus nutzen und dabei die unterschiedlichsten Perspektiven und Beziehungen entdecken.

The daily business of a bank consist of markets, interest rates, and returns. The DZ BANK Art Collection has, since its inception, not heeded the market in any way, and has at most pre-empted it. At all times, its key focus has been on art itself and on a clear collection policy destined to foster artistic substance. While some companies collect "art treasures", I am glad to say that no one could say this is true of the DZ BANK Photo Collection.

Indeed, down through the years DZ BANK has assembled a very exciting, well considered and varied collection of contemporary art photography. In terms of scale and profile, it is one of the leading internationally recognized collections of its kind.

The collection is also worthy of attention because it now represents a broad spectrum of individual artistic positions and contemporary trends. It can thus now be accorded the status of a pool that exhibition partners the world over gladly draw from for their own work, whereby a plethora of perspectives and topics are possible. We are delighted that there are such partners who are interested in using the Collection and in the process discover a diversity of perspectives and new contexts.

Die Ausstellung im Ludwig Museum in Budapest, die von der Takarékbank unterstützt wird, ist die erste in einer Reihe von individuell konzipierten Ausstellungen, die wir in den nächsten Jahren unter dem Titel *Konzept: Fotografie* folgen lassen werden. Der Titel *Dialogues & Attitudes* benennt das programmatische Leitmotiv der ersten Ausstellung. Die Auswahl mit Werken von 1970 bis heute macht verborgene Dialoge zwischen verschiedenen Werken und Themen sichtbar und kontrastiert sie mit Positionen von faszinierender Singularität.

Einen besseren Startpunkt als Budapest hätten wir uns für *Konzept: Fotografie* nicht wünschen können. Nicht nur weil die Takarékbank unser genossenschaftlicher Partner in Ungarn ist, sondern auch, weil die Reihe gleich mit einer internationalen Perspektive startet.

Denn schon lange bevor das Wort Globalisierung in aller Munde war, war niemand so neugierig auf internationalen Austausch wie Künstler, Musiker und Schriftsteller. Heute folgen die Genossenschaftsbanken ihren Kunden in andere Länder. Von der Kunst können wir dabei vieles lernen, nicht zuletzt, dass internationale Begegnungen für beide Seiten fruchtbar sind und ihnen neue Einsichten vermitteln. Solche immateriellen Renditen sind oft die wertvollsten.

Wolfgang Kirsch
Vorsitzender des Vorstandes der DZ BANK AG
Chairman of the Board of the DZ BANK AG

The exhibition at Ludwig Museum in Budapest, which is being supported by Takarékbank, is the first in a series of individually designed shows entitled Concept: Photography *which we will be organizing over the next few years. The title* Dialogues & Attitudes *pin-points the programmatic leitmotif and thrust of this first exhibition in the series. The selection of works from 1970 to the present visualizes covert dialogues between different works and topics and contrasts these to positions that are fascinatingly unique.*

There is no conceivably better place to start Concept: Photography *than Budapest. Not just because Takarékbank is our co-operative partner in Hungary, but also because the series thus kicks off with an international approach.*

After all, long before the term globalization was the talk of the town, no one was as interested in international interaction as were the artists, musicians and writers. Today, the cooperative banks are busy following their clients to new countries. We can learn a lot from art in this regard, not least that international encounters are fruitful for both sides, offering as they do many new insights. Such intangible returns are often truly the most valuable of all.

KONZEPT: FOTOGRAFIE

CONCEPT: PHOTOGRAPHY

Unter diesem Vorzeichen ist vor fast fünfzehn Jahren die Sammlung der DZ BANK gegründet worden. Nach nur fünf Jahren Sammeltätigkeit startete Mitte der neunziger Jahre des 20. Jahrhunderts eine internationale Ausstellungstournee, die unter dem Titel *Das Versprechen der Fotografie* eine erste Zwischenbilanz zog. Fast zehn Jahre danach – in der Kunstwelt kommt das einem Generationswechsel gleich – gilt es heute für uns, das Versprochene einzulösen, indem wir die weitere Entwicklung der Sammlung dokumentieren und erneut unter einem aktuellen Blickwinkel die Lage des fotografischen Bildes untersuchen wollen.

Die Form eines Bestandskataloges schien uns zu statisch und museal zu sein, um die Entwicklung und vor allem die Vielfalt der Sammlung heute adäquat wiederzugeben. Denn Sammeln ist ein dynamischer und eigendynamischer Prozess, eine Sammlung immer auch ein Abbild desjenigen, der sie zusammenträgt. Und eine Sammlung, die der Gegenwartskunst verpflichtet ist und weder völlig öffentlich noch rein privat, entwickelt naturgemäß nicht nur fotografiegeschichtliche Prioritäten. Die Sammlung zählt heute mehr als 5500 Werke von über 550 Künstlern. Dies mag einerseits ein Beleg für Groys' These vom Siegeszug des fotografischen Bildes in der Kunst sein, andererseits ist unverkennbar – wie nicht zuletzt die im Bestand repräsentierte historische Spanne und die unterschiedlichen Gebrauchsweisen des Mediums zeigen – eine Art Epochenwandel im Gange, der sich etwa am Alter der so genannten Becher-Schule oder auch an der Konjunktur neuer Malerei festmachen lässt. Was liegt also näher, als die Werke der Sammlung in einen thematischen Dialog zu setzen, und sie so neu zu befragen und einzuordnen?

Die Betrachtung der Sammlung als einen lebendigen Organismus, der im ständigen Wachstum und Wandel begriffen ist, führte zur Idee einer Ausstellungs- und Publikationsreihe in loser Abfolge. In Zusammenarbeit mit wechselnden Kunstinstitutionen möchten wir die Sammlung dem kuratorischen Blick von außen öffnen. Dies erweitert unsere Wahrnehmung, bereichert den internationalen Diskurs und gibt der wachsenden Öffentlichkeit die Möglichkeit, substanzielle Teile der Sammlung in einem musealen Kontext zu sehen. Der Globalisierungsgewinn liegt dabei darin, dass die Art und Weise, in der ein Kurator aus einem anderen Kulturkreis und/oder mit einer anderen politischen Sozialisierung die Sammlung thematisch und ästhetisch befragt, für beide Seiten aufschlussreich sein kann.
Den Auftakt dieser Ausstellungsreihe bildet *Dialogues & Attitudes* im Ludwig Museum Budapest. Nicht zufällig trägt diese Ausstel-

The DZ BANK Collection was established almost 15 years ago under this augury. In the mid-1990s, after the bank had been collecting for only five years, it embarked on an international exhibition tour entitled The Promise of Photography, *an initial stocktaking of its activities to date. Almost 10 years later – in the art world this means the advent of a whole new generation – we intend to keep our promise by documenting further developments in the Collection and attempting to investigate the present status of the photographic image from a current-day perspective.*

To us, the inventory catalogue option seemed too static and too museum-like, an inadequate way of presenting the Collection's development and, more to the point, its current diversity. After all, collecting is a dynamic process, one that develops a momentum all of its own. At the same time, a collection always reflects the personality of the people who compile it. And a collection dedicated to contemporary art and neither entirely public nor completely private will not, of course, see the history of photography as its only priority. Today, the Collection boasts more than 5500 works by over 550 artists. This may, to some extent, support Groys' theory regarding the triumphant advance of the photographic image; at the same time, the onset of a kind of new era – as evidenced, not least, by the historical spread manifested within the inventory and the different ways that the medium has been used – cannot be denied, one that can be pinpointed somewhere around the coming of age of the so-called Becher School or the hype surrounding New Painting. What could be more obvious, then, than to allow the works in the Collection to engage in a thematic dialogue and thus to re-question and reclassify them?

The notion of the Collection as a living organism, constantly growing and changing, led to the idea of a loose sequence of exhibitions and publications. It is our desire to open up the Collection to an independent curatorial gaze through collaborations with changing art institutions. This broadens our perception, enriches international discourse and gives a growing public the opportunity to see substantial sections of the Collection within a museum context. In terms of globalization, the benefit lies in the fact that a curator from a different cultural sphere and/or with a different political background will question the Collection from a different thematic and aesthetic perspective, which can be instructive to both parties.
The opening chord to this exhibition series will be struck with Di-alogues & Attitudes in the Ludwig Museum, Budapest. And it is

"In retrospect, it could possibly be said that the slow transition from the painted to the photographic image was the real art event of the [20th] century." Boris Groys

lung in der ungarischen Hauptstadt das Dialogische bereits im Titel. Während im Westen Europas die Tendenz zur Atomisierung der Bildsprachen wie auch der Rezeption weit fortgeschritten ist, scheint im östlichen Teil noch ein großer Bedarf an Sortierung und Klassifizierung zu bestehen.

Dieser thematische Ansatz bietet zudem die Möglichkeit, aktuell auf Fragen des gegenwärtigen Kunstdiskurses Antworten zu suchen. Mit *Dialogues & Attitudes* ist nämlich die Entwicklung der Kunst der letzten fünfzig Jahre angesprochen. Seitdem gab es keine „Ismen" mehr, sondern nach dem „Ende der Avantgarden" immer differenziertere Einzelpositionen. Daher können unserer Meinung nach Vitalität und Aktualität des Mediums Fotografie im Dialog am besten zum Ausdruck gelangen. Im Übrigen tragen wir damit der Internationalisierung der Kunst in den vergangenen drei Dekaden Rechnung, des prinzipiell auswählenden Blicks der Fotografie, wie sie in den neunziger Jahren des 20. Jahrhunderts von zunehmend global nomadischen Künstlern betrieben wurden, die etwa mit Andreas Gursky, Axel Hütte oder Beat Streuli prominent in der Sammlung vertreten sind.

Die Konzentration dieser Sammlung auf das fotografische Bild in seiner ganzen Vielfältigkeit erlaubt eine fokussierte Sicht auf die unterschiedlichsten Entwicklungen der zeitgenössischen Kunst, dokumentiert die Wechselwirkungen zwischen den Kunstgattungen und die Weiterentwicklung der Malerei mit den Mitteln der Fotografie. Unsere Sammeltätigkeit ist an die einzelne Künstlerpersönlichkeit gebunden und hat die Werkgruppe im Blick, weil ein Großteil der zeitgenössischen Künstler seriell arbeitet. Die Fotografie ist das Schlüsselmedium aller technischen Bildgenerierung von heute.

Jörg Sasse, dem ein frühes Mitarbeiterprojekt dieser Bank half, den Weg für seine künstlerische Karriere zu ebnen, hat die Wechselwirkung zwischen dieser fotografischen Sicht und dem bildnerischen Potenzial in dem schönen Satz formuliert: „Zu interessant scheint mir die Eigenschaft der Fotografie zu sein, zwischen dem Verweis auf ‚Wirklichkeit' und dem autonomen Bild changieren zu können." Das bedeutet jedoch nicht, dass der Autonomiegedanke in der Kunst obsolet geworden ist, aber die Autonomie ist heute nurmehr eine Option unter vielen. So kehrt beispielsweise Anton Henning, wie sich in seiner Arbeit in unserer Sammlung (nicht in der Ausstellung vertreten) bereits ankündigt, mit seinen „Lounges" zur Funktionalität eines von ihm gestalteten Salons zurück, ohne dabei für seine darin gezeigten Gemälde den Autonomieanspruch aufzugeben.

Angesichts der totalen Ästhetisierung der Welt und ihres globalisierten Voyeurismus wird zunehmend der ungewisse, illusionäre

no coincidence that this exhibition in the Hungarian capital even features the word *dialogue* in its title. Whereas in western Europe the tendency to fragment both pictorial language and its reception is already far advanced, in the east there still seems to be a great need for a sorting and classification process. Moreover, this thematic approach offers an opportunity to search for up-to-the-minute answers to the questions of contemporary art discourse. The reason: *Dialogues & Attitudes* addresses the trend in art over the past 50 years, a period when there have been no more "isms" but, since the "end of the avant-garde", a succession of more and more subjective individual positions. In our opinion, this is the reason why the vitality and topicality of the medium of photography can best be expressed in a dialogue. And incidentally, this gives us the opportunity of doing justice to the internationalization of art over the course of the past three decades, to photography's always selective approach, an approach adopted, in the 1990s, by globally increasingly nomadic artists, prominently represented in the Collection by such artists as Andreas Gursky, Axel Hütte and Beat Streuli.

This Collection's focus on the photographic image in all its wide diversity allows us to home in on all manner of different developments in contemporary art, documenting the interplay between the different artistic genres and the advanced painting techniques rendered possible using the tools of photography. Our collecting activities are bound up with the personalities of individual artists and have their eye on groups of works because the majority of contemporary artists work in series. Photography is the key medium in all technical image generation today.

Jörg Sasse, whose artistic career was fostered by an early employee project of this bank, formulated the interaction between the photographic view of things and the pictorial potential in a fine sentence: "To me, what is so very interesting is that characteristic of photography that it is able to alternate between referencing 'reality' and the autonomous work of art." However, this does not mean that the autonomous quality of art has become obsolete, but that today, autonomy has become no more than one of many options. Thus, for example, as announced in his work in our Collection (not in the exhibition), Anton Henning returns, with his "Lounges" (not in the Collection), to the functionality of a salon designed by him without surrendering his claim to autonomy for the paintings shown in it.

In view of the total aestheticization of the world and its globalized voyeurism the uncertain, illusionary nature of any pictorial identity is now becoming increasingly obvious. The promise of photography also has something to do with the ambivalent fa-

Charakter jeder Bildidentität offenbar. Das Versprechen der Fotografie hat auch etwas mit der ambivalenten Vertrautheit von uns allen mit der Position vor und hinter der Kamera zu tun (Andy Warhols „Social Disease"). In diesem Sinn glauben wir seit geraumer Zeit nicht mehr an die ungebrochene Objektivität der Fotografie, wohl aber daran, dass fotografische Bilder im Grunde unsere Wirklichkeit SIND. Vielleicht auch weil das, was dahinter ist, möglicherweise doch nur wir selbst sind. Vielleicht hat der große Gary Winogrand („Ein Foto ist nicht das, was fotografiert wurde, es ist etwas anderes.") deshalb so viel fotografiert. Der vorliegende Band vereinigt über vierzig künstlerische Positionen, angefangen mit Joseph Beuys, Sigmar Polke und Klaus Rinke über Richard Avedon, Andy Warhol und Cindy Sherman bis etwa Thomas Struth, Andreas Gursky und Gabriel Orozco sowie Taryn Simon und Sascha Weidner als neuere Erwerbungen, um nur einige zu nennen. Alle diese Arbeiten sind normalerweise Bestandteil der Arbeitsumgebung in der Bank und erzeugen dort spezifische Konnotationen. Man vergisst leicht, dass eine Unternehmenssammlung nicht privat im hergebrachten Sinn ist, aber auch nicht in der Weise öffentlich, wie das für Museen oder Kunsthallen gilt. Allerdings erlaubt eine solche Präsenz von Kunst im Arbeitsleben ein beharrliches Sehen, das heute, da alle – auch der dynamisierte Betrachter von Kunst – und alles in Bewegung geraten sind, eine große Chance darstellt.

Unser Dank gilt daher in erster Linie den Mitarbeitern der DZ BANK als permanentes und anregendes Publikum der Sammlung. Dem Ludwig Museum Budapest und seinem Team sei gedankt für die angenehme und fruchtbare Zusammenarbeit. Mit seiner Befragung des fotografischen Bildes in dieser Sammlung hat das Team des Ludwig Museums dem Publikum und uns eine Tür zum Verstehen der heutigen Kunst und Gesellschaft in Europa und darüber hinaus geöffnet. Dank gebührt außerdem den Autoren, deren Texte aus unterschiedlichen Blickwinkeln Ordnung in die Fülle der Werke bringen und diese verständlicher machen, sowie allen anderen Mitarbeitern an dieser Publikation. Schließlich danke ich dem Vorstand des Unternehmens, das letztlich dies alles möglich macht. Wir dürfen gespannt sein auf diese Ausstellung, aber auch auf neue Themen und Aspekte der Sammlung, die in weiteren Partnerschaften und neuen Dialogen bei zukünftigen Ausstellungs- und Publikationsprojekten vorgestellt werden.

miliarity we all have with the position in front of and behind the camera (Andy Warhol's Social Disease *that is photography). In this sense, we have for some time no longer believed in the unshakable objectivity of photography, but what we do believe is that photographic images ARE, fundamentally, our reality. Perhaps, amongst other things, because what is behind them might just be no more than we ourselves. This might be the reason why the great Gary Winogrand ("A photo is not what has been photographed, it is something else.") took so many photographs. This volume assembles over 40 artistic positions, starting with Joseph Beuys, Sigmar Polke and Klaus Rinke, progressing through Richard Avedon, Andy Warhol and Cindy Sherman and ending with such artists as Thomas Struth, Andreas Gursky, Gabriel Orozco, Taryn Simon and Sascha Weidner, the last two fairly recent acquisitions, to mention but a few. All these works are normally an integral part of the working environment in the bank, where they engender specific connotations. People often forget that a corporate collection is not private in the traditional sense but is also not public in the same way as museums and art galleries. Nevertheless, when art is present in a working environment it allows for protracted consideration that nowadays represents a major opportunity, since everybody – even the increasingly mobile viewer of art – and everything is on the move.*

Our thanks go out, in the first instance, to the staff at DZ BANK, the Collection's permanent and stimulating public. We should also like to thank the Ludwig Museum Budapest and its team for such a pleasant and fruitful working relationship. With their questioning of the photographic image in this Collection the team at the Ludwig Museum has opened a door to the understanding of contemporary art and society in Europe and beyond. Thanks are also due to the authors, whose texts from different perspectives bring order to this wealth of works and make them more comprehensible, as they are to everybody else who has worked on this publication. Finally, I should like to thank the Management Board of this company who, in the final analysis, has made this all possible. We look forward to this exhibition with great excitement as we do to the new themes and aspects of the Collection that will be highlighted by further partnerships and new dialogues in future exhibition and publication projects.

Luminita Sabau
Leiterin der Kunstsammlung der DZ BANK
Head of the DZ BANK Collection

DIALOGUES & ATTITUDES – ANMERKUNGEN ZUR BILDAUSWAHL

DIALOGUES & ATTITUDES – REMARKS ON THE CHOICE OF IMAGES

Veronika Baksa-Soós

14

„Die Fotografie ist der Todeskult des 20. Jahrhunderts. Bewegt den Gehenden zum Bleiben, beschwört die Verstorbenen, sichert eine laufende Kommunikation mit dem Vergangenen und dem Veränderten. Keine Handlung kommt zum Schluss, keine Vision vergeht ohne Spur; alles, was vor die Linse der Kamera gerät, wird Wirklichkeit oder bleibt Wirklichkeit. Diese zweidimensionale Wirklichkeit vermischt sich mit der aktuellen Wirklichkeit ohne Hindernisse; ist gleichartig mit ihr; durchnetzt die alltägliche Praxis dermaßen, stimuliert unsere Sehweise so, dass wir uns selbst auch dort in ihr zu erkennen meinen, wo es für uns vor dem Erscheinen der Fotografie nicht möglich gewesen wäre."[2]

Der von Hajas vorgeschlagenen Neuformulierung der bestehenden Bildästhetik folgend haben wir zwei Ausgangspunkte für diese Ausstellung gewählt: Dialoge und individuelle künstlerische Haltungen. Der Dialog spornt zu einer neu formulierten Wahrheit an, während eine Haltung die innere Einstellung stimuliert, welche sie darstellt, eine spezifische Wahrheit. Die Schwerpunkte der Ausstellung gruppieren sich um diese zwei Begriffe.

An erster Stelle möchte ich mich bei Luminita Sabau und der DZ BANK bedanken, dass uns die Möglichkeit gegeben wurde, eine Auswahl ihrer großartigen Sammlung bei uns im Ludwig Museum vorstellen zu dürfen und die Ausstellung dem Kontext entsprechend mit ungarischen Exponaten – von Tibor Hajas, Hajnal Németh und Gábor Gerhes – zu bereichern. Dank der bereits 14-jährigen Sammlungstätigkeit des Instituts in Frankfurt am Main, konnten wir für unsere Ausstellung Fotografien aus mehr als 5500 Werken von 550 Künstlern auswählen. Die mit fotografischen Gattungen reich bestückte Sammlung wurde unter dem Aspekt inspiziert, ob die Arbeiten Dialoge initiieren oder starke Haltungen ausstrahlen.

Nach Árpád Mezei, der die möglichen Formen des Dialogs objektiv erforscht hat, ist ein Dialog nach folgenden drei Gesichtspunkten zu untersuchen: Die Beziehung der Partner; das Thema; die Beziehungen der Partner zum Thema. Wollen die Partner einander besiegen, dann geht der Dialog in ein Ritterturnier über. Die Verzerrung des Dialogs in diese Richtung wird durch die Anwesenheit eines Publikums erleichtert. Der platonische Dialog ist auch nicht realistisch, da Sokrates im Allgemeinen die völlige Überlegenheit behält. Wie er selber sagt, verrichtet er Hebammendienst, letztendlich unterrichtet er. Alfred Jarry tut in den „Heldentaten und Ansichten des Doktor Faustroll"[3] nichts weiter als aufzuzählen, was die Dialogpartner von Sokrates selber sagen: „Aléthé legeis, o Sokratés" (du sprichst die Wahrheit, oh Sokrates) und über Sei-

"Photography is the death cult of the 20th century. It moves those who are about to leave to stay; evokes the dead; provides ongoing communication with the past and the changed. No activity comes to an end; no vision disappears without a trace; everything that comes into the range of the camera lens becomes reality or remains reality. This two-dimensional reality combines freely with actual reality, is identical to it, interweaving with everyday practice to such an extent, stimulating our way of seeing to such a degree that we believe we discern ourselves in it even where we would not have been able to prior to the appearance of photography."[2]

In line with the reinterpretation of the existing aesthetic of images proposed by Hajas, we have chosen two starting points for this exhibition: dialogues and individual artistic attitudes. The notion of dialogue encourages us to reformulate the notion of truth, while the idea of attitude stimulates an inner stance that presents truth, namely a specific truth. The focus of the exhibition is on these two notions.

First of all, I would like to thank Luminita Sabau and DZ BANK for providing us with the opportunity to present a selection from their wonderful photographic collection at the Ludwig Museum in Budapest, and to allow us to enrich this exhibition – thematically – with Hungarian works – by Tibor Hajas, Hajnal Németh and Gábor Gerhes.

DZ BANK in Frankfurt am Main can now look back on a tradition of fourteeen years of collecting art, and we were thus able to select for the current show from among over 5500 works by 550 artists. The DZ BANK Collection is rich in terms of photographic genres, and we surveyed it with a view to selecting works that encouraged dialogue or attested to a strong attitude.

According to Árpád Mezei, who has objectively researched the possible forms of dialogue, dialogue can be examined in terms of the following aspects: "1. The relation between partners. 2. The topic. 3. The respective persons' relationship to the topic. If the partners attempt to get an edge on each other, then the dialogue is transformed into a joust, whereby its distortion to become such a tournament may be enhanced by the presence of an audience.
Plato's dialogue is also not realistic, as Socrates generally has the complete upper hand. As he himself says, he acts as the midwife and yet in the final instance acts as an educator. Alfred

*"To the nature of the work
there belongs the happening
of truth."*[1]

ten hinweg so weiter. Danach gibt er bekannt, dass diese Rolle im Roman von einem Pavian mit Hundekopf gespielt wird [...]. In einem wahrhaftigen Dialog sind die Gesprächspartner notgedrungen themenzentriert."[4]

Für unsere Auswahl ist sowohl der Dialog als auch der getarnte (oder Pseudo-) Dialog annehmbar. Ein jeder Dialog setzt Offenheit voraus. Der Dialog mit Gott, mit dem Überirdischen, war lange Zeit Thema der Künste und ist es heute noch; er erweiterte sich durch die Jahrhunderte gestenartig in Richtung der Gesellschaft und schließlich wurde auch die Selbstreflexion zum Dialog erkoren.
Der Künstler ist in einem Dialog mit seiner Darstellung (seiner Fotografie), mit dem Betrachter seines Werkes; alle Bilder sind wiederum mit sämtlichen Arbeiten des gleichen Ausstellungsraumes im Dialog sowie mit allen anderen virtuellen Bildern, die uns angesichts der in Frage kommenden Darstellung einfallen. Der Künstler, ob in seiner Intention apollinischer Traumkünstler oder dionysischer Rauschkünstler[5] oder beides zugleich, sucht den Dialog oder verweigert sich ihm. Im letzteren Fall suchen wir nach den Charakteristika im Werk, die deutlich auf die Haltung des Künstlers hinweisen. Eine solche an starke innere Einstellungen gebundene Arbeitsweise des Fotografen ist auffallend aristokratisch und meidet scheinbar den Kontakt mit dem Publikum. Dies kann leicht dekadent wirken, aber das ist nur eine Lesart des Schaffensprozesses, denn gewisse innere Einstellungen können nur durch konsequente Versteckspiele zum Ausdruck gelangen.

Der englische Titel der Ausstellung „Dialogues & Attitudes" lässt an das deutsche Wort Attitüde denken, laut Duden ist damit eine Haltung, innere Einstellung, beim Ballett die sogenannte Schlussfigur oder Dialogsuche gemeint. In der folgenden thematischen Übersicht der Sammlung der DZ BANK wird deutlich, dass Dialogues & Attitudes eine Art Generalthema darstel-

Jarry, in his Exploits and Opinions of Dr. Faustroll, pataphysician[3] *does nothing less than enumerate the things said by Socrates' partners in dialogue: "'Aléthé legeis, o Socrates' (You speak the truth, Oh Socrates), and so forth, page after page. Then he announces that in the novel a dog-headed baboon is going to play this role [...]. In a sincere dialogue, the partners necessarily focus on themes."*[4]
For our selection, both real and disguised (pseudo-) dialogues are acceptable.
Dialogue always presumes openness. A dialogue with God as the supernatural being, has long been a theme in art and remains such to this day; down through the centuries this dialogue was expanded by gesture in the direction of society, and finally self-reflection was granted the status of dialogue.
The author is in dialogue with his representations (photographs), with the beholder of his œuvre; all images are in turn in dialogue with the other images in the same exhibition room, and with any other virtual images that may come to mind when we look at the representation in question.

The artist, whose intention is either to become an Apollonian "artist of dreams" or to submit to Dionysian rapture, or both at once, seeks dialogue or rejects it.[5] In the latter case, those characteristics qualified to convey the inner attitude of the artist to the image can be sought within the work of art itself. The working method of a photographer who takes an attitude closely bound up with a strong inner sense is noticeably aristocratic and ostensibly avoids public dialogue. This may appear slightly decadent, but this is just one reading of the creative process, since certain forms of inner attitude can only manifest themselves through consistent games of concealment.
The English title of the exhibition "Dialogues & Attitudes" brings to mind the German word "Attitüde", which dictionaries reveal

1 Martin Heidegger, *Der Ursprung des Kunstwerkes,* (Frankfurt 1950) Stuttgart 2003, S. 63.
2 Tibor Hajas, „Szövegek (Texte)", in: *Afotó mint képzőművészeti médium* (Die Fotografie als Medium der bildenden Künste), Budapest 2005, S. 292, Übersetzung von Veronika Baksa-Soós.
3 Alfred Jarry, *Gestes et opinions du docteur Faustroll, pataphysicien,* Paris 1898.
4 Árpád Mezei, „Dialógus és Társszerzőség (Dialog und Partnerautorenschaft)", in: *Hasbeszélő a gondolában – Tartóshullám antológidja* (Bauchredner in der Gondel – Anthologie der Dauerwelle), hrsg. von László Beke, Dániel Csanády, Annamária Szőke, Bölcsész index, Budapest 1987, S. 73.
5 Friedrich Nietzsche, *Die Geburt der Tragödie aus dem Geiste der Musik.* München 1994, S. 28.

1 *Martin Heidegger, "The Origin of the Work of Art", in:* Poetry, Language, Thought, *transl. by Albert Hofstadter, (New York, 1971), p. 55.*
2 *Tibor Hajas, "The Photograph as the Medium of Fine Art", in:* Tibor Hajas *(1946–1980) memorial exhibition, Székesfehérvár, King St. Stephen Museum, 1987, p. 4.*
3 *Alfred Jarry,* Gestes et opinions du docteur Faustroll, pataphysicien, *(Paris, 1898)*
4 *Árpád Mezei, "Dialógus és társszerzőség," [Dialogue and Co-Authorship] in:* Hasbeszélő a gondolában *[Ventriloquist in the Gondola].* A tartóshullám antológidja *[Anthology of Long-lasting Wave], eds.: László Beke, Dániel Csanády, Annamária Szőke, (Budapest Bölcsész index, 1987), p. 73.*
5 *Friedrich Nietzsche,* The Birth of Tragedy, *transl. by Walter Kaufmann, (Harmondsworth, 1994).*

16

len: Tradition des klassischen Porträts (Richard Avedon, Andy Warhol) oder sozialkritische Porträts (Marie-Jo Lafontaine, Gottfried Helnwein oder Santiago Sierra), neue Narrativität (Ilya Kabakov, Theresa Hubbard – Alexander Birchler), Milieustudien (Tracey Moffatt, Andy Warhol, Taryn Simon, Santiago Sierra), Gender und Selbstinszenierung (Robert Mapplethorpe, Matthew Barney, Cindy Sherman und Richard Prince), urbanistische und konzeptuelle Untersuchungen (Thomas Struth, Anatolij Shuravlev, Andreas Gursky, Ryuji Miyamoto), sozialpolitische Recherchen (Jochen Gerz, Christian Boltanski, Sibylle Bergemann), diverse Gattungen umfassende Kontexte (Joseph Beuys, David Hockney, Sigmar Polke, Mario Merz), Medienreflexion (John Waters, Tacita Dean, Les Levine), Untersuchungen zum Verhältnis von Natur und Kulturen (Olafur Eliasson, Gabriel Orozco, Rodney Graham). So konnte bereits während der Sichtung der Arbeiten und Auswahl der Künstler ein spannender Dialog entstehen.

In der Forschung über die Avantgarde gilt es als Tatsache, dass ihr wahrhaft anthropologischer Impetus in der Annäherung der Kunst an die populäre Kultur liegt. Die retrospektive Wiederherstellung des Dialogs ist der wahre „Erfolg des Epochenwollen; das würde bedeuten, dass die Forschung und Präsentation die Förderung der künstlerischen Kanonisation und der kulturellen Deutung sein könnten."[6] Dieser Tatsache ist es zu verdanken, dass das Hauptthema der Ausstellung eben jener Dialog geworden ist, der durch die Arbeiten zahlreicher Künstler der Sammlung der DZ BANK sowohl die Kuratoren inspiriert hat als auch die Besucher inspiriert. Andererseits gibt es zahlreiche Arbeiten in der Sammlung, die bewusst unaufgebrochen in ihrer Würde vor dem Publikum standhalten und wie ein Enigma, wie ein verschlüsseltes Statement, auf die Enträtselung durch den Betrachter warten.
Der *daimon,* der in jedem von uns und in all unseren Handlungen steckt, ist, wie schon die alten Griechen wussten, nur durch den *logos* zu bremsen und nur mit Hilfe von Artikulation, Kommunikation und Dialog (hier meldet sich der Logos, der griechische Begriff für Sprache zurück) ist er in den Griff zu bekommen. Einzig der Vorgang von *katabasis* (Sturz ins Materielle) und ein darauf folgendes Innehalten, *anabasis,* kann die Revelation des Geistes erwirken. Artikulation als Statement oder Haltung, als eine Lösung sowie Dialog und Kommunikation als eine weitere Möglichkeit der Erleuchtung. An der sozialen Skulptur, welche von Jochen Gerz im Gefolge von Joseph Beuys wieder aufgegriffen wurde, wirken beide Verhaltensweisen mit: Introvertiertheit als Haltung und Extrovertiertheit als Dialog.

to mean a stance or inner stance or the final closing figure in "ballet". In the following thematic overview of the DZ BANK Collection it swiftly becomes clear that Dialogues & Attitudes form a kind of red thread: The tradition of the classical portrait (Richard Avedon, Andy Warhol) or socially critical portraits (Marie-Jo Lafontaine, Gottfried Helnwein or Santiago Sierra), new narrativity (Ilya Kabakov, Theresa Hubbard – Alexander Birchler), milieu studies (Tracey Moffatt, Andy Warhol, Taryn Simon, Santiago Sierra), gender and self-staging (Robert Mapplethorpe, Matthew Barney, Cindy Sherman and Richard Prince), urban and conceptual studies (Thomas Struth, Anatolij Shuravlev, Andreas Gursky, Ryuji Miyamoto), socio-political research (Jochen Gerz, Christian Boltanski, Sibylle Bergemann), contexts embracing several genres (Joseph Beuys, David Hockney, Sigmar Polke, Mario Merz), reflection on media (John Waters, Tacita Dean, Les Levine), and studies of the relationship of nature and culture (Olafur Eliasson, Gabriel Orozco, Rodney Graham). Thus an exciting dialogue actually evolved when viewing the works and selecting the artists.

Research into the avant-garde takes it as fact that its truly anthropological thrust stems from the way the art approximates popular culture. The retrospective recreation of dialogue is the true "success of the epoch's intentions, which means that the research and presentation could constitute fostering artistic canonisation and cultural interpretation."[6]

As a consequence, the principle theme of the exhibition is precisely that dialogue, which through the works of numerous artists in the DZ BANK Collection inspired the curators and will inspire visitors to the exhibition. By contrast, there are also a large number of artworks in the collection that deliberately remain intact in their own dignity before the viewer, and, like an enigma or ciphered statement wait for the visitor to decipher them.
The daimon, *which resides in all of us and is innate to all our actions, can be arrested only by* logos *– as the Ancient Greeks already knew – i.e., and can only be managed by articulation, communication and dialogue (here,* logos, *the Greek notion for language, cuts back in). Only the process of* katabasis *(the fall into the material), followed by the process of introspection* anabasis *can result in the revelation of the mind. Articulation as statement or stance, as a solution as well as qua dialogue or communication as a further means of enlightenment. In social sculpture, a genre Jochen Gerz took up following in the tradition of Joseph Beuys, both forms come to bear: introversion as attitude; and extroversion as dialogue.*

Die Produktionstechnik der Fotografie macht beide Richtungen zu einem anthropologischen Ereignis: Die Bedeutungszuordnung unterliegt einem Wechsel der Evidenz. Betrachter und Produzent werden durch die Ritualisierung der Betrachtungsweisen austauschbar. Und dieser Vorgang funktioniert ganz gleich, ob wir es mit einem in sich geschlossenen, autonomen Kunstwerk zu tun haben oder mit einer interaktiv wirkenden Arbeit.

Es geht um die Zwischenräume, die im Laufe des Herstellungsprozesses der Werke entstehen, unabhängig davon, ob hintergründig eine Haltung oder eher eine Suche nach dem Dialog im Spiel ist. Synapse, der medizinische Begriff für „Zwischenräume", beschreibt die Aktivität unserer Nervenzellen. Die heutige Umbruchzeit der Kunst, die noch voller klassischer Tendenzen steckt, aber auch eine noch nie dagewesene technisch-experimentierende Kreativität an den Tag legt, wird mit den Beschreibungen unseres sozialen und psychischen Umfelds durch von Künstlern geschaffene „Zwischenräume" extrem bereichert.

Ein Begriffssystem für den Rezipienten willkürlich zu erschaffen, käme einer aggressiven Kanonisation gleich, so dass ich besser bei einer traditionellen Führung – wie durch einen *orbis pictus* – durch die Themenbereiche dieser Ausstellung bleibe. Letztendlich haben Haltungen und Dialoge in jeder Kultur eine andere Signifikanz. Eine semiotische Deutung dieser Themen kann ohnehin nicht Gegenstand einer solchen Einführung sein.

Im Umfeld der Medienreflexion (Nan Hoover, Tacita Dean, Ilya Kabakov), des Filmischen (John Waters, Anatolij Shuravlev) und der Selbstinszenierung (Richard Prince, Cindy Sherman, Matthew Barney, Hajnal Németh) erleben wir zahlreiche Neubelebungen der Avantgarde, insbesondere des Theaters von Antonin Artaud bis Tadeusz Kantor. Vor allem in den fotografischen Serien von Tracey Moffatt und Gábor Gerhes bestätigt sich die bekannte These von Roland Barthes über den Ursprung der Fotografie: „Gleichwohl berührt die PHOTOGRAPHIE sich […] nicht über die MALEREI mit der Kunst, sondern über das THEATER […]. Die *camera obscura* hat, im ganzen gesehen, die perspektivische Malerei ebenso wie die PHOTOGRAPHIE wie auch das DIORAMA hervorgebracht, und alle drei sind Künste der Bühne; wenn ich aber die PHOTOGRAPHIE in engerem Zusammenhang mit dem THEATER sehe, so aufgrund einer eigentümlichen Vermittlung […]: der

The production technology of photography transforms both approaches into a single anthropological occurrence: here, the attribution of meaning is subjected to a change in evidence. The ritualization of the ways of seeing mean that viewer and producer become interchangeable. And this process functions quite irrespective of whether we have before us an intrinsically hermetic autonomous artwork or a work that functions interactively.

The focus is on the intermediary spaces that arise in the course of the production of art, regardless of whether behind the scenes an attitude or a search for dialogue drives things forward. Synapse, the medical term of intermediary spaces describes the activity of our nerve cells. Today, we are living through an upheaval in art, which is still infused with classical tendencies yet also exhibits an unprecedented technical-experimental creativity. Art now is being extremely enriched by descriptions of our social and psychic environment thanks to the intermediary spaces created by artists.

Arbitrarily creating a conceptual system for the recipient is tantamount to an aggressive canonisation, and it would thus be better if I offer a traditional tour of the exhibition by thematic area, as if by orbis pictus. *Ultimately, the significance of dialogue and attitudes changes from one culture to the next. Indeed, this introduction could not essay to provide a semiotic interpretation of these themes.*

In the domain of media reflection (Nan Hoover, Tacita Dean, Ilya Kabakov), of film (John Waters, Anatolij Shuravlev) and self-staging (Richard Prince, Cindy Sherman, Matthew Barney, Hajnal Németh), we encounter countless reinterpretations of the avant-garde – especially of the theater from Artaud to Kantor. Above all in the photographic series of Tracey Moffatt and Gábor Gerhes we find confirmation of Roland Barthes' well-known theses on the origins of photography: "Yet it is not (it seems to me) by Painting that Photography touches art, but by Theatre. [...]. The camera obscura, *in short, has generated at one and the same time perspective painting, photography, and the diorama, which are all three arts of the stage; but if Photography seems to me closer to the Theater, it is by way of a singular intermediary (and perhaps I am the only one who sees it): by way of Death. We know the original relation of the theater and the cult of the*

---

6 Zsolt K. Horváth: „Mozgalom és Epochenwollen" (Bewegung und Epochenwollen), in: *Dobos Gábor – fotográfus,* (Gábor Dobos – Der Fotograf) Ausst. Kat. Kiscelli Múzeum, Budapest, 2006, S. 17.

6 *Zsolt K. Horváth, „Mozgalom és Epochenwollen" [Movement and Epochenwollen].* In: Dobos Gábor – fotográfus, *exh. cat. Kiscelli Múzeum, Budapest, 2006), p. 17.*

des TODES. Die ursprüngliche Beziehung zwischen Theater und TOTENkult ist bekannt: die ersten Schauspieler sonderten sich von der Gemeinschaft ab, indem sie die Rolle der TOTEN spielten, sich schminken bedeutete, sich als einen zugleich lebenden und toten Körper zu kennzeichnen […]. Die gleiche Beziehung finde ich nun in der PHOTOGRAPHIE wieder; auch wenn man sich bemüht, in ihr etwas Lebendiges zu sehen (und diese Verbissenheit, mit der man „Lebensnähe" herzustellen sucht, kann nur die mythische Verleugnung eines Unbehagens gegenüber dem Tod sein), so ist die PHOTOGRAPHIE doch eine Art urtümlichen Theaters, eine Art von „Lebendem Bild": die bildliche Darstellung des reglosen, geschminkten Gesichtes, in der wir die Toten sehen."[7]

Tracey Moffatt und Gábor Gerhes arbeiten mit Methoden des Inszenierens von gestellten Bildern, aber mit selbstkostümierten und selbstmaskierten Figuren (die noch dazu sie selber sind) operieren auch Cindy Sherman und Richard Prince, Matthew Barney und Hajnal Németh. Als Leitmotiv dieses Teils der Ausstellung möchte ich Tibor Hajas zitieren, der ähnlich wie Roland Barthes phänomenologisch an die szenische Praxis des Fotografen herangeht: „Die Auflösung der neuen Identitätskrise der sinnlichen Wahrnehmung: die Veränderung, die Umgestaltung, der Wechsel oder die Materialisierung der Persönlichkeit."[8]

Die storybord-artigen Fotoerzählungen von Teresa Hubbard und Alexander Bichler, Taryn Simon, aber auch Barbara Kruger, Santiago Sierra, Jochen Gerz und Christian Boltanski, Sibylle Bergemann und Les Levine kommunizieren mit Hilfe von visualisierten Fragen ihr soziales Engagement durch die neuentdeckte Praxis des Dialogsuchens mit dem Publikum. Diese Methode, die ikonografisch schon seit den Reliefs der Antike exisitiert, wirkt durch eine intensive visuelle Narration und lässt uns Bildgeschichten wie einen Roman lesen.
Ein weiterer Teil der Ausstellung beschäftigt sich mit unseren Beziehungen zur Natur und Kultur sowie mit dem Porträt und der Urbanität. Beispiele für Dialoge wie Olafur Eliassons Werk über die *Caves* (S. 66) im Gegensatz zu der eine starke innere Reflexion ausstrahlenden Fotoinstallation von Mario Merz *Isola della Frutta* (S. 85) werden sicherlich Diskussionen im Publikum auslösen.
An dieser Stelle möchte ich ein besonderes Augenmerk auf die Hermeneutik lenken, welche die Ausstellung repräsentiert. Der Dialog im Raum selbst hat auch eine hermeneutische Dimension. So durchdringt paradoxerweise eine ausdrucksvolle anthroposophische Haltung das „Gespräch" zwischen Joseph Beuys (*Honigpumpe am Arbeitsplatz*; S. 106), David Hockney (*Roses*

Dead: the first actors separated themselves from the community by playing the role of the Dead: to make oneself up was to designate oneself as a body simultaneously living and dead […]. Now it is this same relation which I find in the Photograph; however "lifelike" we strive to make it (and this frenzy to be lifelike can only be our mythic denial of an apprehension of death), Photography is a kind of primitive theater, a kind of Tableau Vivant, *a figuration of the motionless and made-up face beneath which we see the dead."[7]*

Tracey Moffatt and Gábor Gerhes both work by staging images, and Cindy Sherman and Richard Prince, Matthew Barney and Hajnal Németh likewise operate in their photographs with (their own) persons dressed up and masked. I could quote Hajas once again by way of leitmotif for this chapter, who, like Roland Barthes, approaches the scenic practice of the photographer from a phenomenological perspective: "The dissolution of the new identity crisis of sensory perception: the transformation, modification, exchange or materialisation of personality."[8]

Teresa Hubbard and Alexander Bichler, Taryn Simon, but also Barbara Kruger, Richard Sierra, Jochen Gerz, Christian Boltanski, Sibylle Bergemann and Les Levine offer storyboard-like photographic narratives to communicate via visualized questions on their social commitments by means of the newly discovered practice of seeking a dialogue with the audience. This method, known iconographically since the reliefs of Classical Antiquity, makes a powerful impact through intense visual narration and allows us to read these pictorial stories as if they were novels. Another section of the exhibition addresses our relationships to nature and culture, and to portraits and urban life. Examples of dialogues such as Olafur Eliasson's piece on Caves *(p. 66) contrast to the strong inner reflection radiated by Mario Merz's photo installation* Isola della Frutta, *and will most certainly prompt debate among viewers (p. 85).*

*Here, however, I would like to devote attention to the hermeneutics covered by the exhibition. Dialogue in space itself has a hermeneutical dimension. Thus the "debate" between Joseph Beuys (*Honigpumpe, *p. 106), David Hockney (*Roses for Mother, *p. 39) Sigmar Polke (*Wiederbelebungsversuche/Attempts at Revival *and* Zollstocksterne/Folding-Ruler-Stars, *p. 118) as well as Tibor Hajas (*Restored Money, *p. 112 and* Huxley, *p. 113) is permeated with an impressive anthroposophical stance. David Hockney wanted to take his mother some flowers, but she was*

for Mother; S. 39), Sigmar Polke (*Wiederbelebungsversuch* und *Zollstocksterne*; S. 118) und Tibor Hajas (*Restored Money*; S. 112; und *Huxley*; S. 113). David Hockney wollte seiner Mutter einen Blumenstrauß bringen, traf sie aber nicht an. So ging der Künstler wieder nach Hause, malte die Blumen in einer Vase und fotografierte anschließend das gemalte Bild gemeinsam mit dem tatsächlichen Strauß auf dem Tisch. Sigmar Polke stellt in seiner Serie der *Wiederbelebungsversuche* den Wunsch nach Neubelebung einer ausgetrockneten Pflanze dar. Die Bambusstangen wurden in einen Eimer mit Wasser gestellt und an der sonnigsten Seite des Wohnzimmers plaziert. Hier geht es vornehmlich um einen inneren Dialog. Mit ähnlichen natürlichen Elementen wie Polke operiert Joseph Beuys in der Aktion *Honigpumpe,* seine im Gegensatz zu Hockney, Polke und Hajas (die fotografisch komponieren) dokumentarischen Fotos fordern deutlich, fast didaktisch zum Dialog auf: die Energiequelle (Honig) ist ohne Umwege direkt aus der Natur zu schöpfen.

Um Klarstellung der Dinge, um Wiederinstandsetzung der ursprünglichen Kräfte und Rechte geht es auch bei Hajas: „Wer sich selbst nach den Gesetzen des Mediums formt, wird mit der Realität in ein direkteres Verhältnis treten können als derjenige, der sie nur nutzt, da im letzteren Fall zwischen ihm und der Realität das Kontaktbildence immer existiert, nämlich das Medium."[9]

Um dieses Problem mit künstlerischen Mitteln zu lösen, erfand Hajas die Prothesen (Pótlások). Von insgesamt neun seiner Foto-Objekte blieben nach seinem frühen Tod im Jahre 1980 zwei Arbeiten der Nachwelt erhalten. Das Geld und Huxley: *Restored Money* und *Restored Huxley*. Bei Ersterer hält eine Hand einen ungarischen Zwanzigforintschein aus dem Fenster eines Miets-hauses in der Budapester Innenstadt, wobei außer dem Schein alles andere (Hintergrund, Hand, Fensterbank) nur fotografisch ins Bild tritt, bei der zweiten Prothese ist ein Finger auf einer Buchseite von Aldous Huxleys *The Doors of Perception* fotografiert und anschliessend auf ein Originalexemplar der Buchausgabe kaschiert. Wir sind die eigentlichen Prothesen zwischen den Dingen und der Natur. Das ist auch eine Art Zwischenraumbildung.

Erlauben sie mir bitte zum Schluss meiner Anmerkungen, dass ich Gábor Bódy, einen der originellsten ungarischen Denker des 20. Jahrhunderts zitiere. Seine Analogie zum Prozess visueller Bedeutungszuschreibungen kann auch für diese Ausstellung gelten:

not at home when he arrived. And so he went home and painted the flowers in a vase, and then photographed the painting to-gether with the actual flowers on a table. In Sigmar Polke's At-tempts at Revival series, he presents the wish to resuscitate a withered plant. He set the sticks of bamboo in a bucket filled with water and placed it in the sunniest corner of the room. The focus here is primarily on an inner dialog.

Joseph Beuys operates in his Honigpumpe *action with natural elements not dissimilar to Sigmar Polke. Unlike Hockney, Polke and Hajas (who compose things photographically), his documentary photos demand clearly and almost didactically that we engage with them in dialogue: the source of energy (honey) can be drawn directly from nature.*

Tibor Hajas also concentrates on the clarification of things, and the desire to reinstate the original forces and rights: "He who forms himself in line with the laws of the medium will connect more directly with reality than he who merely uses it, because in the latter case there will always be the medium brokering the contact between him and reality."[9]

Hajas invented his prosthetics to solve this problem with artistic means. Following his untimely death in 1980, of the total of nine photo objects two pieces have survived. Money and Huxley: Restored Money *and* Restored Huxley. *In the first case, an Hungarian 20 forint banknote is held by a hand out of the window of a tenement block in downtown Budapest whereby other than the banknote everything else (the background, the hand, the window sill) is only presented by photograph. In the second prosthesis a finger is photographed on a page from Aldous Huxley's* The Doors of Perception *and then mounted onto an original copy of the same edition of the book. We are the actual prosthetic between the things and nature. And this, too, is tantamount to creating an intermediary space.*

In conclusion, allow me also to cite one of the most original 20th-century Hungarian thinkers, Gábor Bódy. His analogy on the process of visual ascriptions of meaning can easily be applied to our exhibition: "The process of attributing meaning can

---

7 Roland Barthes, *Die helle Kammer – Bemerkungen zur Photographie,* Frankfurt/Main 1989, S. 40–41.
8 Tibor Hajas, ebd., S. 294, Übersetzung von Veronika Baksa-Soós.
9 Tibor Hajas, ebd., S. 295, Übersetzung von Veronika Baksa-Soós.

7 *Roland Barthes,* Camera Lucida – Reflections on Photography, *transl. by Richard Howard, (London, 1993), pp. 31–2.*
8 *Tibor Hajas, ibid, p. 294.*
9 *Tibor Hajas, ibid, p. 295.*

„Den Prozess der Bedeutungsattribution kann man anschaulicherweise mit jenem Spielautomaten vergleichen, der in den Klubs bekanntlich Flipper genannt wird. In diesem Spiel wird die mit einer Federung in Schwung gebrachte Kugel gewisse Punkte auf ihrem Weg berühren und der Zähler notiert einen bestimmten Wert dafür. Die elektronische Schaltung des Spiels funktioniert wiederum so, dass sich der Wert der einzelnen Punkte je nach dem Weg der Kugel ändert. Die augenblickliche Konstellation wird von den aufleuchtenden Lampen angezeigt. Der Wert der einzelnen Berührungspunkte ist abhängig von den bereits absolvierten Werten. Die Kugel ist mit der Affirmationsströmung des Films [in unserem Fall des Fotos] zu vergleichen, die durch das fortwährende Addieren der Werte der einzelnen Indizes immer neue Konstellationen erzeugt. Es gibt im Laufe des Spieles eine Konstellation, die alle Lampen aufleuchten lässt; in diesem Fall berührt die Kugel einen bestimmten Punkt, so dass der Zähler den maximalen Wert als die Summe der Multplikationen der Werte aller bisher berührten Punkte anzeigt."[10]

Ich hoffe, dass bereits der Auftakt unserer Ausstellung in diesem Sinn dem Flipperspiel ähnelt. Die riesige Fotomontage *Not angry enough* von Barbara Kruger (S. 78) begrüßt im Treppenhaus als Erstes die Besucher des Ludwig Museums, danach werden sie im ersten Ausstellungsraum von Stars und Hunden erwartet. Namentlich sind es die Porträts von Andy Warhol und das lateinische Alphabet, eine arabische Ziffernreihe und Satzeichen von William Wegman (S. 130) – aus kleinen Hunden gepuzzelt. Die Arbeiten als eine Stafette von Bedeutungszuschreibungen, die weitergereicht werden, erzeugen die Dialoge und Haltungen in einem rasanten Tempo, bis alle Lampen aufleuchten.

be visually compared to those game machines known in clubs as pinball. In this game, the ball is set in motion on its trajectory by a spring, and if it touches the appointed points, numbers are added to the scoreboard. The electronic circuitry of the game functions in such a way that the value of the individual points changes depending on the path of the ball. The momentary constellation is indicated by illuminated lamps. The value of the individual points depends on the score already made. The ball can be compared to the stream of affirmation in film [in our case, the photograph – the author], which, with the constant addition of the value of the individual indices, itself creates ever new constellations. In the course of the game, there is a constellation in which all the lamps light up; in this case if the ball touches a certain given point the maximum value is added to the scoreboard as the sum of the multiplied scores of all the points touched thus far."[10]

I hope that the very fact we are holding the exhibition corresponds to a procedure similar to the functioning of this pinball machine. The visitors to the Ludwig Museum are received by Barbara Kruger's immense photomontage Not angry enough *(p. 78), followed by the stars and dogs who await them in the first hall, namely, Andy Warhol's portraits and the Latin alphabet and a series of Arab numbers by William Wegman, in a puzzle of small dogs (p. 130). The works as a palette of ascribed meanings that can be passed onward create dialogues and attitudes at an awesome pace until all the lamps light up.*

---

10 Gábor Bódy: „Egy film jelentésstruktúrájának vizsgálata – A filmi jelentés attribúciója". (Untersuchung der Bedeutungsstruktur eines Filmes – Die Bedeutungsattribution des Films), in: *Egybegyűjtött filmművészeti Írások* (Gesammelte Werke der Filmkunst), Budapest 2005, S. 56–57, Übersetzung von Veronika Baksa-Soós.

10 *Gábor Bódy: "Egy film jelentésstruktúrájának vizsgálata. A filmi jelentés attribúciója," [Examination of the structure of meaning in a film: The attribution of filmic meaning]. In:* Egybegyűjtött filmművészeti írások *[Collected Writings on Film], (Budapest, 2006), pp. 56–57.*

BILDER DER MEDIENWELT

IMAGES OF THE MEDIA WORLD

Wulf Herzogenrath

Vor dem Objektiv der Kamera ist immer eine Realität, die dann im Foto abgebildet wird. Seit dem Zeitalter der digitalen Bearbeitung weiß jedes Kind, dass dieser einfache Satz nicht stimmt – und man wäre versucht ein „nicht mehr" zu schreiben, wenn wir nicht genau wüssten, dass die Bilder immer schon „gelogen" haben: Ein Trotzki ist auf der Reproduktion bestimmter Fotos, die ihn einst neben Stalin zeigten, verschwunden, zumindest zu dem Zeitpunkt, als er offiziell in der Sowjetunion in Ungnade fiel. Doch auch die unmanipulierten, uncollagierten Fotos – so haben uns die verständigen Theoretiker seit vielen Jahrzehnten verdeutlicht – zeigen nur eine Realität, nur eine Wahrheit, nämlich die des Bildautors, nennen wir ihn nun Fotografen, Künstler, Dokumentaristen, Bildautor. Ein Foto ist ein Ausschnitt aus der Wirklichkeit, wie sie der Bildautor gesehen haben möchte, wie er sie als Foto gestaltet.

Wie sehr, und besonders stark in den letzten vier Jahrzehnten, die Sicht auf die Realität nicht so sehr durch den banalen Alltag selbst und seine Gegenstände geprägt ist, lassen uns viele Künstler spüren, wobei es keine Rolle spielt, ob die neu entstehenden Bilder gezeichnet, gemalt oder fotografiert werden. Die Reflexion, die Verwandlung der Welt in den Filmen, im Fernsehen und insbesondere in der Werbung haben auch die Bildwelt aller künstlerischen Medien insbesondere seit der Pop Art, das heißt seit Beginn der 1960er Jahre völlig verändert. Das Werk von Andy Warhol beruht auf dieser Symbiose und seine vielleicht bedeutendste Schöpfung hat für viele Künstler die wichtigste Grundlage geschaffen, auch für die in dieser Gruppe hier versammelten Werke: Seit 1969 gab Warhol die Zeitschrift *Inter/VIEW, monthly Film Journal* heraus, deren erste Ausgabe („First Issue Collectors Edition") schon Standfotos aus Hollywoodfilmen, glamouröse Starporträts und Kunst mischte. Schon vorher hatten Eduardo Paolozzi und besonders Richard Hamilton im kargen Nachkriegs-Europa der 1950er Jahre diese Sehnsucht nach dem utopischen US-Werbeparadies und Hollywood in ihren Collagen gestaltet. Wenn heute von Realität und Wirklichkeit gesprochen wird, dann ist oftmals schon die Filmrealität, die von der Werbeindustrie geformte Wirklichkeit gemeint: „Die Bildende Kunst sucht heute wieder den Kontakt zur Wirklichkeit – und zum Publikum. Sie will nicht nur dem Museumsbetrieb, sie will dem Ghetto der Avantgarde entkommen und Geschichten von lebenden Menschen erzählen. Gleichzeitig geht die wirtschaftliche Globalisierung Hand in Hand mit einer kulturellen Vereinheitlichung. Keine Sprache wird weltweit von mehr Menschen verstanden als die Filmsprache. Wie der französische Philosoph Jacques Derrida nicht ohne Resignation bemerkt: das

There is always a reality in front of the camera lens that can be portrayed in a photograph. Since the age of digital processing everyone knows this simple sentence is not correct – and you would be tempted to add "no longer", if we did not know that images have always "lied": The figure of Trotski disappeared from the reproduction of certain photographs that had previously depicted him next to Stalin – at least during his official fall from grace in the Soviet Union. Yet as knowledgable theorists have not tired of telling us for many decades the non-manipulated, non-collaged photograph does not show a truth but merely a version of reality, namely that of the image's author, let us call him a photographer, artist or documenter. A photograph is an extract from reality as seen by the image's author, his own photographic formation of reality.

For artists allow us to perceive just to what extent and, above all, in the last four decades this view of reality has become colored less by the banal everyday and its paraphernalia, irrespective of whether the newly created images are drawn, painted or photographed. Reflection on the world together with its transformation in films, television and in particular in advertising have combined to completely alter the imagery in all artistic media especially since Pop Art, i.e. the early 1960s. Andy Warhol's work is inspired by this symbiosis and arguably his most significant works had a seminal influence on many artists, including those whose works are featured here. In 1969, Warhol began publishing Inter/VIEW, *monthly Film Journal whose First Issue Collectors Edition already mixed Hollywood movie stills with glamorous star portraits and art. But even before this in the barren post-war Europe of the 1950s Eduardo Paolozzi and perhaps even more so Richard Hamilton reproduced in their collages this longing for the utopian U.S. advertising paradise and Hollywood. Today, when people talk about reality they often mean cinematic reality, in other words that reality the advertising industry has shaped: "Today, fine art is once again seeking contact to reality – and the public. It not only wants to escape the museum business, but also the ghetto of the avantgarde and narrate stories about living people. Simultaneously, economic globalization goes hand in hand with cultural standardization. No other language is understood globally by more people than film language. As French philosopher Jacques Derrida noted not without resignation: "The image always has the final word," wrote Heinz Peter Schwerfel in his introduction to the comprehensive volume* Kino und Kunst – Eine Liebesgeschichte.[1] *The mutual influencing of film and art, "high and low" has been addressed in various exhibitions, analyses and texts.[2] Increasingly,*

Bild hat immer das letzte Wort", schrieb Heinz Peter Schwerfel in seiner Einleitung zu dem umfangreichen Band *Kino und Kunst – Eine Liebesgeschichte*.[1] Die gegenseitige Beeinflussung von Film und Kunst, von „high and low" ist Gegenstand vielfältiger Ausstellungen, Analysen und Texte.[2] Die Wahrnehmung der Realität um uns scheint immer mehr durch die Brille der Medien, die Künstlichkeit der Studios im Film, Fernsehen oder der Werbeindustrie geprägt. Es geht hier nicht um die Entdeckung der Bewegung, die Gestaltung von Rhythmus und Geschwindigkeit als bildnerische Phänomene – dies war ein Thema der ersten sechzig, siebzig Jahre des 20. Jahrhunderts, das die „absoluten Filme" von Viking Eggeling, Hans Richter oder Marcel Duchamp und später von Paul Sharits, Peter Kubelka oder den Fluxus-Künstlern gestalteten und damit auch die Videoclip-Ästhetik seit den 1980er Jahren beeinflussten.[3] In dieser hier zu behandelnden Gruppe versammeln sich Fotos, die sich auf die Hollywoodfilme, die Werbung und die Konsumindustrie mit ihren globalisierten Bildsprachen beziehen lassen, wobei wir dieses Phänomen natürlich auch in der Malerei schon seit langem, aber auch verstärkt in den letzten Jahrzehnten feststellen. Hierfür sind die Ölbilder von Edward Hopper oder die Acrylmalereier von Alex Katz jeweils nur die prominentesten Beispiele.

So gesehen sind die hier versammelten Foto-Arbeiten von Matthew Barney, Tacita Dean, Nan Hoover, dem Paar Hubbard/Birchler, Les Levine, Richard Prince, Jörg Sasse, Cindy Sherman und John Waters sicher gut in einer Gruppe zusammenzufassen, die mit „Medienreflexion/Filmisches" überschrieben werden kann. Doch viele weitere Arbeiten von – um nur einige andere Namen dieser Sammlung zu nennen – Andy Warhol, Sigmar Polke oder Christian Boltanski gehören dazu – und vielleicht für manchen irritierend auch das hier vorliegende Foto von David Hockney (S. 39). Er hatte mit seiner Malerei eine poetisch-realistische Variante der englischen Pop Art entwickelt, mit zartem Strich grimmsche Märchen fabelhaft illustriert, um seit Ende der 1970er Jahre mit der Fotografie intelligent zu arbeiten, sowohl mit „straight photography" (wie unser Beispiel hier) als auch mit einer von ihm syste-

the perception of reality around us seems to be shaped by the view of the media, the artificiality of the studios in film, television or the advertising industry. There is no interest in the discovery of motion, the creation of rhythm and speed as artistic phenomena – this was explored in the first sixty or seventy years of the twentieth century, and reflected in the "absolute" films by Viking Eggeling, Hans Richter or Marcel Duchamp and later by Paul Sharits, Peter Kubelka or the Fluxus artists, and also influenced the video clip aesthetics since the 1980s.[3] The group to be addressed here includes photographs that can be related to Hollywood movies, advertising and the consumer industry with their globalized visual imagery. Naturally, we have for some time also identified this phenomenon in painting, but it has been more prevalent in recent decades. Edward Hopper's oil paintings or the acrylic painting by Alex Katz only represent the most striking examples in their respective categories.

Against this background the photographs by Matthew Barney, Tacita Dean, Nan Hoover, artist couple Hubbard/Birchler, Les Levine, Richard Prince, Jörg Sasse, Cindy Sherman and John Waters can be considered together in a group entitled "Media reflection/Cinematic". But many other works by Andy Warhol, Sigmar Polke or Christian Boltanski – to cite just a few names from this collection – belong to it – and possibly many people are irritated by the inclusion of the photograph by David Hockney (p. 39). Having with his painting developed a poetic-realistic version of English Pop Art using a delicate stroke to produce fabulous illustrations of Grimm's fairy tales, from the late 1970s he began to apply himself to photography, working both with "straight photography" (as in our example) but also with an invention he employed systematically of photographing spatial scenes, enormous buildings, three-dimensional motifs with single-shot Polaroids in such a manner that the camera's movement follows that of the gaze so as to create a sense of depth in what was ultimately always a flat, two-dimensional image, for instance Brooklyn Bridge. In the last fifteen years he devoted himself almost entirely to painting and adopted a somewhat critical

1 Heinz Peter Schwerfel, *Kino und Kunst – Eine Liebesgeschichte*, Köln 2003, o. S.
2 Neben Schwerfels Buch sei hier nur genannt: „Art and Film since 1945 Hall of Mirrors", organisiert von Kerry Brougher, MoVA, Los Angeles, hrsg. von Gregor Stemmrich, *Jahresring 48 – Jahrbuch für moderne Kunst*, Köln 2001.
3 *Film als Film*, hrsg. von Birgit Hein und Wulf Herzogenrath, Kölnischer Kunstverein, Stuttgart 1977; *Clip, Klapp, Bum – Von der visuellen Musik zum Musikvideo*, hrsg. von Veruschka Body, Peter Weibel, Köln 1987; *Sons et Lumières – Une histoire du son dans l'art du XXe siècle*, Ausst.-Kat. Centre Pompidou, Paris 2005.

1 Heinz Peter Schwerfel, *Kino und Kunst – Eine Liebesgeschichte*, (Cologne, 2003), unpaginated.
2 *In addition to Schwerfel's book we should also mention: "Art and Film since 1945 Hall of Mirrors," organized by Kerry Brougher, MoVA, Los Angeles, edited by Gregor Stemmrich*, Jahresring 48 – Jahrbuch für moderne Kunst, *(Cologne, 2001).*
3 Film als Film, *edited by Birgit Hein and Wulf Herzogenrath, Kölnischer Kunstverein, (Stuttgart, 1977);* Clip, Klapp, Bum – Von der visuellen Musik zum Musikvideo, *edited by Veruschka Body, Peter Weibel, Köln 1987;* Sons et Lumières – Une histoire du son dans l'art du XXe siècle, *(Centre Pompidou, Paris 2005).*

matisch genutzten „Entdeckung", räumliche Szenen, gewaltige Bauwerke, eben Dreidimensionales mit Polaroid-Einzelfotos so zu fotografieren, dass die Bewegung des Fotoapparates eine Bewegung des Blickes nachvollzieht, um eine räumliche Tiefenwirkung in einem letztlich doch immer flachen, zweidimensionalen Bild zum Beispiel der Brooklyn Bridge entstehen zu lassen. Bevor er sich in den letzten fünfzehn Jahren fast ausschließlich der Malerei zuwandte und den anderen künstlerischen Medien eher kritischer gegenüberstand – er verweigerte beispielsweise die Erlaubnis, zwei seiner gemalten Bilder, die auch ein Fernsehgerät abbilden, in einem Buch über die „TV-Kultur" zu reproduzieren! Seine Grundeinstellung ist hier präzis mit einem nüchternen Foto belegt, das geeignet ist, den Anfang zu bilden. Es ist ein Foto eines Blumenstraußes auf einem Tisch neben dem gemalten Bild desselben Straußes – wir können von einer Doppelung sprechen, selbst der Schatten der Vase weist noch in dieselbe Richtung, da das Licht wohl künstlich von einer Studiolampe kommt, nicht von einem wandernden Sonnenstrahl. Doch Kenner der Kunstgeschichte sehen in diesem Foto sogleich eine ironische Variante der Concept Art etwa eines Joseph Kosuth, die Hockney immer schon für überflüssig hielt: Ein Foto einer Malerei und einer Realität sagt nicht mehr über die Realität aus als die Malerei selbst, die doch auch die Realität verwandelt, indem sie das Blaugrün der Blätter leuchtender macht, die Lichtlinie der Vase hervorhebt und überhaupt die eigentlich banale weiße Wand mit impressionistisch frischen Pinselstrichen belebt. Eine mit britischem, sarkastischem Humor vorgetragene Hommage der Malerei mittels der Fotografie, die diese Glorifizierung der Malerei allerdings erst ermöglicht. Hockney beschreibt diesen Sehvorgang so: „In *Looking at Pictures on a Screen* (1981) sieht Henry [Geldzahler] ein Bild an, das an einem Wandschirm hängt. Genau das tut man, wenn man ein Gemälde betrachtet. Das Gemälde ist die Leinwand mit einem Bild drauf und Bilder innerhalb von Bildern", was man aber nur in der Fotografie darstellen kann!4 Hier könnte man eine der Allegorien als Vorbild vermuten, die früher innerhalb der Malerei über die Vorherrschaft der Linie oder der Farbfläche reflektieren ließ, oder gar den ewigen Streit der Künste untereinander, welches denn nun das führende künstlerische Medium sei, die zweidimensionale Malerei oder die dreidimensionale Bildhauerei – und hier schafft Hockney eine Hommage der Malerei mit Hilfe der Fotografie.

Wenn dieses Bild uns eher an die Diskussionen der Frühzeit des Mediums Fotografie denken lässt, dann sind wir mit den Fotos von Richard Prince, Les Levine und Cindy Sherman schon einen entscheidenden Schritt weiter, denn die Fotografie nutzt die künst-

pose towards the other artistic media – for example, he refused permission for two of his paintings depicting a television screen to be reproduced in a book on "TV Culture"! His basic attitude is accurately demonstrated here through a sober photograph suitable for giving us a starting point. It shows a bunch of flowers on a table next to the painted image of the same flowers – we can talk of a doubling; even the shadow the vase casts points in the same direction, though with the light presumably coming from a studio lamp rather than the moving ray of the sun. But connoisseurs of art history also see in this photograph an ironic version of Conceptual Art practised say by Joseph Kosuth, which Hockney always deemed to be superfluous: A photograph of a painting and a reality does not say more about the reality than the painting itself, which, after all, also alters reality by making the bluish-green of the leaves brighter, emphasizes the lines formed by light on the vase and also proceeds to make what is in fact a boring, white wall more lively by using fresh, impressionist brushstrokes. An homage made to painting with sarcastic British humor through photography, which itself enables this glorification of painting in the first place. Hockney describes this visual procedure as follows: "In Looking at Pictures on a Screen *(1981) Henry [Geldzahler] looks at a picture hanging on a screen. That is exactly what you do when you look at a painting. The painting is the canvas with a picture on it and pictures within pictures," which can, however, only be depicted in photography!4 Here you might imagine one of the allegories as a model – which in former times were reflecting on the primacy of the line or the color surface in painting – or even the eternal battle of the arts amongst themselves over which were the leading artistic medium, two-dimensional painting or three-dimensional sculpting. In this instance, Hockney creates an homage to painting with the assistance of photography.*

If this image makes us think more of the discussions in the early days of the medium of photography, the photographs by Richard Prince, Les Levine and Cindy Sherman already bring us a decisive step farther since their work draws on the artificial world of television footage, ranging from advertising to the Hollywood movie, from the soap opera to the animation film. Speaking in an interview Cindy Sherman summarized her starting point as follows: "I supose my work stems from the fact that our culture is media-oriented, especially in the United States, where people switch on the TV when they get up and leave it on 24 hours. My work testifies to what influences we are subjected to, and I would like people to realize that when they look at art."5 Since

liche Welt der Fernsehbilder, deren Spannweite von Werbung bis zum Hollywoodfilm, von der Soap Opera bis zum Animationsfilm reicht. Cindy Sherman fasste die Ausgangslage in einem Interview knapp so zusammen: „Meine Arbeiten haben ihren Ursprung wohl darin, dass unsere Kultur medienorientiert ist, besonders in den USA, wo die Leute das Fernsehen einschalten, wenn sie aufstehen und 24 Stunden laufen lassen. Meine Arbeit zeugt davon, welchen Einflüssen man ausgesetzt ist, und ich möchte, dass den Leuten das aufgeht, wenn sie sich Kunst anschauen."[5] Die Grundfrage vieler Künstler seit den 1960er Jahren lautet: Wie viel Realität, welche Wahrheit steckt in den Bildern, die wir sehen; können wir die Manipulation durch die Medienfilterung der Bilder noch erkennen, abstreifen, um hinter diese Bilder zu sehen?

Les Levine entwarf 1968/69 eine der ersten Video-Skulpturen, *Iris* (Philadelphia Museum of Fine Arts), mit drei Kameras und sechs Monitoren und gehört zu den ersten Künstlern, die sich mit den neuen elektronischen Bildaufzeichnungen und Möglichkeiten der Bildwiedergabe (Closed Circuit live oder mit einer Zeitverzögerung von fünf Sekunden) beschäftigten. Er nannte sich früh „media sculptor", womit er auch zum Ausdruck bringen wollte, dass er nicht nur die neuen Technologien des elektronischen Bildes bei Fernsehen und Video zur Wiedergabe nutzt, sondern auch die Medienwirklichkeit und das sich verändernde Verhalten der Gesellschaft wie des Einzelnen zu den Medieninhalten selbst thematisiert: So hat er konsequent seit den späten 1970er Jahren Plakate nicht nur entworfen, sondern darauf bestanden, dass diese „billboards" auch in der realen sozialen Wirklichkeit aufgestellt werden, außerhalb der Schutzräume der Museen und Galerien. Diese Plakatwände hat er dann wieder durch Fotos dokumentiert, die er „in situ photographs" nennt, Dokumente der Orte. Diese Fotos interpretieren die Realität, in der diese scheinbaren Werbeplakate aufgehängt waren: *Consume or perish* ist als Poster in der New Yorker U-Bahn veröffentlicht, zwei Reisende (rechts der Künstler selbst) sitzen davor, teilnahmslos (S. 45). Dieses Plakat (in dem üblichen Format von 21 × 21 inches) war eines von zwei Motiven (das andere Fotodokument aus einer U-Bahn, *Pray for more*, befindet sich ebenfalls in der Sammlung), die 4800-fach zwei Monate in den Wagen der IRT-, BMT- und IND-Linien der New Yorker U-Bahn als „Media Sculptures" mitfuhren. Worte und Bilder stehen anders als

the 1960s the basic question facing many artists has been: How much reality, which truth is there in the images we see; can we still recognize and brush aside the manipulation created by the media's filtering of the images so as to see behind them?

In 1968/69 Les Levine produced one of the first video installations, Iris *(Philadelphia Museum of Fine Arts), with three cameras and six monitors. He is one of the first artists to deal with the new electronic means of recording and showing images (closed circuit live or with a time delay of five seconds). At an early stage he calls himself a media sculptor, wishing to express that he not only uses the new technologies for producing electronic images in television and video, but also media reality, and explores the changing behavior of both society and the individual to media content: For instance, from the 1970s onwards he not only designed billboards but also insisted they be put up in actual social reality, outside the protective spheres of museums and galleries. He subsequently documented these billboards again through "in situ photographs" designed to document the locations. The said photographs interpret the reality in which these ostensible billboards were hung:* Consume or perish *was published as a poster in the New York subway, two travelers (on the right the artist himself) sit in front of it indifferently (p. 45). This poster (in the usual format of 21 × 21 inches) was one of two motifs (the other photographic document from a subway,* Pray for more, *is also in the collection), transported 4,800 times for two months in train carriages of the IRT, BMT and IND lines of the New York subway as "media sculptures". In contrast with customary billboards, the words and images do not seem connected, there is not even an attempt to startle through disparity between the two; rather they appear like parallel worlds, only capable of arriving at a different intersection of reality in the respective observer's consciousness. The works he began producing in the 1970s (until 1990 Les Levine calls this workgroup "mass ad campaigns") explore topics, images and texts from advertising, mix the media and levels of meaning. For example on a page in his catalogue he depicts a documentary photograph as "computer scanned laser-jet painting" as well as an "in situ documentary watercolor" – each from the same billboard wall* Consume or perish. *One watercolor contains all four motifs of the* Brand new *project, re-*

4 *David Hockney, Photoworks*, hrsg. von Reinhold Mißelbeck, Ausst.-Kat. Museum Ludwig Köln, 1997, S. 75–81.
5 Cindy Sherman im Interview mit Marie Hüllenkremer, 13.9.1984 im *Kölner Stadtanzeiger.*

4 David Hockney, Photoworks, *edited by Reinhold Mißelbeck, Museum Ludwig (Cologne, 1997), pp. 75–81.*
5 *Cindy Sherman in interview with Marie Hüllenkremer, Sept 13, 1984 in the* Kölner Stadtanzeiger.

bei den üblichen Werbepostern auf den ersten Blick in keinem Zusammenhang, auch nicht dem des Überraschungskontrastes, sondern erscheinen eher wie parallele Welten, die erst im Bewusstsein des jeweiligen Betrachters zu einer jeweils anderen Schnittmenge an Bedeutung finden können. Diese seit den 1970er Jahren entstehenden Arbeiten („mass ad campaigns" nennt Les Levine diese Werkgruppe bis 1990) spielen mit Themen, Bildern und Texten der Werbung, vermischen die Medien und Bedeutungsebenen. So bildet er auf einer Seite in seinem Katalog ein dokumentarisches Foto als „computer scanned laser-jet painting" wie auch ein „in situ documentary watercolor" jeweils von derselben Groß-Plakat-Wand *Consume or perish* ab. Ein Aquarell enthält alle vier Motive des *Brand new* Projekts, das 1989 in Frankfurt 200-fach auf großen, Billboards genannten Groß-Plakat-Wändern realisiert wurde.[6] Für Les Levine ist für sein *In Situ Photograph* entscheidend, dass der örtliche Kontext durch nebenstehende Werbung, Autos oder sonstige Alltäglichkeiten sichtbar bleibt und damit die Arbeit auch datier- und lokalisierbar ist: *Brand new*, *Draw charm*, *Get more* und *Switch position* sind solche Zwei-Wort-Aufforderungen, die wir durch die Werbung kennen, doch die jeweils hinzugefügten Tierköpfe lassen das übliche Schema nicht vergessen. Die sichtbare Umsetzung von comicartiger Flächigkeit des Aquarells widerspricht der gewohnten Siebdruckkälte kommerzieller Plakate. Wenn wir dann *Green house* als riesiges Billboard vor einer Naturkulisse unter Stromleitungen sehen, dann ist der Kopf mit einem „Treibhaus"-Schriftzug doch immer noch nicht eindimensional wie übliche Werbung zu entziffern.

Wenn Hockneys Foto uns die Schönheit der Malerei allerdings eben doch „nur" als fotografisches Dokument zu erkennen ermöglicht, dann zeigen nur noch diese Fotos von Les Levine angemessen seine Kunstvorstellung – die ins Riesige vergrößerten Aquarelle simulieren als ink-jet prints große Werbeplakate, die nur für wenige Monate oder Tage einmal an einem einzigen Ort existierten – für die Gegenwart und Zukunft als Dokumente.

Richard Prince – mehr als eine Künstlergeneration jünger als Levine – nimmt die vorhandenen Werbefotos für Mode, Zigaretten oder Wohnzimmer-Einrichtungen selbst schon als Ausgangspunkt seiner Werke, er fotografiert Details der Werbewelt so raffiniert, dass sie nicht eindeutig zugeordnet werden können und in einem Zwischenbereich zwischen Traum und Realität, zwischen erinnerten und erwünschten Bildern oszillieren. Obwohl die Fotos selbst technisch nicht manipuliert worden sind, erscheint die Werbe-Realität auf seinen Fotoarbeiten selbst manipuliert, künstlich, in Ausschnitten – eben wie auf den Werbefotos der Mode-

alized in 1989 in Frankfurt 200 times on large poster walls called billboards.[6] What is decisive for Les Levine for his In Situ Photograph *is that the local context remains evident through adjacent advertising, autos or other everyday items, which also mean the work can be dated and localized:* Brand new, Draw charm, Get more *and* Switch position *are the type of two-word invitations we are familiar with from advertising, but the addition of animal heads does not allow us to forget the standard scheme. The realization of the comic-like flatness of the watercolor contradicts the habitual silk-screen print coldness of commercial posters. And if we see* Green house *as an enormous billboard in front of a natural backdrop beneath electricity lines, the head and the written words still cannot be decoded one-dimensionally like customary advertising.*

That said, if Hockney's photograph allows us to recognize the beauty of painting "only" as a photographic document then only these photographs by Les Levine adequately show his concept of art – as ink-jet prints the watercolors enlarged to an enormous size pose as large billboards, which only exist at a single place for a few months or days – documents for the present and future.

Richard Prince, who is more than one artist generation younger than Levine, uses existing advertising photos for fashion, cigarettes or living-room furnishing as the starting point for his work. He photographs details of the advertising world so cleverly that they cannot be clearly identified and oscillate in an interim sphere between dream and reality, between remembered and desired images. Although the photographs themselves have not been technically manipulated, the advertising reality on his photographic works appears to be manipulated, artificial, in excerpts – precisely as in the advertising photographs in fashion magazines. Gestures are standardized, people look into space, beauty is smooth and flawless – yet you cannot really place this world. Can you really recognize the photographs? Could it be that Richard Prince maybe took them from the studio of Thomas, the photographer in Michelangelo Antonioni's movie Blow Up, *who presents Veruschka Lehndorff using all the mastery of advertising photography, yet even at ever closer inspection you can no longer discover the truth in the photography – with every enlargement it seems to be different, new and more alien. And when in these two photographs in the collection either the sleep mask worn on long-haul flights or the oversized sunglasses are the main topic it becomes obvious that seeing and recognizing but also concealing and hiding represent one of Richard Prince's*

zeitschriften. Gesten sind standardisiert, Blicke laufen ins Leere, die Schönheit ist makellos glatt – und doch kann man diese Welt nicht wirklich einordnen. Kann man die Fotos wirklich erkennen? Hat Richard Prince sie vielleicht aus dem Studio von Thomas, dem Fotografen in Michelangelo Antonionis Film *Blow Up* entwendet, der Veruschka Lehndorff nach allen Regeln der Werbefotografie darstellt, aber man die Wahrheit in der Fotografie, selbst bei immer näherer Betrachtung, nicht mehr entdecken kann – sie scheint bei jeder Vergrößerung anders, neu und befremdlicher. Wenn dann in diesen beiden Fotos der Sammlung entweder die Schutzbrille wie bei Langzeitflügen oder die übergroße Sonnenbrille zum Hauptthema werden, wird klar, dass das Sehen und Erkennen, beziehungsweise das Verbergen und Verschleiern ein Lieblingsthema von Richard Prince ist – in der technischen Herkunft seiner Vorlagen hier sogar sein inhaltliches Thema![7]

Matthew Barney gestaltet lieber gleich selbst die Filme in allen Details. Schon in seinen frühen Filmen um 1990 wie erst recht in seinem großen Zyklus der *Cremaster*-Filme seit Mitte der 1990er Jahre werden die von ihm entworfenen Objekte als vielfältig genutzte Möbel eingesetzt und die Figuren bevölkern als lebende Skulpturen den künstlichen Kosmos einer möglichen, zukünftigen Welt. Seine Wesen stammen von kraftvollen Sportidolen oder exzentrischen Mannequins ab, sie sind Weltraum-Astronauten oder transsexuelle Roboter – alles mischt sich und befindet sich in Auflösung und Veränderung. So sind seine Filme Traumwelten und Albträume zugleich, sie bersten vor Schönheit und lassen vor Schrecken und Ekel erschauern. Auch für Filmspezialisten entwickeln sie dramaturgisch neue Erzähl-Strukturen: Die zwei hier in der Sammlung befindlichen Fotos (S. 35) entstammen *Cremaster 2* und lassen als eingefrorene Standbilder zugleich Vergangenheit und Zukunft assoziieren, sie geben Momente aus einem ewigen Wandlungsprozess weicher Materie und emotionaler Beziehungen wieder.

Dass bildende Künstler eigenständige Filme schaffen, ist seit den 1920er Jahren, seit Fernand Léger, Man Ray, Marcel Duchamp oder László Mohly-Nagy bekannt. Hans Richter hat bis in die 1960er Jahre ein großes Œuvre absoluter und surrealistischer Filme gestaltet. Dass aber dann Filme von Julian Schnabel in Oscar-Nähe gesehen wurden oder Filme von Rebecca Horn auf hochrangige

favorite topics; indeed, the topic arguably also relates to the technical origin of his imagery![7]

Matthew Barney prefers to design all the details of his own films himself from the outset. Already in his early films around 1990 and all the more so in his large cycle of Cremaster *films produced from the 1990s onwards, the objects he has created are employed as multi-purpose items of furniture while the figures populate the artificial cosmos as living sculptures of a possible future world. His creatures are inspired by powerful sporting idols or eccentric models, they are space astronauts or transsexual robots – everything is mixed and in a state of disintegration and transformation. As such his films are dream worlds and nightmares at one and the same time; bursting with beauty they likewise make us shiver in horror and disgust. Also for film specialists they develop dramaturgical new narrative structures: The two photographs forming part of the collection (p. 35) stem from* Cremaster 2 *and as frozen stills they simultaneously incite associations of past and future, reproduce moments from an eternal transformation process involving soft material and emotional relationships.*

Since the 1920s, since Fernand Léger, Man Ray, Marcel Duchamp or László Mohly-Nagy it is a known fact that artists create films in their own right. Through until the 1960s Hans Richter produced a large œuvre of absolute (non-figurative) and surrealist films. However, the fact that an actor in one of Julian Schnabel's films was nominated for an Oscar, or films by Rebecca Horn were included in prestigious film festivals proves Matthew Barney is not an isolated case, even though his films consciously let us feel their affinity to art, indeed, almost all the requisites in his films lead an additional life of their own as sculptures on the art market.

Notwithstanding their great disparity the photographs of the three following artists contrast starkly to the above-mentioned stills from comprehensive film projects. What they have in common is that at first sight they evoke associations to the cinematic, even if they are "only" produced as single photographs (or in the case of Hubbard/Birchler as diptychs). True, the movie industry's global visual imagery previously cited by Jacques Derrida can-

6 *Public Mind: Les Levine's Media Sculpture and Mass Ad Campaigns,* kuratiert von Dominique Nahas, Ausst.-Kat. Everson Museum of Art, Syracuse, N.Y., 1990, S. 58.
7 *Richard Prince, Paintings – Photographs,* 2 Bände, Ausst.-Kat. Museum für Gegenwartskunst, Basel u.a. 2001.

6 Public Mind: Les Levine's Media Sculpture and Mass Ad Campaigns, *curated by Dominique Nahas, Everson Museum of Art, Syracuse, (New York, 1990), p. 58.*
7 Richard Prince, Paintings – Photographs, *2 volumes, (Museum für Gegenwartskunst Basel, et al., 2001).*

Festivals eingeladen wurden, belegt, dass Matthew Barney kein Einzelfall ist, auch wenn seine Filme bewusst die Kunstnähe spüren lassen, ja fast alle Requisiten der Filme dann als Skulpturen ein weiteres Eigenleben auf dem Kunstmarkt führen.

Im größtmöglichen Kontrast zu diesen Standfotos aus umfangreichen Filmprojekten stehen die Fotos der drei folgenden Künstler, so unterschiedlich diese untereinander auch sein mögen. Es eint sie, dass sie die Assoziation zum Filmischen beim Betrachter hervorrufen, auch wenn sie „nur" als Einzelfotos (oder auch als Diptychen bei Hubbard/Birchler) entstanden sind. Die oben angesprochene, von Jacques Derrida zitierte globale Bildsprache der Filmindustrie ist dabei nicht einmal an einem der großen Meister wie Alfred Hitchcock festzumachen. Doch bestimmte Gesten, Blicke, Beleuchtungen oder Hell/Dunkel-Szenen sind von Japan bis Island als Filmisches erkennbar, entzifferbar als scheinbare Szenen, die Angst, Freude oder Bedrohung auslösen und auf die sich die Fotokünstler beziehen können – wobei wiederum dort auch immer deutlicher Vorbilder aus der Kunstgeschichte, von Caravaggio bis Caspar David Friedrich oder eben auch Edward Hopper, erkannt und analysiert werden.

Für Nan Hoover, eine Amerikanerin, die seit 1969 in den Niederlanden lebte und vor einem Jahr nach Berlin zog, stehen Video, Zeichnung und Licht-Raum-Installation als künstlerische Medien gleichwertig nebeneinander. Sie hat für ihre reduzierten, fast meditativen Licht-Arbeiten große Anerkennung gefunden – deshalb scheint sie nicht in diesen Themenkreis zu passen. Doch beide Fotos *Still/Movement* und *Coming and Going* (S. 40) beziehen sich auf die Vorstellungskraft des Betrachters, gerade weil nur wenige Details aus dem Dunkel hervorgehoben werden: Zwei Hände, eine von der Seite, die andere von hinten gesehen, dazwischen dunkle Schatten, könnten eine Begegnung andeuten, zwei Bewegungen in einem sehr quer gestreckten Filmstandbild. „Ich möchte die Vorstellungskraft des Betrachters anstoßen. Ich möchte einen Dialog herstellen. [...] Wenn etwas sehr konkret dargestellt wird, gibt es keinen Grund, diese Vorstellungskraft zu aktivieren", sagt Nan Hoover, die möglichst den Betrachter live in ihren sparsamen, dunklen Lichträumen selbst die Erfahrung machen lässt.[8]

Das irisch-schweizerische Künstlerpaar Teresa Hubbard und Alexander Birchler, das nunmehr in Austin, Texas, lehrt und arbeitet, hat sein ganzes Werk auf den schönen Schein des „Als-ob" gegründet. Die Architektur, die Menschen, das Licht, das Geschehen: Alles scheint in einen einzigen großen Film zu passen, alle

not be firmly associated with one of the great masters such as Alfred Hitchcock. Nonetheless, certain gestures, gazes, lighting or light/dark scenes are identifiable as cinematic from Japan to Iceland, decodable as orchestrated scenes, which trigger fear, joy or a sense of menace and to which photo artists can relate – though here again ever more clearly models can be recognized and analyzed from Caravaggio to Caspar David Friedrich or even Edward Hopper.

Nan Hoover, an American woman, who has lived in the Netherlands since 1969 and moved to Berlin a year ago, regards video, drawings and light-room-installations as artistic media of equal value. She has received great recognition for her pared-down, almost meditative light studies – a style seemingly at variance with the ones addressed here. But both photographs Still/Movement *and* Coming and Going *(p. 40) call on the observer's powers of imagination, precisely because Hoover has only a few details stand out from the dark: Two hands, one seen from the side, the other from behind, with dark shadows between, might suggest a meeting, two movements in a movie still extended horizontally. "I want to activate the observer's imagination. I want to create a dialogue. [...] If something is portrayed very specifically there is no reason to activate this imagination," says Nan Hoover, who wherever possible lets the observer make his own experience in her sparse, gloomy light rooms.*[8]

Irish-Swiss artist couple Teresa Hubbard and Alexander Birchler, who now live, teach and work in Austin, Texas, have founded their entire work on deceptive appearances, on the "as-if". The architecture, people, light, and events: Everything seems to fit into a single, great film, all the details are artfully orchestrated – yet there is a dissonance between them. In the four large-sized diptychs (p. 42) entitled Gregor's Room I *you see an indecisive man in four scenes, whereby the actions within the diptychs differ only slightly and are more aptly described using the cinematic terms "shot-countershot", from the front and back, from above and below. The lifesized male figure standing in front of the viewers exudes a sense of anticipation, insecurity and menace. Critics refer us to Gregor Samsa, the hero in Kafka's* Die Verwandlung *(The Metamorphosis, written 1915) and which opens with the sentence: "When Gregor Samsa woke one morning from disturbing dreams, he found himself in his bed changed into a horrible insect." – We can sense the room's sparse furnishings. The bed, the doors slightly ajar, the perculiarly dowdy curtains, but especially the perfect, emphatic lighting and the minimal changes*

Details sind künstlich inszeniert – und scheinen auch wiederum nicht wirklich zueinander zu passen. Die vier großformatigen Diptychen (S. 42) sind *Gregor's Room I* betitelt und man sieht einen Mann unentschlossen in vier Szenen, wobei sich die Aktionen innerhalb der Bildpaare nur wenig unterscheiden und sich eher mit den filmischen Begriffen des „Schuss-Gegenschuss", von vorn und hinten, von oben und unten beschreiben lassen. Ein Warten, eine Unsicherheit, eine Bedrohung gehen von der lebensgroß vor den Betrachtern stehenden männlichen Figur aus. Die Interpreten verweisen uns auf Gregor Samsa, Kafkas Held seiner 1915 entstandenen Erzählung *Die Verwandlung*, die mit dem Satz beginnt: „Als Gregor Samsa eines morgens aus unruhigen Träumen erwachte, fand er sich in seinem Bett zu einem ungeheuren Ungeziefer verwandelt" – wir können die karge Einrichtung des Zimmers ahnen. Das Bett, die leicht geöffneten Türen und eigentümlich heruntergekommenen Gardinen, aber besonders die perfekte, betonte Beleuchtung und die minimalen Bewegungs-Veränderungen in den Bildpaaren, die wie aufeinander folgende, durch den Bildschnitt vereinte Blicke gesehen werden können, lassen die Bedrohung wie in einem Hitchcock-Film spürbar werden. Und doch spielt sich nichts ab, Nebensächlichkeiten werden monumental – aber sind wir nicht durch tägliches Fernsehen, durch Filme und Krimis „erzogen", gerade die winzigen Details zur Entschlüsselung zu beachten? Wenn dann in *Gregors Room III* eine künstliche Sicht von oben auf den Set möglich ist und der Mann dann wie betäubt in dem klaustrophobischen, sich in eine Baustelle verwandelnden Raum mit seinen drei Türen und einem Fenster sitzt, kann man die Nähe zum verzweifelten Gregor in Kafkas Erzählung unmittelbar empfinden – so sind die Bezüge zum filmischen Sehen, das Fokussieren und das Erzählen durch Beleuchtung das zunächst ablesbare Thema.[9]

Die Bilder lösen sich von der Wirklichkeit des Lebens, sie assoziieren Medienbilder, die wir aus Filmen, dem Fernsehen, der Werbung zu kennen glauben. Dies trifft auf immer mehr Künstler in den letzten

of movement in the diptychs, which can be seen like successive views united by the editing create that palpable sense of menace we are familiar with from Hitchcock movies. Yet nothing actually happens, trivialities become monumental – then again are we not "taught" by daily television, by movies and detective stories to watch precisely the minute details for explanations? When in Gregor's Room III we are presented with an artificial view from above onto the set, we see the man sitting as if stunned in the claustrophobic room with its three doors and one window and which is changing into a building site, you can directly feel the affinity to the desperate Gregor in Kafka's tale. As such, the references to cinematic vision, the focusing and the narration using lighting are the topic we recognize at first.[9]

The images drift away from the reality of life, they arouse media images, which we think we know from movies, the television and advertising. This is an aspect increasingly more artists have chosen to address in the last forty years. Nam June Paik was one of the first to do so in his Erinnerung an das 20. Jahrhundert: *specifically, after the death of Marilyn Monroe he collected all the available newspaper cuttings and cover pictures from magazines creating a frighteningly uniform set of images of the Marilyn Monroe presented by the media.[10] Marilyn Monroe's appearance was manipulated by the Hollywood studios and initially the actress supported them in this. However, the early photographs in which Cindy Sherman depicts Marilyn in various poses do not correspond with any of these models. The artist who was just 26 years old, and lived in the provinces in Buffalo, tried to put herself into the role of Marilyn Monroe, a secretary, or a femme fatale. She varied and modified certain roles and tried to think herself into them. Her aim is not to emulate real scenes, existing images or role clichés, but to search widely for alternative identities and realities, which are only open to a young girl within her own four walls. In the Early Transformations, dating from 1975–76, we see a series of images in which the face is altered*

8   Nan Hoover in: Rob Perrèe, *About Nan Hoover*, Köln 2001, S. 27, zitiert von Renate Petzinger in: *Nan Hoover, 3 Installationen*, Ausst.-Kat. Museum Wiesbaden, 2006, o. S.
9   *Teresa Hubbard/Alexander Birchler, Wild Walls*, hrsg. von Martin Hentschel, Ausst.-Kat. Krefelder Kunstmuseen, Bielefeld 2001, S. 129. Siehe auch Katalogbuch *House with Pool*, hrsg. von. Philipp Kaiser, Ausst.-Kat. Kunstmuseum Basel, Museum für Gegenwartskunst, Basel 2004.

8   *Nan Hoover in: Rob Perrèe,* About Nan Hoover, *(Cologne, 2001), p. 27, cited by Renate Petzinger in:* Nan Hoover, 3 Installationen, *(Museum Wiesbaden, 2006), unpaginated.*
9   *Teresa Hubbard/Alexander Birchler, Wild Walls, edited by Martin Hentschel, Krefelder Kunstmuseen, (Bielefeld, 2001), p. 129. Also see catalogue book* House with Pool, *edited by Philipp Kaiser, Kunstmuseum Basel, Museum für Gegenwartskunst (Basel, 2004).*
10   *Nam June Paik,* Erinnerung an das 20. Jahrhundert, *1962, Museum Moderner Kunst Stiftung Ludwig Vienna. Paik produced a second version with reproductions and the photograph of the dress auctioned for over one million dollars in 2000; private collection.*

vierzig Jahren zu. Nam June Paik hat dies als einer der ersten thematisiert, als er in seiner *Erinnerung an das 20. Jahrhundert* nach dem Tod von Marilyn Monroe alle ihm erreichbaren Zeitschriften, Zeitungen und Magazine mit ihren Titeln sammelte und so eine erschreckend einheitliche Bildwelt der medial vermittelten Marilyn Monroe vereinte.[10] Das Erscheinungsbild von Marilyn Monroe wurde von Hollywood-Studios manipuliert und anfangs auch mit Unterstützung der Schauspielerin verbreitet. Die frühen Fotos von Cindy Sherman mit Marilyn-Posen entsprechen allerdings keinem dieser Vorbilder. Die gerade mal 26-jährige Künstlerin, die zunächst in der Provinz in Buffalo lebte, versuchte sich einzufühlen in die Rolle der Marilyn Monroe — wie eben auch einer Sekretärin oder einer Femme fatale. Sie variierte, veränderte bestimmte Rollen und versuchte sich in sie hineinzudenken. Es geht nicht um wirkliche Szenen, vorhandene Bilder und Rollenklischees, sondern um die Vielfalt einer Suche nach anderen Identitäten, Wirklichkeiten, die einem jungen Mädchen nur in ihren eigenen vier Wänden offen stehen. Die *Early Transformations,* 1975/76, sind noch Bildreihen, in denen sich das Gesicht mit wenigen Requisiten wie Hut, Zigarre oder Brille so verwandelt, dass in der Folge eine völlig andere Cindy Sherman uns anzusehen scheint. Auch neue Charaktere wie Vanity, Desire, Madness oder Agony wurden von ihr dargestellt, um ihr Theaterstück *A Play of Selves* zu visualisieren.[11] In New York, unterstützt durch ihre Freunde Richard Prince und Robert Longo, auf deren Werk sie auch Einfluss hat, entsteht 1979/80 die schwarzweiße Folge der *Untitled Film Stills,* die auf eine magische Weise an Filme erinnern, die man allerdings noch nicht gesehen hat, obwohl sie dem Anschein nach vor zehn, fünfzehn Jahren gedreht worden sein müssten! Die Ästhetik, die Beleuchtung, die an den Betrachter gerichteten Posen der Schauspielerin, ja alle kleinen Gesten und sorgfältig inszenierten Details lassen den Formenkanon Hollywoods spüren.

Mit der nächsten Werkgruppe der *Rearscreen Projections,* von der in dieser Sammlung vier Beispiele zu sehen sind, entwickelt sich Cindy Sherman weiter: Es sind gegenüber den eher winzigen *Film Stills* größere Formate, und erstmals entstehen die Bilder in Farbe. In zum Teil dramatischem Licht sehen wir, meist in leichter Untersicht den Kopf von Cindy Sherman in jeweils anderer Perücke vor einem Hintergrund ferner Landschaften oder unidentifizierbarer Stadtbilder — jeweils als Diaprojektionen auf ihrer Studiowand.[12] Schärfe und Unschärfe, Kontrast der Farben und Dimensionen lassen diesmal an Zeitgenössisches auch in den Requisiten und der Kleidung denken. Es sind keine direkten Zitate von vorhandenen Bildern, sondern diese Bilder sind gestaltet von den Sehnsüchten einer verletzlichen Darstellerin, die erschreckt, verträumt oder wie

with just a few requisites such as hat, cigar or glasses so that subsequently a totally different Cindy Sherman seems to look at us. She also portrayed new characters such as Vanity, Desire, Madness or Agony in order to visualize her performance A Play of Selves.[11] *In 1979/80, supported by her friends Richard Prince and Robert Longo, whose work she also influences, she created a black-and-white series of* Untitled Film Stills *in New York, which in a magical manner recall movies, we have not yet seen but which look as if they must have been produced ten or fifteen years ago! The aesthetics, the lighting, the poses of the actress directed towards the viewers, indeed all the little gestures and carefully orchestrated details suggest the formal canon of Hollywood.*

We see Cindy Sherman's work undergo a substantial development in the next workgroup Rearscreen Projections, *of which there are four examples in this collection: Compared with the rather small* Film Stills *these are larger formats and, for the first time, the images are in color. In what is partly dramatic light and generally using a lower camera position we see the head of Cindy Sherman wearing various wigs shown against a backdrop of distant landscapes or unidentifiable cityscapes — each time created by projecting slides onto her studio wall.[12] Focus and lack of focus, contrast in colors and dimensions also suggest contemporary things in the requisites and clothing. Sherman does not directly reference existing images; rather these images are created from the longings of a vulnerable actor, who appears frightened, dreamy or not really there in a scene whose cinematic context we think we can imagine. Here the artist is no longer playing a role, but she projects herself into roles out of a desire to change her own identity. It is obvious that she deliberately chose to dress provocatively and wear dramatic make up but was actually disappointed that the New Yorkers hardly noticed her, as totally different, striking or even more ordinary persons than this "secretary" are nothing unusual on the streets of this metropolis. She observed people minutely and then proceeded to transform herself into new persons in her studio. Sherman is at one and the same time scriptwriter, director, stage designer, make-up artist, props woman and actress. What is so startling is how she manages to capture our own secret wishes, fears and longings to finally be someone else for once. Ever since this workgroup, we can sense the impact of great masters from art history running alongside the influence of the media images. Another thing Sherman's photographs demonstrate is that a not inconsiderable amount of what we tend to ascribe solely to the media was in fact previ-*

abwesend in einer Szene erscheint, deren filmischen Kontext wir glauben uns vorstellen zu können. Hier spielt die Künstlerin keine Rollen nach, sondern sie projiziert sich selbst in Rollen mit Wünschen der Veränderung der eigenen Identität. Wir verstehen, dass sie selbst sich auch in Wirklichkeit auf scheinbar provozierende Weise gekleidet und geschminkt hat, dann aber eigentlich enttäuscht war, dass die New Yorker sie kaum beachteten, denn ganz andere bizarre, prägnante oder noch unscheinbarere Personen als diese „Sekretärin" gehören zum Straßenbild dieser Stadt. Die Menschen hat sie genau beobachtet und sich selbst dann in ihrem Studio in neue Personen verwandelt. Sie ist dabei Drehbuchschreiberin, Regisseurin, Bühnenbildnerin, Maskenbildnerin, Requisiteurin und Darstellerin in einer Person. Dabei erstaunt es immer wieder, wie sie diese geheimen Wünsche, Ängste und Sehnsüchte von uns allen trifft, endlich einmal eine andere zu sein. Seit dieser Werkgruppe spüren wir neben dem Einfluss der Medienbilder auch die Wirkung der gemalten Bilder der Kunstgeschichte. Dabei wird auch durch Shermans Bilder klar, dass manches, was wir „nur" den Medien zuschreiben, schon in der Kunstgeschichte gemalt war und Einfluss genommen hat auf die Kameraleute und Regisseure der Medienindustrie: der dramatische Lichteffekt eines Caravaggio, die Bildspannung der Leserichtung von links nach rechts auf den großen Bildern seit der Renaissance, die Intimität eines Vermeer mit seiner Lichtführung als Träger der Bildbedeutung. In Shermans Foto-Bildern der *Rearscreen Projections* von 1980 deutet sich dies schon an und entfaltet sich dann in der großartigen Folge der *History Portraits*, der „Wiedergeburt der Gemälde nach dem Ende der Malerei".[13] Die Authentizität der Werke von Cindy Sherman spürt jeder Betrachter auf Grund der Intensität mit der die Künstlerin der eigenen Welt Schutzhüllen baut, die diese neuen Rollen bilden. Es ist deshalb verständlich, wenn Cindy Sherman in ihrer Wohnung einen Papagei hat, der auf ihrer Schulter sitzt und von ihr ablenkt, wenn fremde Besucher sich mit Fragen an sie wenden. Selbst im wirklichen Leben schützt sie sich und versucht die Blicke von sich auf einen Papagei abzulenken, der dann aber nicht auftaucht auf ihren Fantasie-Bildern – man selbst glaubt sich wieder in einem Film, dessen Regisseurin Cindy Sherman bleibt!

ously painted and exerted an influence on the camera people and directors in the media industry: the dramatic light effect of Caravaggio, the visual tension of the reading direction from left to right on large paintings since the Renaissance, the intimacy of a Vermeer in which the use of light serves to carry the meaning. This is already hinted at in Sherman's photographic images in Rearscreen Projections *(1980), and is subsequently developed in the magnificent series of* History Portraits, *the "reincarnation of the painting after the end of painting".[13] Every viewer senses the authenticity of Cindy Sherman's photographs thanks to the intensity with which the artist creates a protective casing for her own world, something which these new roles constitute. As such, there seems nothing strange about the fact that Cindy Sherman keeps a parrot in her apartment, which perches on her shoulder and distracts attention from her when visitors address questions to her. Even in real life she protects herself and attempts to divert eyes away from herself and towards her parrot, who does not, however, crop up in her imaginary images – you have the impression of being in a movie directed as usual by Cindy Sherman!*

10 *Nam June Paik, Erinnerung an das 20. Jahrhundert*, 1962 im Museum Moderner Kunst Stiftung Ludwig Wien, eine zweite Fassung mit Reproduktionen und dem für über eine Mio. $ versteigerten Kleid schuf Paik 2000, Privatbesitz.
11 *The Unseen Cindy Sherman, Early Transformations 1975/1976*, hrsg. von Gail Stavitsky, Ausst.-Kat. Montclair Art Museum, New Jersey 2004, S. 32.
12 *Cindy Sherman*, hrsg. von Els Barents, Ausst.-Kat. Stedelijk Museum Amsterdam, München, 1982.
13 Christa Schneider, *Cindy Sherman, History Portraits*, München 1995.

11 The Unseen Cindy Sherman, Early Transformations 1975/1976, *edited by Gail Stavitsky, Montclair Art Museum, (New Jersey, 2004), p. 32.*
12 Cindy Sherman, *edited by Els Barents, Stedelijk Museum Amsterdam, (Munich, 1982).*
13 *Christa Schneider,* Cindy Sherman, History Portraits, *(Munich, 1995).*

34

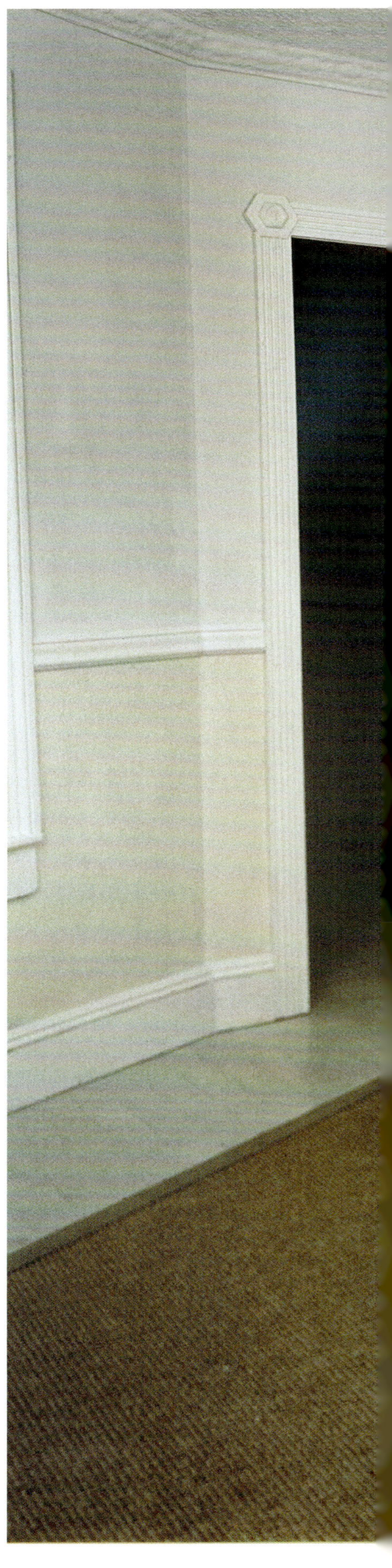

Matthew Barney
Cremaster 2: The Ectoplasm, 1998
102 × 127 cm

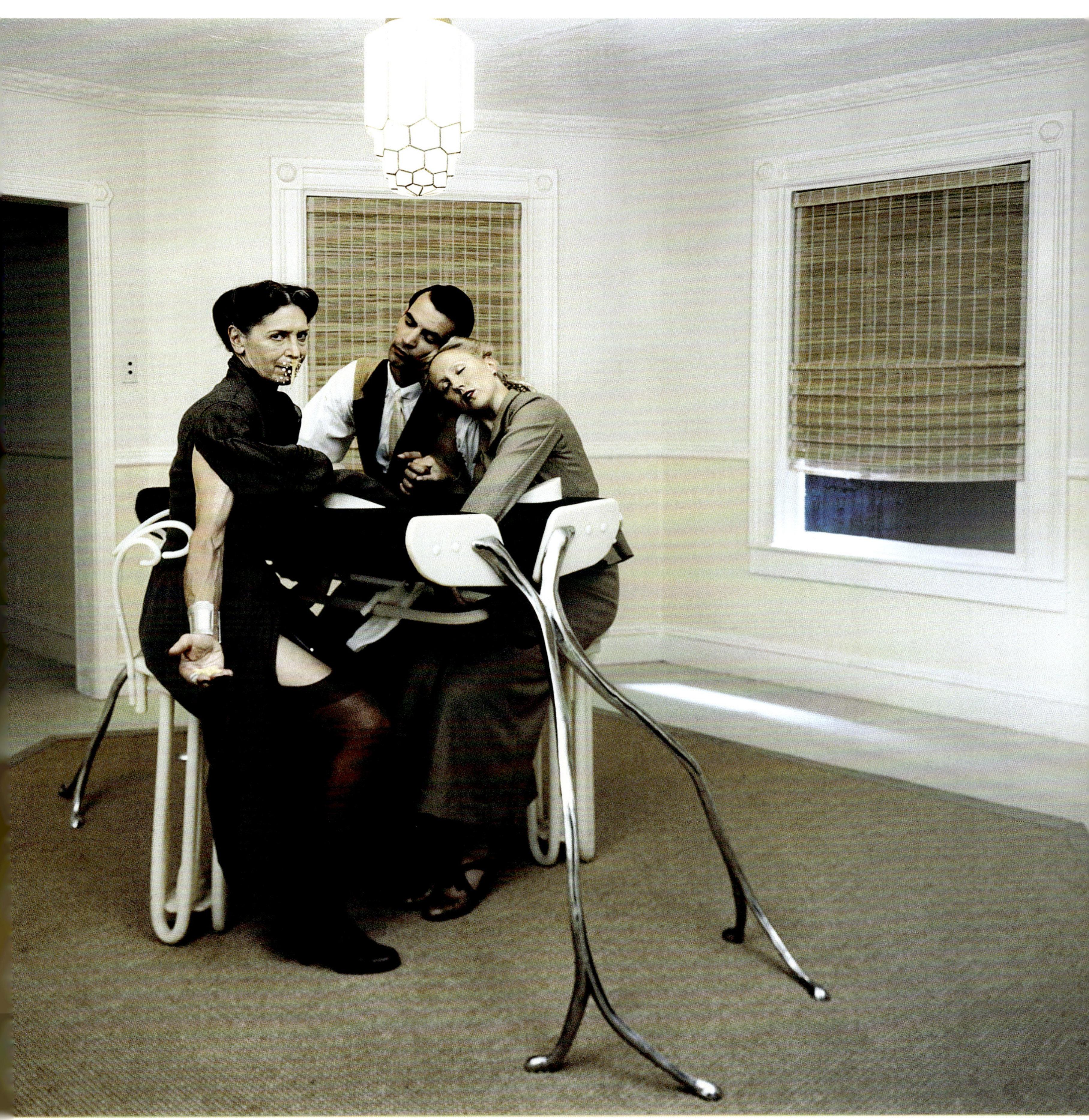

36

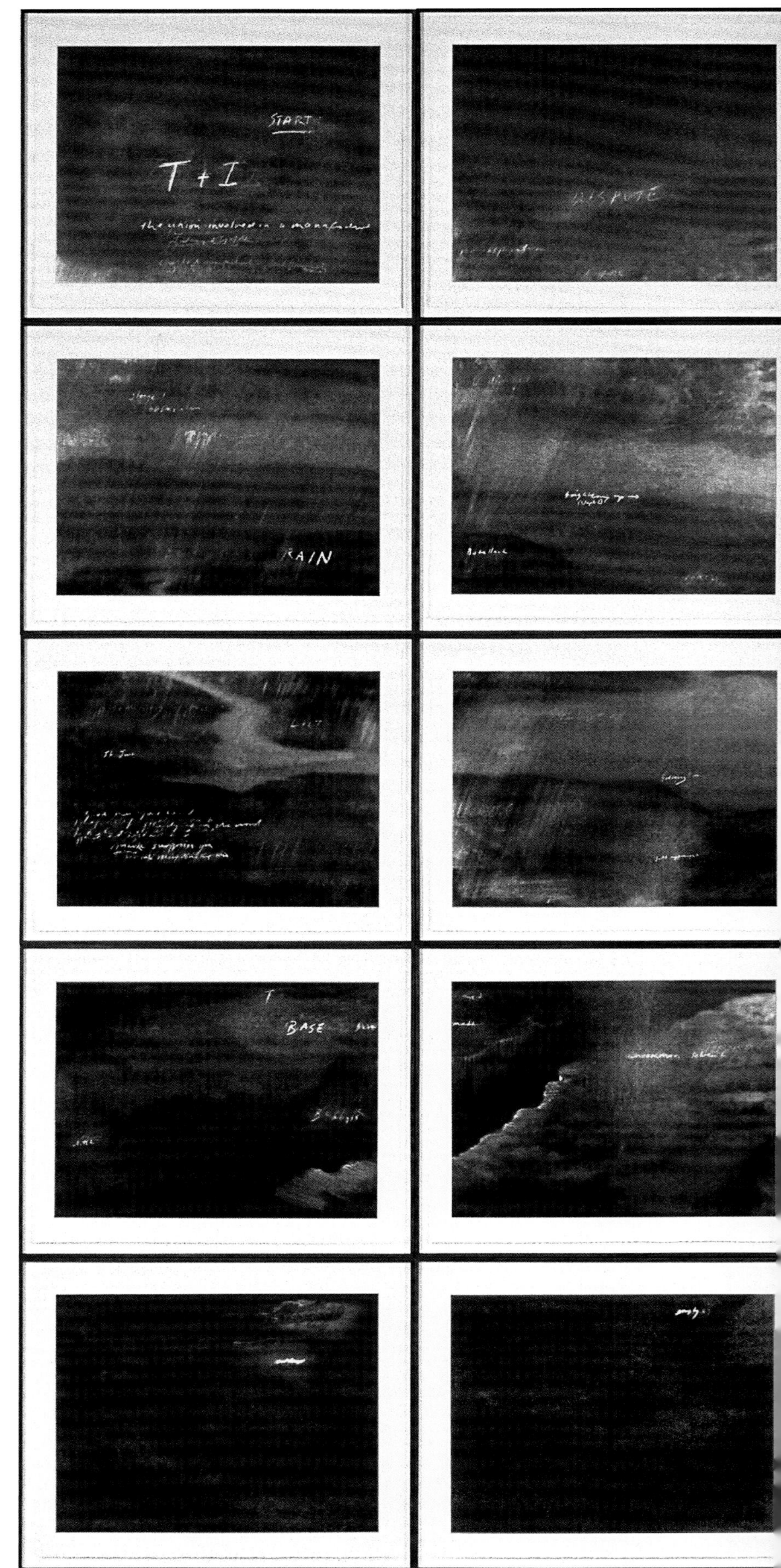

Tacita Dean
T&I, 2006
je each 72 × 90 cm

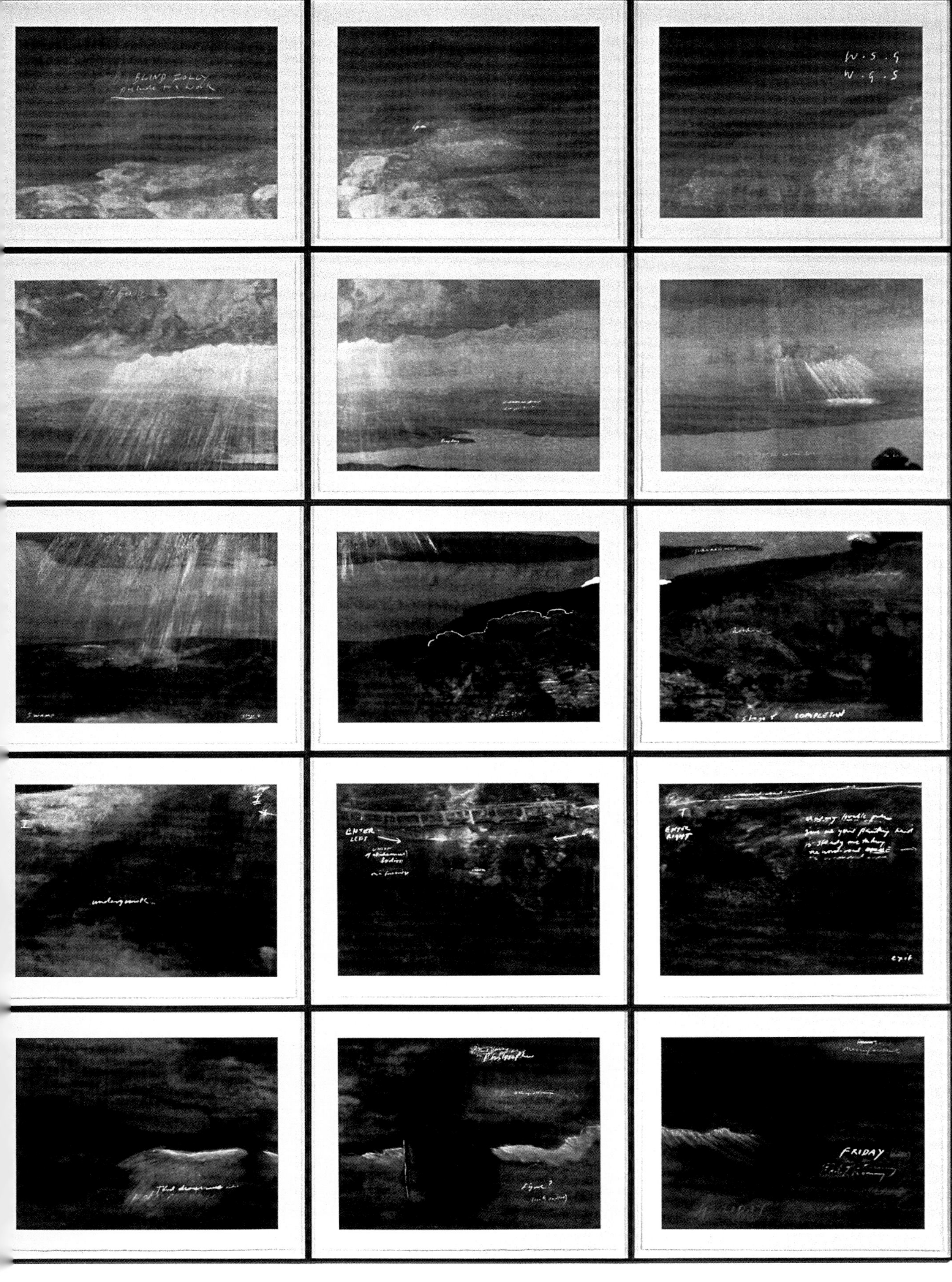

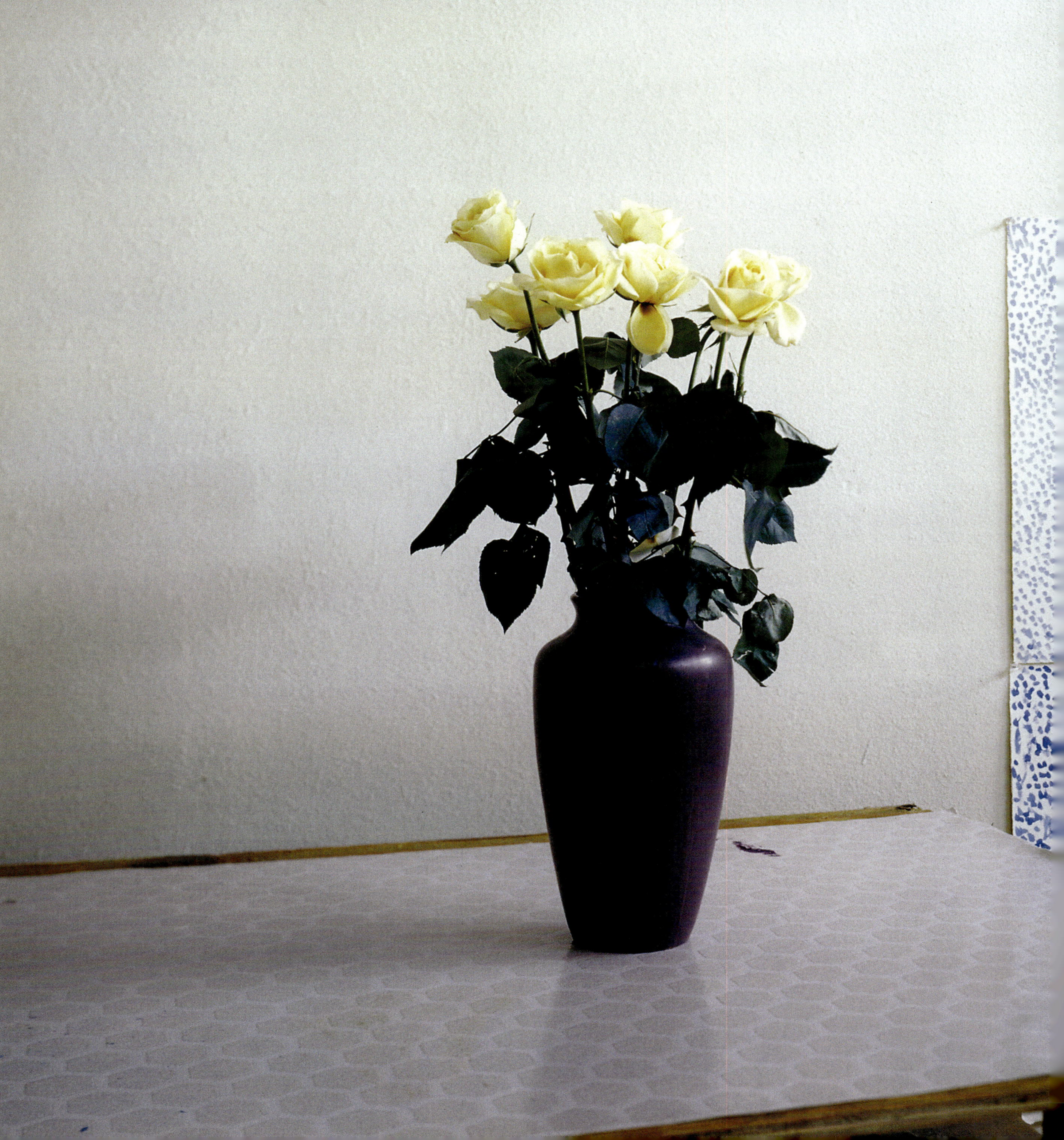

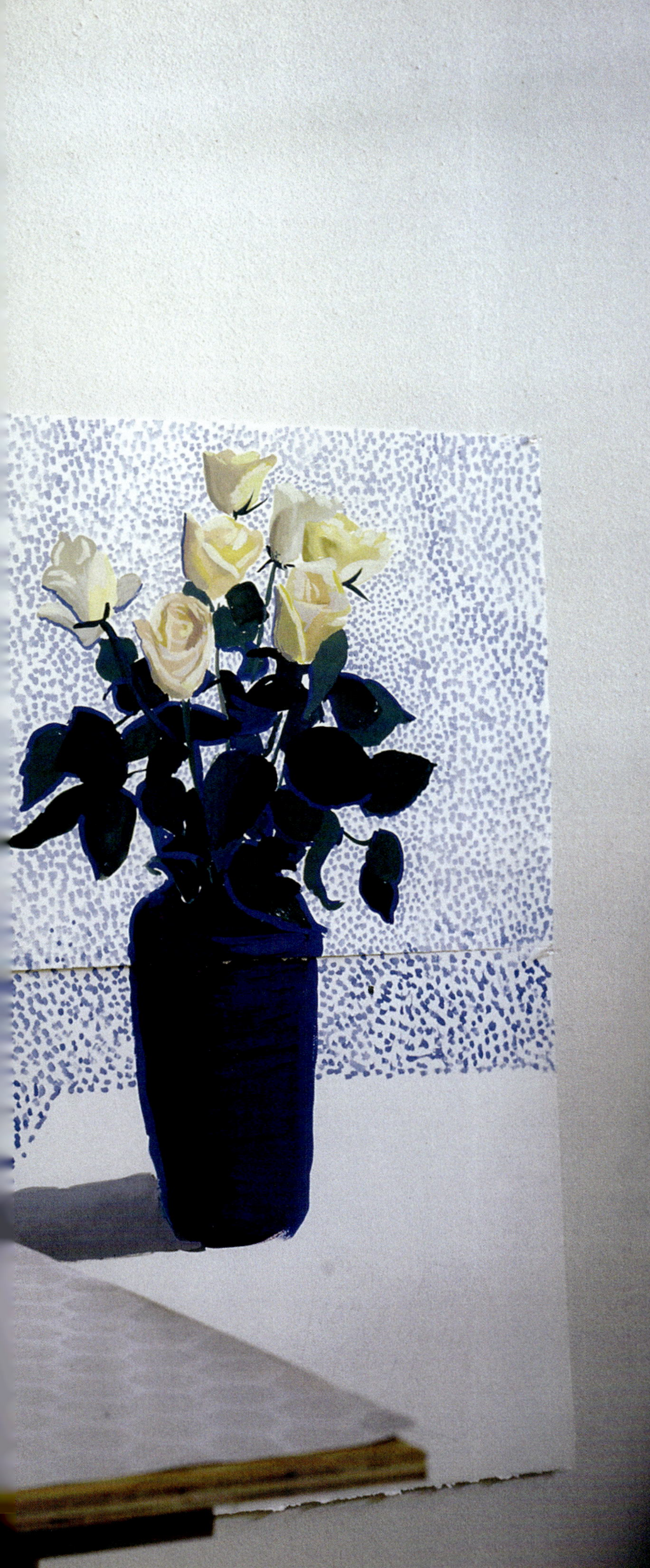

David Hockney
"Roses for Mother," 4 Dec 1995, 1995
117 × 136,5 cm

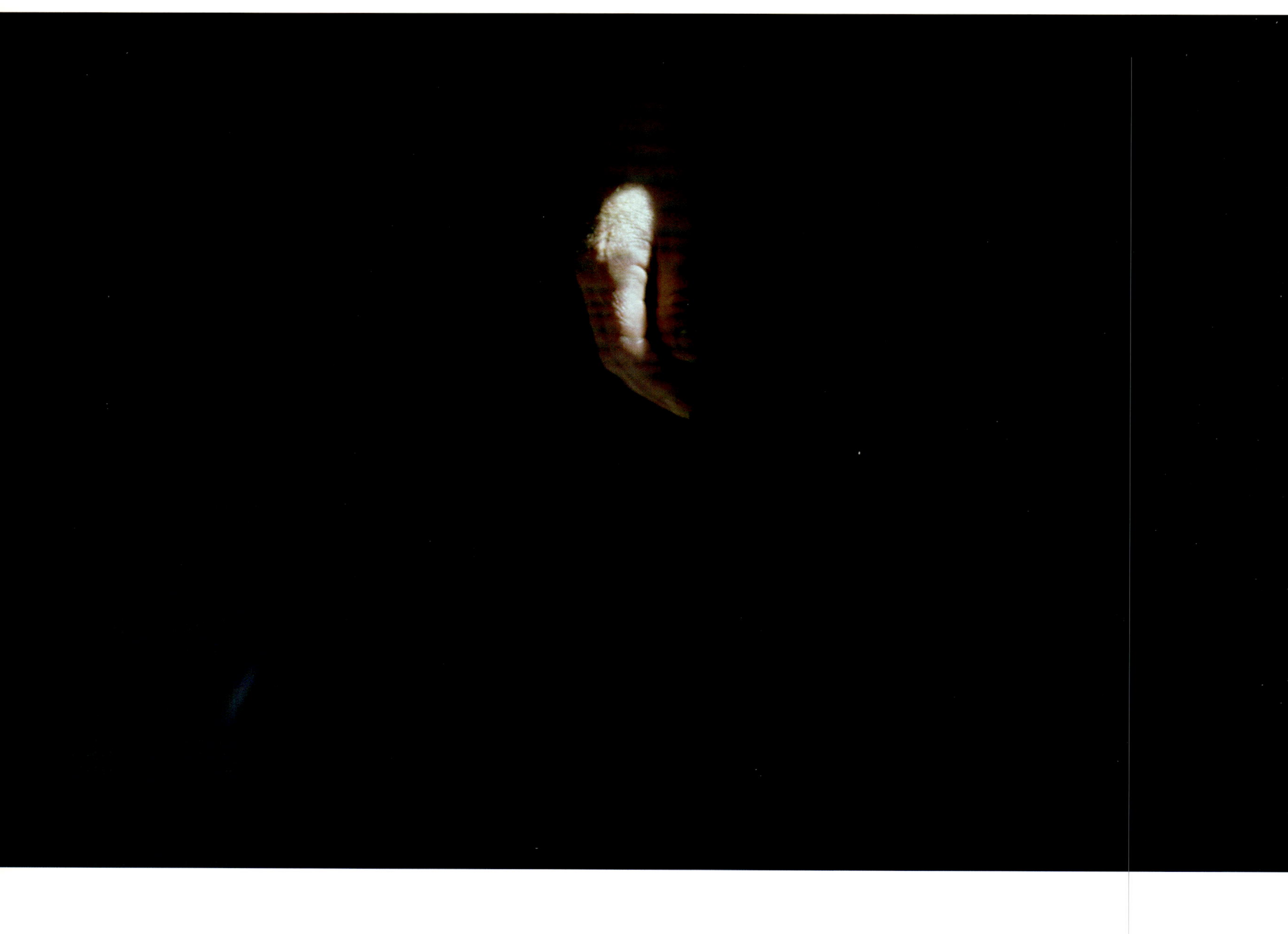

Nan Hoover
Coming and Going, 1980
42,5 × 124,5 cm

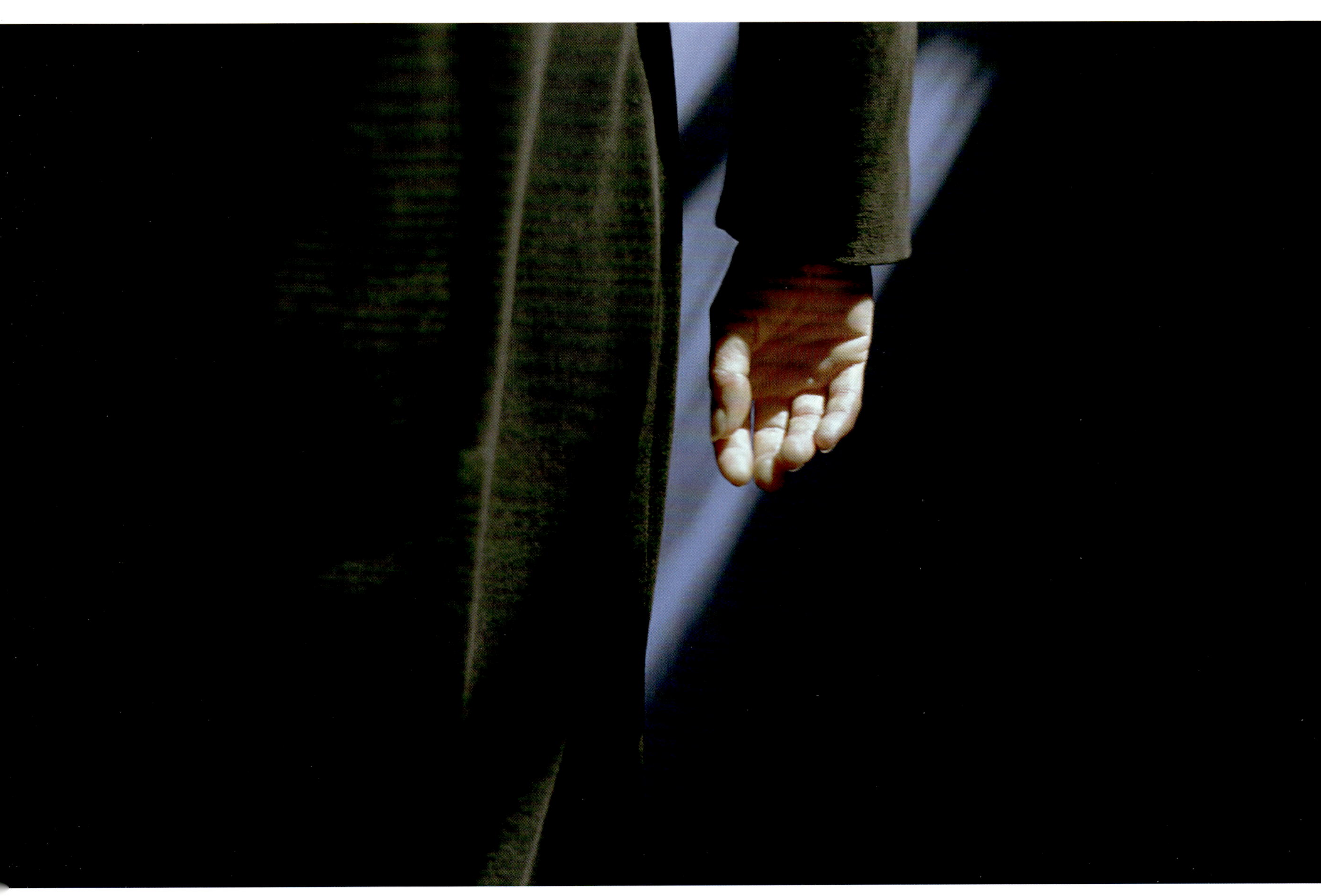

42

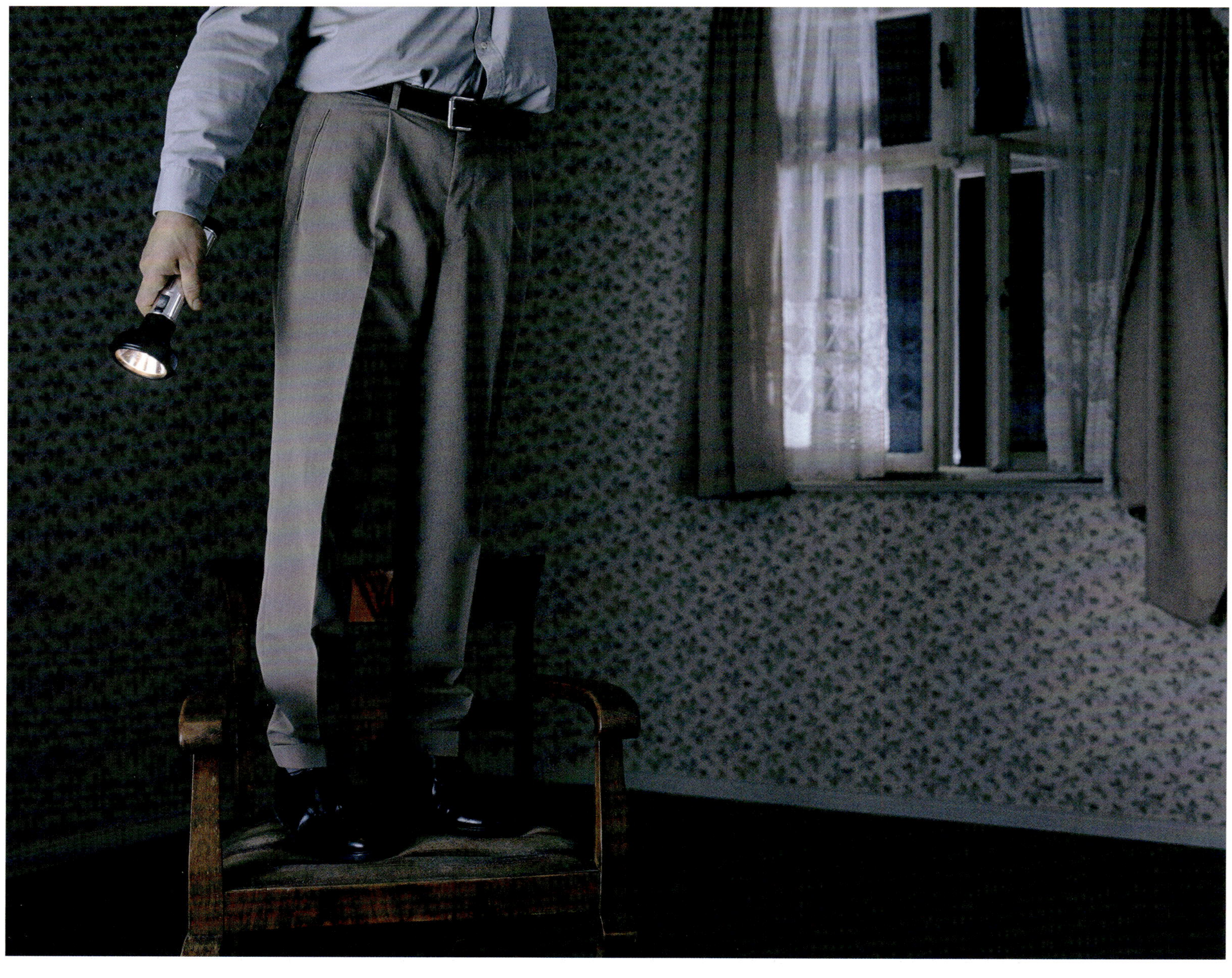

Teresa Hubbard/Alexander Birchler
Gregor's Room I, 1998/1999
je each 150,5 × 185 cm

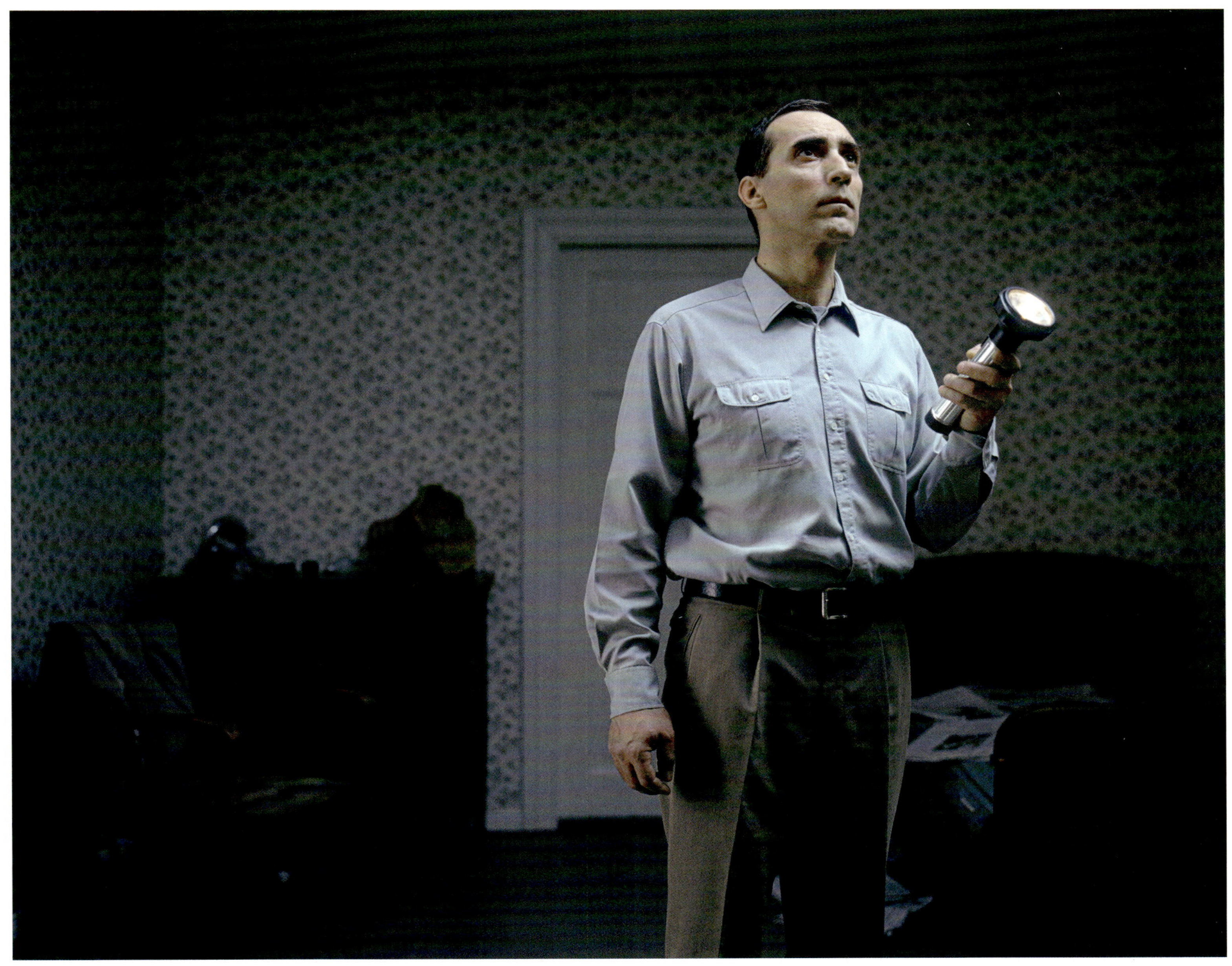

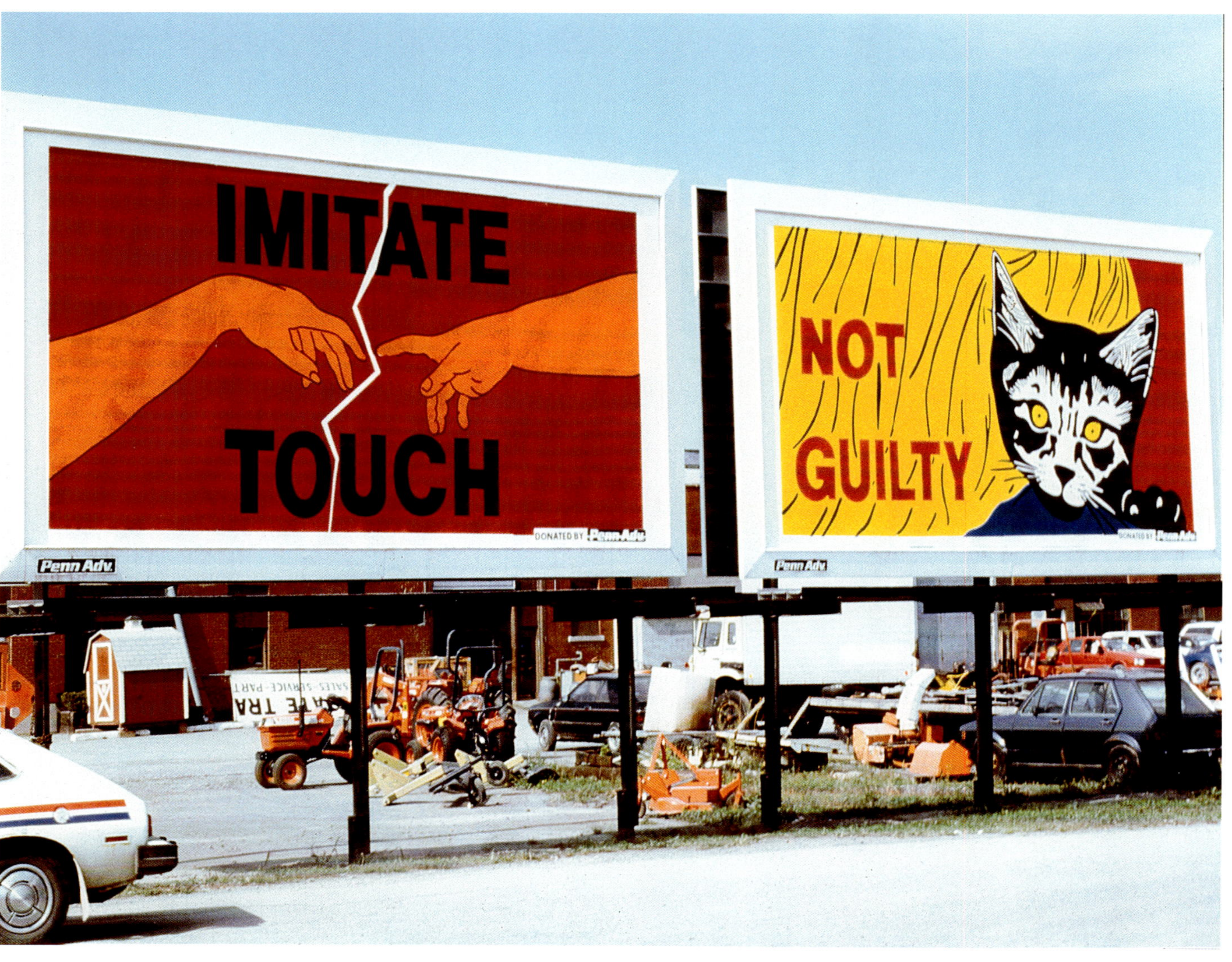

Les Levine
Not guilty & imitate touch, 1990
54 × 64 cm

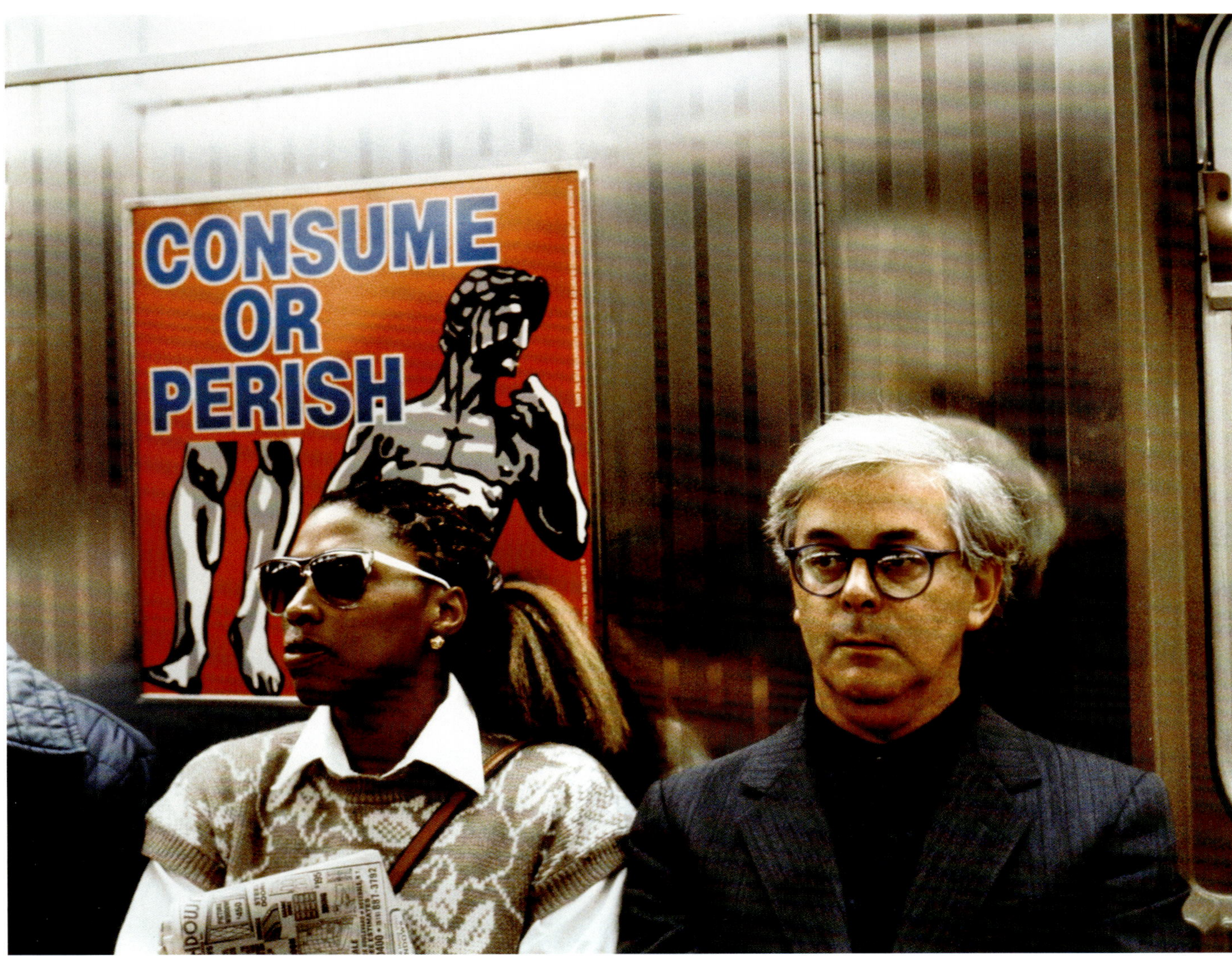

Consume or perish, 1989
54 × 64 cm

46

Hajnal Németh
Comfort, 2005
120 × 120 cm

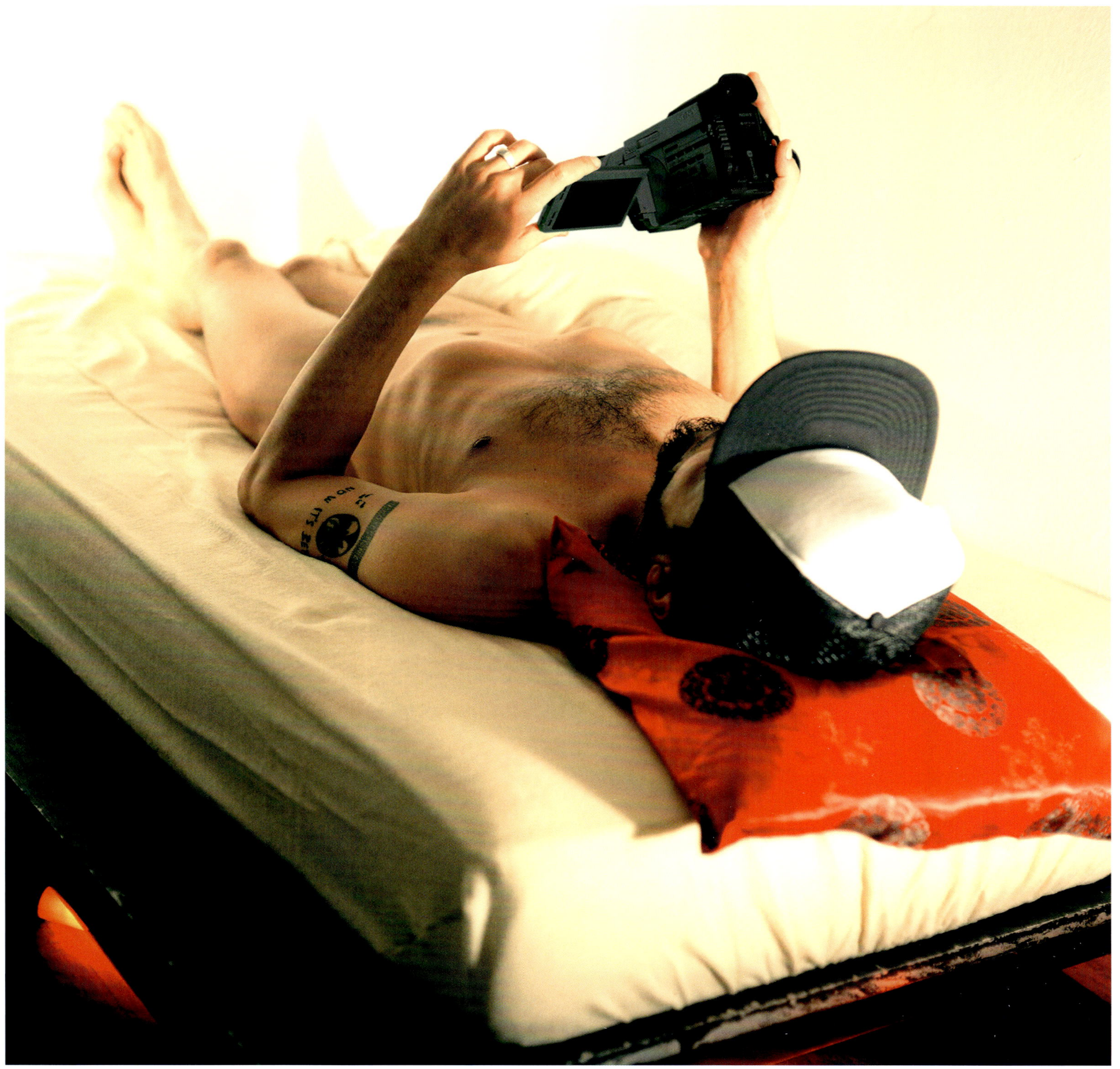

48

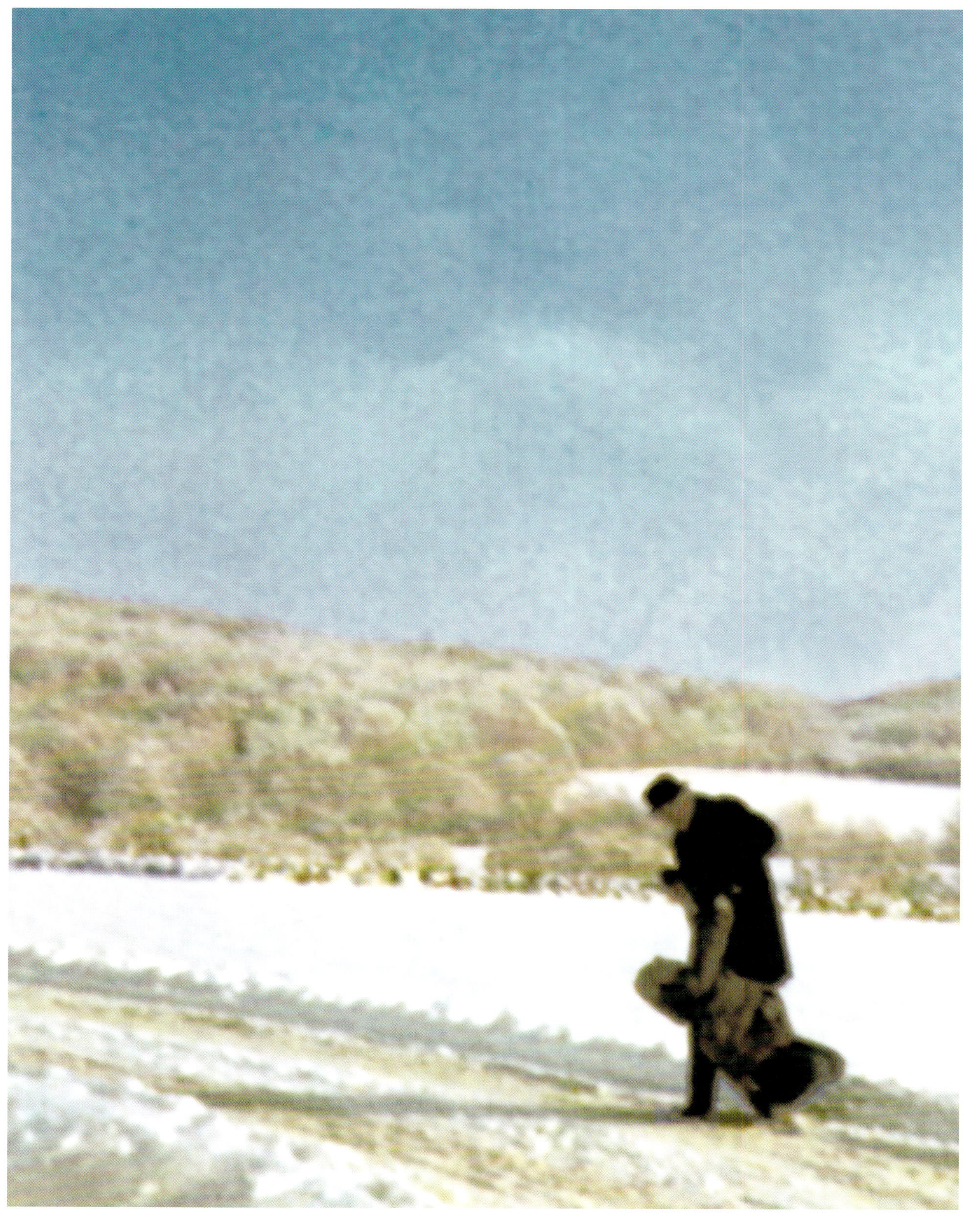

Jörg Sasse
„4251", 1994
124 × 90 cm

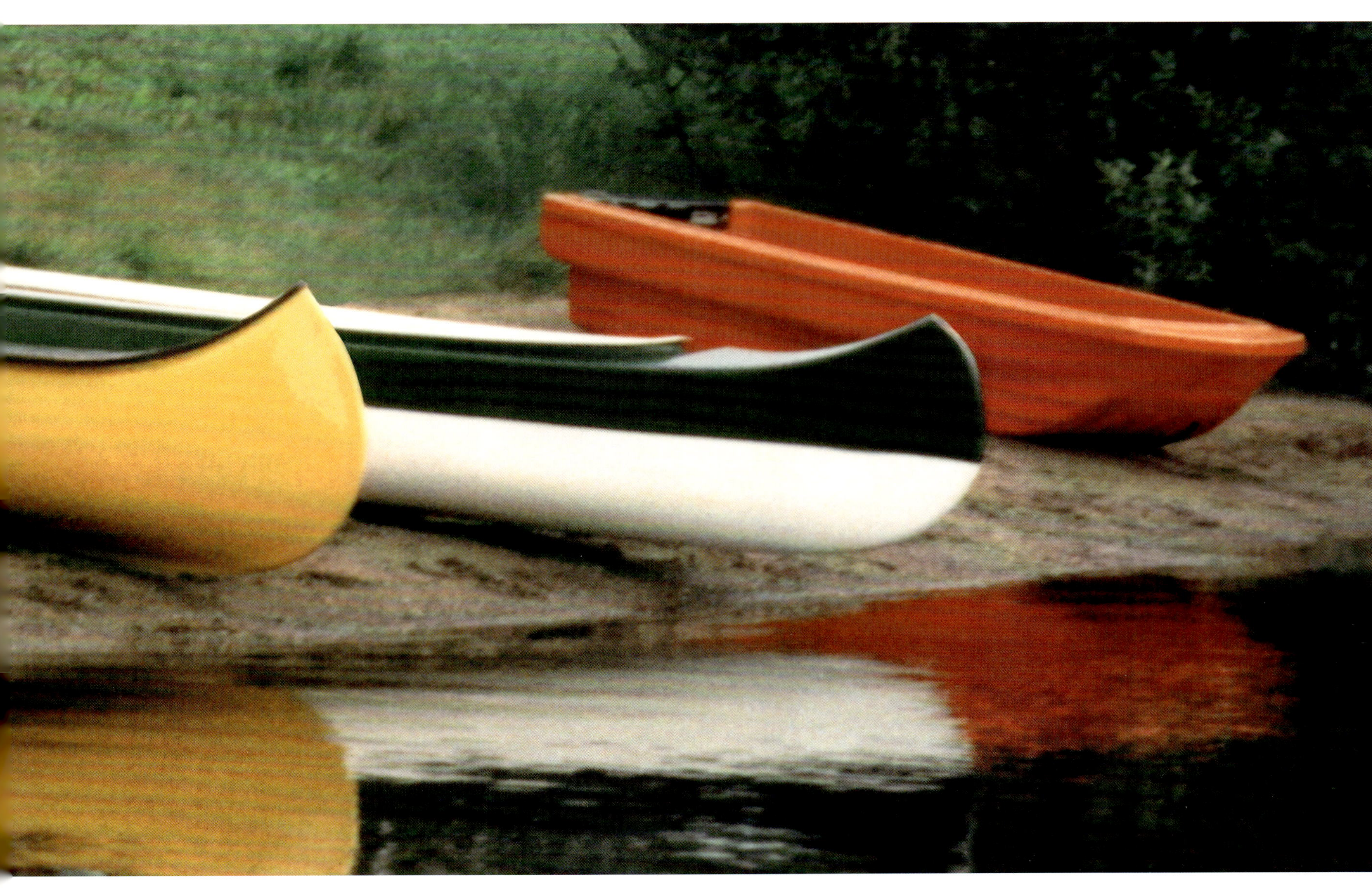

„7341", 1996
93 × 150 cm

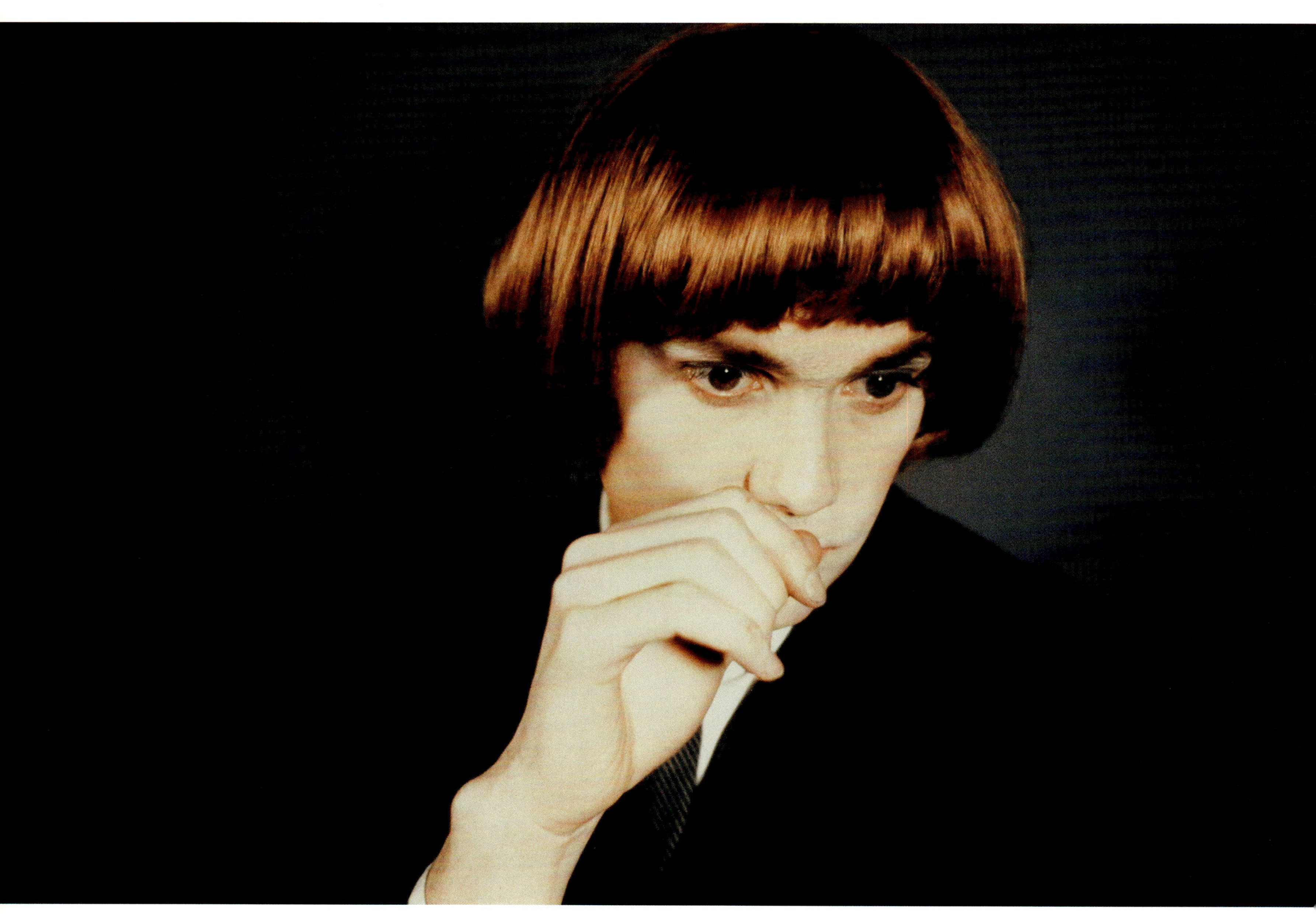

Richard Prince/Cindy Sherman
Untitled, 1980
je *each* 59 × 79 cm

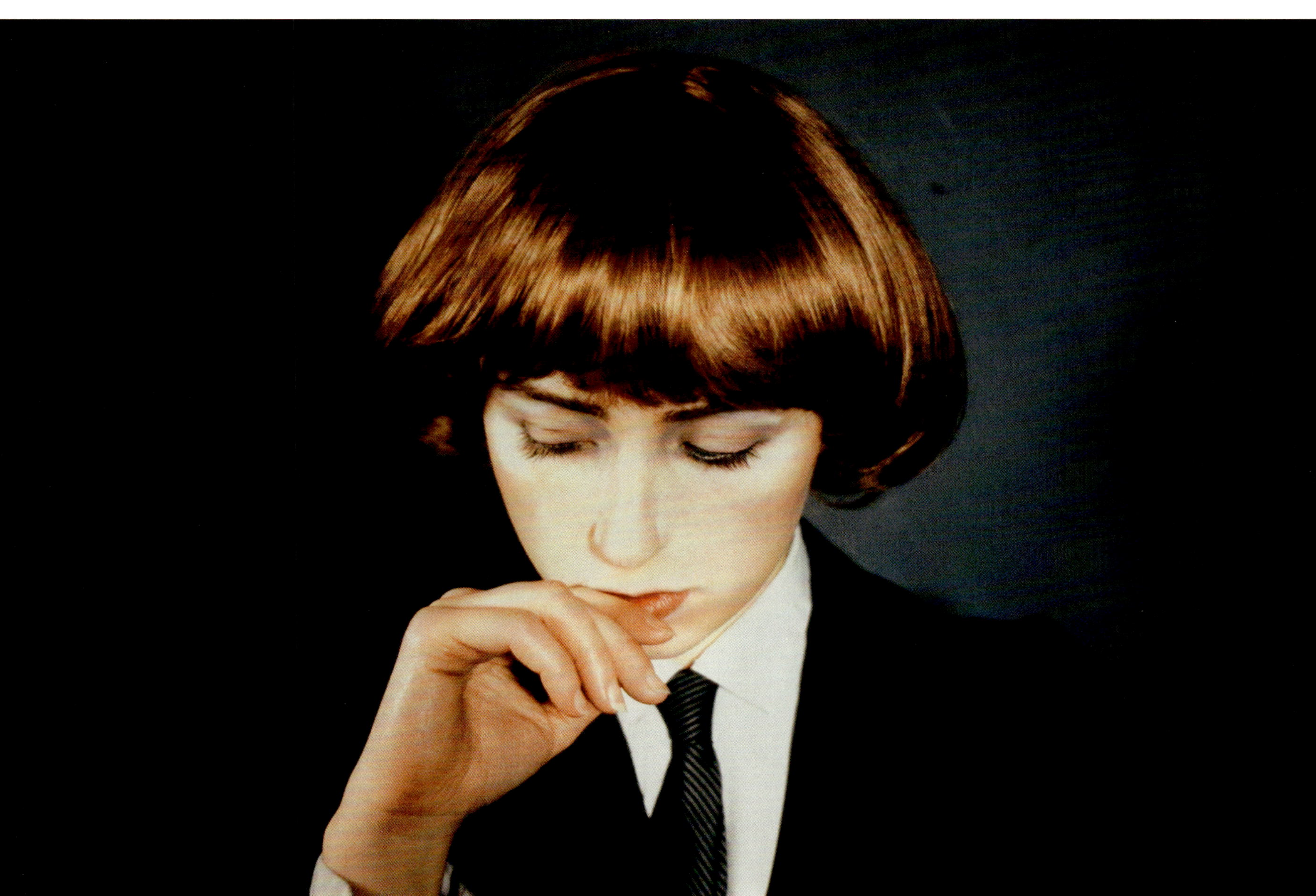

52

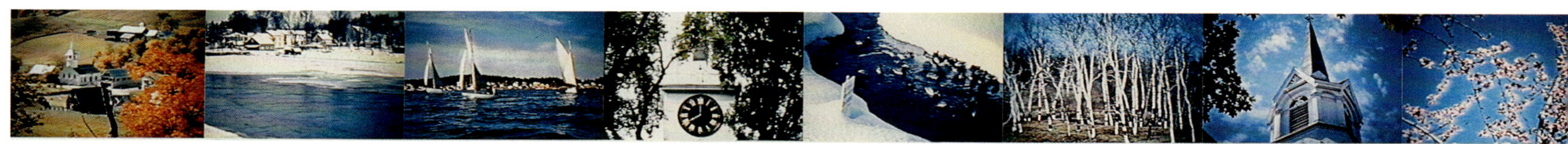

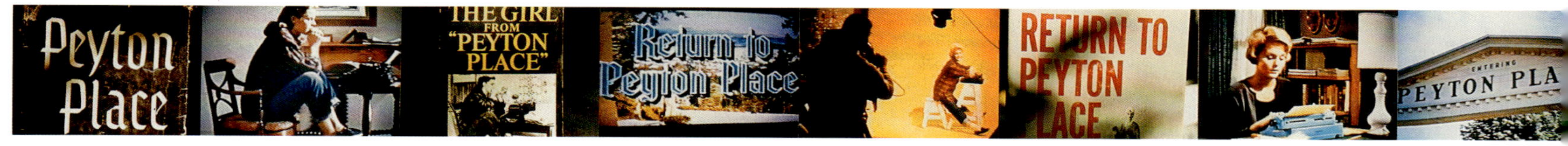

John Waters
Peyton Place – The Documentary, 1994
je *each* 18,5 × 212,5 cm

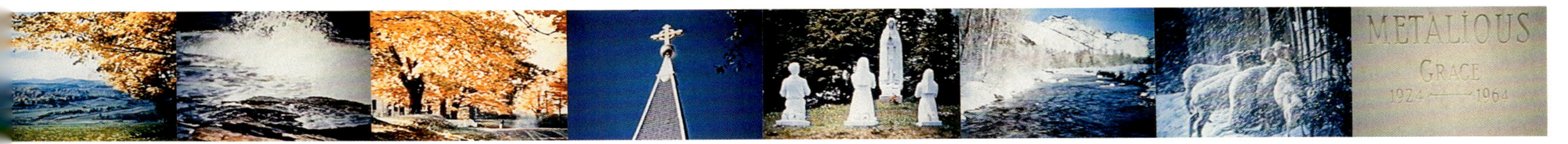
METALIOUS
GRACE
1924   1964

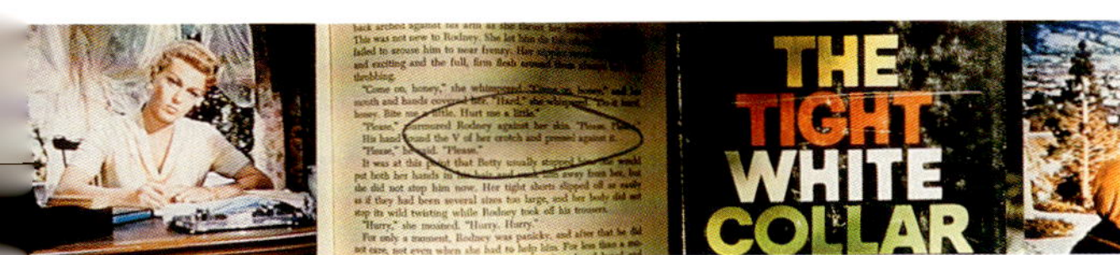

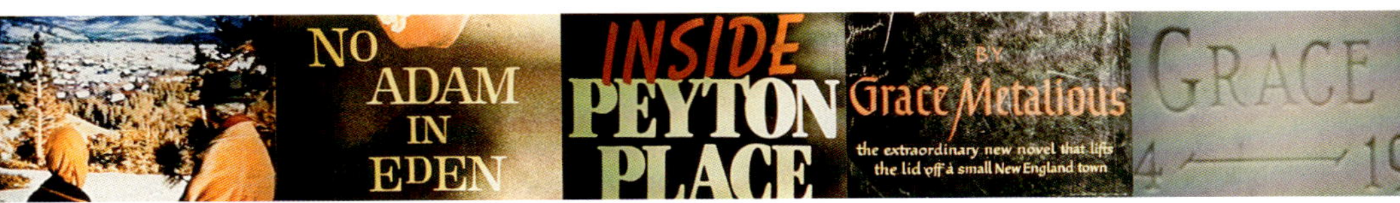
THE
TIGHT
WHITE
COLLAR
NO
ADAM
IN
EDEN
INSIDE
PEYTON
PLACE
BY
Grace Metalious
the extraordinary new novel that lifts
the lid off a small New England town
GRACE
4   19

GESICHTER UND VERHÄLTNISSE

FACES AND PROPORTIONS

J. A. Tillmann

Die Fotografie ist im Grunde die Hervorhebung eines Raumdetails aus dem Zeitprozess. Ein Teil der gesehenen Vollständigkeit wird ausgeschnitten und, ohne die Möglichkeit der Veränderung, im Moment seiner Endgültigkeit gespeichert. Im Vergleich dazu sind die jeweiligen Techniken des Fixierens, die verschiedenen Verfahren, die analoge oder digitale Methode von zweitrangiger Bedeutung. Ausschlaggebend ist, dass die Abbildung infolge eines Ausschnitts zustande kommt und unverändert bleibt.

Die Welt und ihre Wahrnehmung ist grundsätzlich eine Frage der Verhältnisse. Für uns eröffnen sie sich in den Relationen, die sich zwischen Nähe und Ferne, Außen und Innen sowie dem Begreifbaren und Unerreichbaren bewegen. Die Fotografien tragen zur Wahrnehmung dieser Proportionen bei. „Die Lust an der Fotografie hat vielleicht damit zu tun", stellt Kapielski berechtigterweise fest: „Aus der Gesamtperspektive, vom Rundblick des Sinns her betrachtet, ist die Welt ziemlich enttäuschend. Im Ausschnitt und aus überraschenden Blickwinkeln gesehen, ist sie vollkommen einleuchtend."[1]

Die Natur im Ausschnitt

Aufgrund des oben Gesagten ist die Naturfotografie eine wahre Freudenquelle: Die Auswahl der Blickwinkel und Ausschnitte kann auch dann noch „erhellende" Bilder hervorrufen, wenn sie nicht die Exotik irgendeiner fernen Landschaft, sondern die gewohnte (das heißt für gewöhnlich nicht einmal einer Bemerkung würdigen) Gegend zum Thema hat. Manchmal wird das von dem einen oder anderen Gegenstand, der in eine natürliche Umgebung platziert wurde, oder durch den kulturellen Kontrast betont. Bei dem Bild von Gabriel Orozco wurde nur ein Ball zwischen die Baumstämme hineingelegt, doch wegen des Vorhandenseins dieser absolut geometrischen Figur, der perfekten Kugelform – die in der Natur eigentlich nicht vorzufinden ist – wurde die Waldumgebung quasi in Anführungszeichen gesetzt (S. 89). Er hebt den ansonsten vertrauten Anblick als einen quasi negativen Rahmen hervor. Auf den Bildern des kanadischen Künstlers Rodney Graham sind ebenfalls alltägliche Gegenstände aus der Natur zu sehen, aber in einer ziemlich unüblichen Weise, nämlich „auf den Kopf gestellt", weshalb sie nahezu als Forminnovation wirken (S. 73).

Olafur Eliasson zählt zum anderen Grundtypus der Naturfotografen. Seine Fotos sind von besonderen Farben und Lichtern, selten zu beobachtenden himmlischen und irdischen Phänomenen gekennzeichnet (S. 66). Auf seinen Bildern ist der Standpunkt oft fraglich, es ist nicht zu entscheiden, ob eine mikro- oder makroskopische Perspektive, eine Luftaufnahme zu sehen ist, oder ob sich in der Faktur einer Eisscholle die Umrisse eines unbekannten

Fundamentally, photography is the extraction of a spatial detail from the flow of time. Some part of the visible whole is excised, and without the possibility of fluctuation, the moment preserved in its finality. By comparison, the prevailing recording technique, whatever the procedure may be, i.e., analogue or digital, is of secondary importance. What is definite is that the depiction is established by that extract and remains unchanged.

The world and its observation is fundamentally a question of proportions. It is revealed to us as moving between the relations of near and far, within and without, the tangible and the unattainable. Photographs contribute to the perception of this system of ratios. The "joy of photography is perhaps connected to this," Kapielski fittingly concludes. "The world is somewhat disenchanting when beheld in terms of the big picture, the panorama of the senses. Through an extract, on the other hand, and from unexpected visual angles, it is perfectly understandable."[1]

Nature – extracted

In accordance with the above, nature photography is a true source of joy: The choice of viewpoints and sections can generate "illuminating" images even if the subject is not some sort of exotic distant land, but simply from our customary surroundings (i.e., usually not even deemed worthy of attention). Occasionally, this is reinforced by an object placed in the natural environment, or by cultural contrast. In the Gabriel Orozco image, all that has been placed between the tree trunks is a ball; however, the presence of that pure geometric form, the perfect sphere – something that is actually not to be encountered in nature – defines the forest environment as itself a quotation (p. 89). This emphasizes the otherwise common scene by placing it in a kind of negative frame. In the pictures of Canadian artist Rodney Graham, likewise everyday natural objects are visible, yet they are arranged in a way that is decidedly out of the ordinary – or "upsidedown" – and in this way almost engender new shapes (p. 73). Olafur Eliasson belongs to the other basic type of nature photographer. His photographs portray unusual colours and light, rarely seen celestial and terrestrial phenomena (p. 66). The viewpoint of his pictures is often questionable: It is difficult to determine whether the perspective is micro- or macroscopic, whether we have before us an aerial photograph or are seeing the contours of an unknown continent outlined in the texture of an ice-floe. What is indisputable are the unprecedented wealth of shapes, the sheer size and grandeur of the natural structures.

The majesty of nature is manifest even in the landscapes marred by the ecologically-damaging intervention of humans. The pho-

Erdteils abzeichnen. Lediglich der unerhörte Formenreichtum, die Größe und Erhabenheit der natürlichen Gebilde können nicht in Zweifel gezogen werden.

Auch die Gegenden, die durch die umweltzerstörenden Eingriffe der Menschen verunstaltet wurden, weisen eine Erhabenheit der Natur auf. Die Bilder von Inge Rambow zeigen die verschiedenen – seitdem zum Großteil rekultivierten – Schauplätze des Braunkohleabbaus im Tagebau der ehemaligen DDR (S. 90). Diese Abbaumethode führte zu an die Urzeit der Erde erinnernden, öden geologischen Formationen, in die sich die Muster der maschinellen Erdarbeiten mischten. Aber die Zeit begann das Bild dieser „industriellen Landschaften" bereits kurz nach der Aufgabe des Bergbaues zu „korrigieren": durch die Spuren der Auswaschungen und der Erosion, durch die Seen, die sich in den Vertiefungen ansammelten, durch die Bäume und Sträucher der lebenden Natur. Die einfache Schönheit der Stoffe und Formen der Natur kommt auch im Fall der Werke zum Vorschein, wo sie nur einen Teil der Umgebung darstellen, wie zum Beispiel bei den Arbeiten von Mario Merz (S. 85). Die Arte povera hat nicht zuletzt den Reichtum, der in der „Armut" der Natur steckt, entdeckt und sie durch den Kontrast zum White Cube des Ausstellungsraumes wahrnehmbar gemacht.

Das Bild des unfassbaren Körperteils

„Alle Künste beruhen auf der Gegenwart des Menschen, nur die Fotografie zieht Nutzen aus seiner Abwesenheit."[2] Diese gewichtige Feststellung, deren Gültigkeit kaum zu bestreiten ist, stammt von André Bazin, dem Ontologen der Fotografie. Vor allem wenn der Fotoapparat entsprechend seiner „Bestimmung" funktioniert, das heißt die Vorschrift des Programms erfüllt, ist der Mensch höchstens eine Nebenerscheinung. (Er hat den Apparat gekauft, und an einem entsprechenden Ort und aus einem bestimmten Anlass betätigt – „Hier muss man draufdrücken und schon ist das Foto fertig.") Im Gegensatz dazu schreibt Vilém Flusser über ein „Modell der Freiheit", über die künstlerische Ausübung der Fotografie: „Es gibt ein paar Menschen, die gegen die automatische Programmierung kämpfen: Fotografen, die versuchen, informative Bilder herzustellen, das heißt Fotos, die nicht zum Programm der Apparate gehören."[3]

tos of Inge Rambow detail the various opencast lignite mines in the former GDR – most of which have since been subject to recultivation (p. 90). As a result of the mining technique, they are reminiscent of barren pre-historical geological configurations shot through by the patterns of the excavation machinery. Yet, shortly after the mines closed down, time already started to "correct" the picture in these "industrial landscapes" in the form of the traces of erosion by rain, the lakes that arose in these pits, and the trees and bushes of living nature.

The simple beauty of natural materials and forms also appears in the case of works in which nature only makes up part of the surroundings, as in the œuvre of Mario Merz (p. 85). Arte Povera discovered the wealth inherent in the poverty of nature – and rendered it perceptible by contrasting it to the white cube of the exhibition space.

The image of the intangible part of the body

"While all the arts are founded on the presence of man, only photography benefits from his absence."[2] This weighty assertion stems from André Bazin, that scholar of the ontology of the photograph, and one cannot deny that his pronouncement is valid to a degree. The human being is at best an attendant circumstance specifically if the camera functions in line with its "destiny", i.e., fulfils the instructions of the programme. (She has purchased the equipment, has put it into operation at a particular place and for a specific occasion – "click here and the photo is ready.") Contrary to this, Vilém Flusser writes of "a model of human freedom", the artistic practice of photography: "A number of human beings are struggling against this automatic programming: photographers who attempt to produce informative images, i.e., photographs that are not part of the program of apparatus."[3]

This is primarily true of portraiture. The effort required when producing images of humans is anything but minor: What has to be depicted, represented, and rendered visible is precisely that which truly is not visible – the personality. The most crucial part here is the soul: or what J. K. Arnim terms "the part of man's body which is unfathomable". Contrary to the customary clichés it is not the eyes, but the face that are the "mirror" of the soul. If the photograph shows only the eyes, they might be practically

1 Thomas Kapielski, *Anblasen – Texte zur Kunst*, hrg. von Aldo Frei, Berlin 2006. S. 91.
2 André Bazin, „Ontologie des fotografischen Bildes", in: *Theorie der Fotografie III*, hrsg. von Wolfgang Kemp, München 1983.
3 Vilém Flusser, *Für eine Philosophie der Fotografie*, Göttingen 1983, S. 65.

1 *Thomas Kapielski,* Anblasen – Texte zur Kunst, *edited by Aldo Frei, Berlin, 2006.*
2 *André Bazin,* What is Cinema? *Vol. 1 [transl. by Hugh Gray, originally:* Ontologie de l'image photographique, 1945*], Berkeley, 1967.*
3 *Vilém Flusser,* Towards a Philosophy of Photography *[transl. by Anthony Mathews], London, 2000 (1983).*

56

Dies trifft in erster Linie auf die Porträts zu. Bei Menschenbildern steht nicht gerade wenig auf dem Spiel: Es muss eigentlich das abgebildet, vergegenwärtigt und hervorgerufen werden, was nicht zu sehen ist, nämlich die Person. Das Wesentlichste dabei ist die Seele, auf dem Spiel steht „der unbegreifliche Körperteil des Menschen [J. K. Armin]." Der „Spiegel" der Seele sind aber – entgegen dem Gemeinplatz – nicht die „Augen", sondern das Gesicht. Ist auf einem Foto nur der Ausschnitt der Augen sichtbar, dann können sie so gut wie jedem gehören. Nur die Gesichtszüge um die Augen herum zeigen die Person, nicht aber die Augäpfel, auch wenn sie an und für sich sehr schön, farbig und tiefblickend sind. Das *Selbstporträt* von Mapplethorpe stellt diese Grenzsituation dar (S. 82). Er dokumentiert das Gesicht aus der nächstmöglichen Entfernung. Der Ausschnitt beginnt bei den Augenwinkeln, wo das Gesicht noch ein Gesicht ist. Obwohl er zwar nur ein Detail des Gesichts festhält, enthält es trotzdem die gesamte Persönlichkeit: ihre Miene, den durchdringenden Blick, den Verlauf der Muskulatur im Gesicht, welche die Augen bewegt und die Fokussierung hervorruft, zudem ist die Bemühung um Konzentration an den Runzeln der Stirn zu erkennen. Die Aufnahme ist nicht bloß das Bild eines Organs oder die der Untersuchung eines Objektes, sondern die eines Menschen, auf dem seine Persönlichkeit erscheint. Deshalb meint Lévinas, dass „was das Spezifische eines Antlitzes ausmacht, ist das, was sich nicht darauf reduzieren lässt", und dass „der Zugang zum Antlitz von vornherein ethischer Art ist." Der Mensch und insbesondere sein Gesicht ist kein Gegenstand unter den Gegenständen: „Wenn Sie eine Nase, Augen, eine Stirn, ein Kinn sehen und sie beschreiben können, dann wenden Sie sich dem *Anderen* wie einem Objekt zu."[4]

Die Aufgabe, vor die der Porträtfotograf gestellt ist, wird auch dadurch schwieriger, dass er sie inmitten der inflationären Menge an Menschenbildern und einer Homogenisierung des Schönheitsideals lösen muss: „Wesentliche Parameter der Schönheit eines Gesichtes werden in dessen Universalisierbarkeit gesehen", schreibt der Hirnforscher Detlef B. Linke, „da wir in immer mehr Gesichter schauen, wird das Schönheitsideal immer allgemeiner."[5]

Die Lösungen – die Möglichkeiten der künstlerischen Freiheiten – sind zahlreich. In der Serie *Liquid Crystal* demonstriert Marie-Jo Lafontaine eine der Möglichkeiten, denn diese Jugendliche versuchen offensichtlich mit der Schaffung eines eigenen „Erscheinungsbildes" gegen das vorherrschende Schönheitsideal anzukämpfen (S. 80). Gottfried Helnwein geht in seiner Reihe *Faces* einen anderen Weg (S. 75). Die Porträtierten müssen kein Erscheinungsbild gestalten, denn sie sind bereits „Gesichter", solche Persönlichkeiten, die auf irgendeinem Gebiet, in einem Bereich

anyone's. Instead it is the features of the face around the eye (or more precisely, the eyes) that display the personality, and not the spheres of our organ of seeing, even if they are intrinsically beautiful, colourful and profound. Mapplethorpe's Self-Portrait evokes this borderline situation: He documents his face from the closest possible distance, with the frame beginning at the outer corner of the eyes, where the face is still a face (p. 82). Though he records only the detail of a face, he nevertheless captures the entire personality contained within it: the piercing eyes, the gaze, the arch of the guiding and focusing muscles of the eyes in the face. We can discern the effort of concentration in the wrinkled lines of the forehead. The photograph is not merely the image of an organ or of an object of study, but that of a human being, and shows his personality. Emmanuel Lévinas states for this reason that "what makes a face a face is simply that which cannot be reduced to perception, and the approach to a face is of an ethical nature at its root." Man, and in particular his face, is not simply one object among objects: "If you see a nose, a forehead, someone's chin or eyes, and you can describe them all, then you will turn to The Other as if he or she were an object."[4]

The task of the portrait photographer, moreover, is all the more complicated because he must resolve all this amidst the inflationary number of human images available and the homogenisation of the ideal of beauty: "The key parameter for the beauty of a face is whether it is universal in nature," writes brain scientist Detlef B. Linke. "Since we look at an increasing number of faces, the ideal of beauty becomes increasingly generalised."[5]

The solutions – and the opportunities for artistic liberties – are many: One possibility is presented by Marie-Jo Lafontaine's Liquid Crystal series, in which the youths portrayed, visibly grappling with the prevailing ideal of beauty, attempt to develop their own "image" (p. 80). Gottfried Helnwein travels a different path in his Faces series: Those featured in his portraits have no need to form an "image", because they are already "faces", known personalities who have left their mark on some field, art genre or community (p. 75). And these traces are revealed not only in their œuvres, but also by their faces, with striking, pronounced features that are intensified by the crisp illumination and the camera, with its no-frills view of them. Thus, one of those who sat for Helnwein's camera, William S. Burroughs is right to say that his pictures provide an occasion for "surprised recognition".[6]

The pictures of another realist, Andy Warhol – "America's greatest realist" as Barbara Rose has called him – are striking in their

der Kunst oder in einer Gemeinschaft Spuren hinterlassen haben. Diese Spuren finden sich nicht nur in ihren Lebenswerken, sondern auch auf ihren Gesichtern: Es sind markante Gesichtszüge, die von der grellen Belichtung, von der unbeschönigenden Betrachtung der Kamera verstärkt werden. Deshalb kann auch eines der Modelle von Helnwein, William S. Burroughs, sagen, dass diese Bilder das „überraschte Erkennen" ermöglichen.[6]

Die Bilder eines anderen Realisten, nämlich von Andy Warhol – der „größte Realist Amerikas" (Barbara Rose) –, stechen durch ihre gattungsmäßige Vielfalt hervor (S. 95). Es gibt „ordentliche" Bilder, die sogar an Nachrichtenagenturen verkauft werden könnten, Reportagefotos guter Qualität (von Johannes Paul II.), dann wiederum solche, die aufgrund ihrer Zufälligkeit und technischen Anspruchslosigkeit auch als Familienaufnahmen von Amateuren gelten könnten. Einige andere könnten auch auf der Pirsch nach Prominenten von professionellen Paparazzis gemachte Schnappschüsse sein, auf welchen die Situation der Personen, der Ausschnitt und die Belichtung (manchmal mit Blitzlicht) in erster Linie die eilige Anfertigung der Aufnahme erkennen lassen.

All das kann natürlich einer beabsichtigten Nachlässigkeit zugesprochen werden, denn ein Teil der Promis war Besucher in der Factory, und wer die Sphäre Warhols betrat, wurde ersucht, sich vor den Fotoapparat zu stellen. Deshalb sind die Fehler, die schlechte Qualität, wenn auch nicht ursprünglich gewollt, doch im Nachhinein belassen worden, da vor und hinter der Kamera Berühmtheit das zentrale Kriterium war. An der späteren Entwicklung des in der Pop Art allgemein gewordenen „anything goes" zeigt sich schon die postmoderne Beliebigkeit.

Das Selbstporträt von Warhol ist ein Doppelspiel der Verbergung und Sichtbarmachung: hinter einer in die Höhe gehobenen Pistole, aber doch mit den charakteristischen Merkmalen des Gesichtes und der Haare, mit dem für ihn bezeichnendsten Gegenstand, einem Aufnahmegerät (das er immer mit sich trug und weshalb er in der Szene als „Recording Angel" bezeichnet wurde (S. 94)).

Doch einige Porträts könnten auch als „maskierte" Selbstbildnisse angesehen werden, wie zum Beispiel das von Truman Capote, den Warhol im Liegen zeigt. Der geheim gehaltene Wohnsitz von Warhol, wohin er sich von Zeit zu Zeit zurückzog, hätte eine sol-

multiplicity of genres: There are "standard" good quality pieces of photojournalism (e.g., of John Paul II), which could even be marketed to a news agency. Then there are pictures that – owing to their incidental quality and technical simplicity – could be regarded as "family" snapshots taken by an amateur (p. 95). And there are some others which could even be snapshots caught by professional paparazzi – hunting prominent figures, in which the position of the personages, the framing and the lighting (sometimes using a flash) refer mainly to the circumstances of hasty production.

Of course, this is all presumably intentional carelessness, since some of the VIPs frequented Warhol's own world, and those who crossed the threshold into the Factory were asked to stand before the camera. And thus, the shortcomings and low quality, if not necessarily originally intended, were subsequently left the way they were – since in the case of the fame of the photographer or the person depicted, it did not really matter. The arbitrary nature of the post-modern is discernible in the trend taken by the notion of the "anything goes" that became so pervasive in Pop Art.

Warhol's self-pxortrait visualises the double game of concealing and revealing: He is positioned behind a raised pistol, but with the characteristic details of his face and hair, and in the company of his trademark object – his tape recorder (or his "wife", which he took everywhere with him, the reason why members of the New York crowd termed him the "Recording Angel" (p. 94)). Some of his portraits could also be considered "masked" self-portraits – such as that of Truman Capote, reclining at home. The milieu of Warhol's secret apartment in the city may have been similar (furnished in American Biedermeier, though presumably less cosy than Capote's), where he sometimes retreated from everything and everyone.

With his In the American West series in 1979, Richard Avedon proved to be an even greater realist than "America's greatest realist" (p. 62). He travelled to remote, out-of-the-way places, to the heart of America, to photograph the people working with raw materials with a raw immediacy appropriate to them. In line

---

4 Emmanuel Lévinas, *Ethik und Unendliches – Gespräche mit Philippe Nemo*, hrsg. von Peter Engelmann, Wien 1992, S. 64.
5 Detlef B. Linke: „Neuroartistik – Die Kunst, sich neue Neuronen zu erdenken", in: *Balkon* 2003/4, 8.
6 Siehe http://museum.helnwein.com/helnwein/print/texts/burroughs.html und http://realitystudio.org

4 *Emmanuel Lévinas,* Ethics and Infinity – Conversations with Philippe Nemo *[transl. by Richard A. Cohen, originally:* Éthique et Infini – Entretiens avec Philippe Nemo, Éditions Fayard, Paris, 1982], Duquesne, 1985.
5 *Detlef B. Linke, "Neuroartistik – Die Kunst, sich neue Neuronen zu erdenken", in:* Balkon, *2003/4, p. 8.*
6 *see: http://museum.helnwein.com/helnwein/print/texts/burroughs.html and http://realitystudio.org*

che Umgebung sein können: im amerikanischen Biedermeierstil eingerichtet, aber wahrscheinlich weniger häuslich als der von Truman Capote.

Richard Avedon erwies sich mit seiner Reihe *In the American West,* die er zwischen 1949 und 1984 angefertigt hat, als ein noch größerer Realist als „America's greatest realist" (S. 62). Er begab sich an entlegene Orte in den Weiten von Amerika, um Menschen, die mit Rohmaterialien arbeiten, in ihrer eigenen rauen Direktheit zu fotografieren. Avedon erschuf mit seiner Fotoserie, wie sein Vorgänger August Sander mit dem großen Tableau *Antlitz der Zeit – Menschen des 20. Jahrhunderts,* ein wahres Panorama des *Menschen ohne Maske.*[7]

Seydou Keïta hat jahrzehntelang in Bamako seine Porträts und Gruppenbilder geschaffen. Da die Zeit in Mali damals langsam verging, bestand auch die große Tradition der Studiofotografie, die auf die Malerei zurückgeht, länger als anderswo. Vielleicht erscheint Keïtas Fotografie deshalb wie etwas Neues. Seit ihrer „Entdeckung" in den 1990er Jahren sind ihre reiche Muster- und Formenwelt der lokalen Trachten – die Bildkomposition der Menschen und Gegenstände sowie die Gesamtheit der menschlichen Haltungen – in der zeitgenössischen Bilderwelt als eine besondere Zeitinsel präsent (S. 76). Nach eigenem Bekunden arbeitete Keïta ähnlich wie die alten Fotografen mit großer Sorgfalt: „Ein Foto zu machen ist leicht, ich wusste dagegen immer, wie man die Leute in die richtige Position bringt, und ich lag nie falsch. Der leicht gedrehte Kopf, ein ernstes Gesicht, die Position der Hände […]. Ich konnte die Leute wirklich gut aussehen lassen."[8]

Erinnerungsbilder

Christian Boltanski nutzt in seinen meisten Werken die Fotografie als ein Medium der Erinnerung, wozu er oft alte Fotografien verwendet. Auch mit der Serie *Gymnasium Chases* ruft er die Vergangenheit ins Gedächtnis, denn sie basiert auf dem Gruppenbild eines jüdischen Gymnasiums in Wien vor dem Krieg (S. 64) .Die mittels der Heliogravure (eines Druckverfahrens des 19. Jahrhunderts) hervorgehobenen Gesichter wirken wie Totenmasken. Fotografie und Erinnerung sind sich hier am nächsten. Die mit Tiefdruckverfahren gemachten Porträts vermitteln den Eindruck verwaschener mentaler Erinnerungsbilder.

In den Werken von Jochen Gerz erscheinen ebenfalls verschiedene Aspekte und Probleme der Erinnerung. Sowohl *Das Berkeley Orakel (Fragen ohne Antwort)* als auch *Die Zeugen* sind jeweils eine „Plural Sculpture", eine „soziale Plastik", deren Zustandekommen oder Existenzweise mit einem bestimmten gesellschaftlichen Raum verknüpft sind. Häufig bildet die Befragung der Gemein-

with the work of his predecessor, August Sander, in his large-scale tableau, Face of Our Time – People of the Twentieth Century, *in his own series Avedon offers a true panorama of* Unmasked People.[7]

For decades, Seydou Keïta has made individual and group portraits in Bamako (p. 76). Since time passes differently in Mali, the grand tradition of studio photography (deriving from painting) survived longer here than elsewhere, and as a result, took on a new quality. Since its "discovery" in the 1990s, the rich universe of patterns and forms of local attire, the composed order of individuals and objects, and the ensemble of human poses appear in the world of the contemporary image as an island caught in time. By his own admission, Keïta works in the same way as the old-time photographers, using the greatest care: "It's easy to take a photo, but what really made a difference was that I always knew how to find the right position, and I was never wrong. Their head slightly turned, a serious face, the position of the hands […] I was capable of making someone look really good."[8]

Memory-pictures

In the majority of his works Christian Boltanski makes use of photography as a medium of memory, often using photographs produced long ago. His series entitled Gymnasium Chases *also evokes the past: it is based on the class photo of a pre-War Viennese Jewish high school (p. 64). By means of a 19th-century printing procedure, the technique of heliogravure, the accentuated faces appear almost as death masks. Photography and memory are brought closest to each other here, as the portraits produced with photogravure seem to be blurred, obscure mental images from memory.*

Various aspects and problems of memory appear in the works of Jochen Gerz. His Berkeley Oracle (Questions Unanswered), *and* The Witnesses of Cahors *are also "plural sculptures", a "social sculpture", whose creation or mode of existence are bound to a specific social space. Often, he consults people who are members of the community in which the work is to be placed. (This is not some marketing strategy. His statements reveal that the open issues of art and its milieu, its public space and the confusion when faced by art prompt him to take such a course.) His visual art of "inquiring" is not always successful: In his The Bremen Questionnaire, for instance, barely half a percentage of those polled by the 50,000 questionnaires he sent to the leading business and cultural members of the city responded despite the*

schaft nach dem Ort, an dem das Werk platziert werden soll, einen Teil der Arbeit. (Das ist keine Marketingstrategie des Künstlers. Ihn interessieren die offenen Fragen der Kunst und ihrer Umgebung, ihres öffentlichen Raumes, sowie die Ratlosigkeit hinsichtlich der Kunst.) Seine bildende Kunst der „Befragung" ist aber nicht immer von Erfolg: So antworteten auf die 50.000 Fragebögen zu seinem Werk *Bremer Befragung,* die er unter der führenden – wirtschaftlichen und kulturellen – Schicht der Stadt verteilte, kaum ein halbes Prozent, obwohl die drei Fragen auf gemeinsame Anliegen der Gemeinschaft beziehungsweise die Schaffung geteilten Engagements abzielten: Zu welchem Thema sollte die Arbeit Stellung nehmen? Glauben Sie, dass sich Ihre Vorstellungen mit Hilfe von Kunst verwirklichen lassen? Möchten Sie an dem Kunstwerk mitarbeiten?

Der Titel seines Internetprojekts von 1998, *Das Berkeley Orakel (Fragen ohne Antwort),* deutet einerseits auf die Schauplätze der Studentenbewegung von 1968, andererseits auf die griechische Weissagungsstätte Delphi hin. Wie die modernen Plätze so wirft auch der antike Ort Fragen auf, wobei erstere eher allgemeine, gemeinsame Angelegenheiten, letztere eher persönliche Probleme zum Thema haben. *Das Berkeley Orakel* gibt keine Antworten, sondern konfrontiert einen nur mit Fragen. Auf den Fotos, welche die Ruinen von Delphi zeigen, stellen sich teils allgemeine, „große" Fragen des Lebens (Wohin gehe ich? Woher komme ich? Auf was kann ich hoffen?), teils selbstverständliche Problemstellungen (Wenn der Fernseher ein Heiligtum ist, was ist dann die Religion?), manchmal jedoch auch die persönlichsten, stets unbeantwortbaren Fragen des Daseins (Wann wird mein letzter Tag sein?).

Die Selbstreflexion und die Kunst betreffende Fragen sind auch hier präsent, noch dazu in einer zugespitzten Form: Gäbe es eine Kunst, wenn es keine Zeit und keinen Tod gäbe? Wahrscheinlich kennt Gerz selbst sehr gut die Antwort darauf, auch wenn er sie vielleicht noch nicht mit einer Genauigkeit wie der Literaturtheoretiker und Theologe Northrop Frye formuliert hat: „Die Tatsache, dass wir sterben müssen, ist elementar für unser Bewusstsein, das heißt, alle von uns geschaffenen Dinge, alle Errungenschaften unserer Zivilisation, sind Ausdruck unserer Erkenntnis des Todes. Unsere Werke sind sterblich, weil sie Symbole des Todes in der Kraft, die sie geschaffen hat, sind."[9]

fact that all three questions related to the community's interests or to creating a shared concern: What topic should the artwork address? Do you think your idea can be realised by artistic means? Do you want to participate in making the artwork?
The title of his Internet project of 1998, The Berkeley Oracle (Questions Unanswered), *refers on the one hand to the venues of the 1968 student movement, and on the other to the location of the Delphic Oracle in Greece. Both the modern-day and the Classical locations are places where questions are asked: In the former, they related to general, common issues, and in the latter to essentially personal questions.* The Berkeley Oracle *does not offer answers to questions, but simply confronts you with questions: In the photographs depicting the ruins of Delphi, we see in part the "major", universal questions of life (Where am I going? Where am I coming from? What can I hope for?) and in part obvious issues (If TV is holy, then what is religion?), and in part the most personal, eternally unanswerable existential questions (When will my last day come?).*
Here, self-reflection, the questions related to art, are also present, indeed in an intensified form: Would art exist if time and death did not exist? And Gerz obviously knows the answer full well, even if he has not formulated it perhaps with such acute precision as did literary scholar and theologian Northrop Frye: "The fact that we are going to die is primary in our consciousness, which means that all the works of our hands, all the achievements of our civilization, are expressions of an awareness of death. Our works are mortal because they are symbols of the death in the power that created them."[9]
Alongside raising questions, the other primary subject of Gerz's art is collective and individual memory. His two best-known artworks, Monument against Fascism, *which is located in a district of Hamburg, and* 2,146 Stones – Monument against Racism, *both represent the dual nature and the paradox quality of the present past as our immediate prehistory. The former is a 12-metre column, which was gradually sunken into the earth over a period of ten years; today, only its top is visible from "bird's-eye view" – at street level. The names of all those German townships in which Jewish communities once lived were carved into the 2,146 Stones. Their carved surfaces were sunk into the earth, so that*

7 Siehe August Sander, *Antlitz der Zeit – Menschen des 20. Jahrhunderts,* München 1980 (1929), und *Menschen ohne Maske,* Frankfurt 1971.
8 Siehe *http://caacart.com/seydou-keita-photo-african-art.php?art=bio*
9 Northop Frye, „Symbols", in: *Reading the World – Selected Writings 1935–1976,* hrsg. von Robert D. Denham, New York 1990, S. 14.

7 Antlitz der Zeit *(Munich, 1929)* – Menschen des 20. Jahrhunderts – Menschen ohne Maske *(Frankfurt, 1971)* – Books by August Sander.
8 *http://caacart.com/seydou-keita-photo-african-art.php?art=bio*
9 *Northrop Frye, "Symbols", in:* Reading the World – Selected Writings 1935–1976, *edited by Robert D. Denham, New York, 1990.*

Neben seinen Fragestellungen stellt das kollektive und individuelle Erinnern ein weiteres Hauptthema in der Kunst von Gerz dar. Seine zwei bekanntesten Werke, das in einem Außenbezirk von Hamburg aufgestellte *Mahnmal gegen Faschismus* und die *2146 Steine – Mahnmal gegen Rassismus,* vergegenwärtigen in gleicher Weise die duale Natur der als direkte Vorgeschichte gegenwärtigen Vergangenheit und ihren paradoxen Charakter. Ersteres ist eine zwölf Meter hohe Säule, die während zehn Jahren allmählichen in den Boden versenkt wurde. Heute ist nur mehr ihr Oberteil aus der „Vogelperspektive", in der Höhe des Gehweges, zu sehen. Auf die 2146 Steine wurden die Namen der deutschen Orte eingraviert, wo einst jüdische Gemeinden lebten. Die mit ihrer Gravierung in den Boden eingelassenen Steine sind von den anderen nicht zu unterscheiden, so sind die Steine des Mahnmals in Wirklichkeit unsichtbar. Aber gerade aufgrund dieser Unsichtbarkeit verweisen sie auf die Erinnerungslosigkeit, auf die Brüche und Löschungen der Erinnerung.

Auch in seinem Werk *Die Zeugen* erscheint die Vergangenheit in einer besonderen Weise (S. 70). Den Anlass dazu gab der Prozess des französischen Politikers Maurice Papon, über den sich herausstellte, dass er in der französischen Stadt Cahors als Inspektor während dem Vichy-Regime, das mit den nationalsozialistischen Besatzern kollaborierte, an der Deportierung von Juden teilnahm. In der Woche der Urteilsverkündung führte Gerz mit den dortigen Bewohnern Gespräche darüber, was sie in Anbetracht der Ereignisse über die Wahrheit aus persönlicher und gesellschaftlicher Sicht denken. Auf die Porträts montiert sind die markanten Ausschnitte der Gespräche zu lesen – ein breites Spektrum, angefangen von den persönlichen Erinnerungen über die allgemeingültigen Aspekte der Wahrheit bis hin zu Meinungen über ihre politischen Auswirkungen. Trotz der Unterschiedlichkeit und Zufälligkeit der Annäherungen zeichnet sich ein bestimmtes Muster der Erinnerung und der Interpretation der Wahrheit ab. Die Bilder und die darauf montierten Texte stehen in einem Kontrast zu einander, wobei aber die Gesichter dem Gesagten eine persönliche und zugleich authentische Note verleihen.

Barbara Kruger baut auf einem ganz anderen Gegensatz zwischen Wort und Bild auf, wenn sie den eigenen Text als einen Kontrapunkt auf das Bild setzt – beziehungsweise als Rahmen um das Bild herum (S. 78).

Visualisierungen
In *The Innocents,* der Serie von Taryn Simon, erhält die „Objektivität" der Fotografie eine besondere Beleuchtung (S. 92). Zur

this monument composed of stones is indistinguishable from the others and thus truly invisible. Yet it is precisely because it is invisible that it can refer to the lack of memory, the ruptures and erasure of memory.
The past is likewise present in a special way in Gerz's The Witnesses *(p. 70). It was the trial of the French politician Maurice Papon that prompted it: The trial revealed that during the Vichy regime which collaborated with the Nazi occupiers, Papon took part as police commissioner in the deportation of Jews from the city of Cahors. During the week when the court reached its judgment, Gerz carried on conversations with the residents there, discussing in light of the events what they thought the truth was from a personal and social point of view. Poignant excerpts from these conversations can be read mounted on the portraits – it is a broad spectrum, ranging from personal memories, via universal aspects of truth, through to opinions on the political impact of the truth. Despite the disparity and contingency of the approaches to truth, a specific pattern of memory and the interpretation of truth emerges here. The images and the texts mounted on them contrast, while the faces render the messages personal, and at the same time authentic.*
Barbara Kruger constructs an entirely different contrast of word and image when she inserts her own juxtaposed text into the picture – or as the frame around the picture (p. 78).

Visualisations
Taryn Simon's series, entitled The Innocents, *casts unusual light on the "objectivity" of photography (p. 92). The background to this work was a job she was commissioned to do in 2000 by the* New York Times Magazine: *to take portraits of unjustly convicted people, in whose trials photographic evidence played a role (which later proved to be false), as subsequent DNA tests proved the indicted to be innocent. Simon began to research similar cases, at the same time interviewing those involved, and photographing them in locations which had a particular significance for their conviction – on occasion in places were they had truly never been. The images thus staged attest to the unusual interference between documentary and fiction.*
Sibylle Bergeman did not have to stage the figures of Das Denkmal [Memorial], 1975–1986: *reality itself (or more precisely, "GDR socialism") was the director. It was only necessary to "document" the sculptures under construction of the "Great Teachers" of the working class (Marx and Engels) at the right moment in order for their empty pathos to attain their deserved place in the pure comedy (p. 104).*

Vorgeschichte ihrer Arbeit gehört, dass sie das *New York Times Magazine* im Jahre 2000 beauftragte, von unschuldig verurteilten Personen Porträts anzufertigen, in deren Prozessen fotografische Beweise – die sich nachträglich als irreführend erwiesen – eine Rolle spielten und deren Unschuld eine spätere DNA-Untersuchung bestätigte. Simon begann deshalb ähnliche Fälle zu untersuchen, wobei sie auch Interviews mit den Betroffenen machte, und sie an solchen Schauplätzen fotografierte, die für ihre Verurteilung eine ausschlaggebende Rolle spielten – Orte, an denen sie, wie sich oft herausstellte, vorher nie gewesen waren. Die so arrangierten Bilder zeugen von der besonderen Interferenz des Dokumentarismus und des Fiktiven.

Sibylle Bergemann musste die Modelle ihres Werkes *Das Denkmal,* 1975–1986, nicht inszenieren, denn sie war die Regisseurin der Realität (genauer gesagt des „real existierenden Sozialismus"). Sie musste die Errichtung der Skulpturen von den „Großen Lehrern" der Arbeiterschicht (Marx und Engels) nur in der entsprechenden Phase „dokumentieren", damit das leere Pathos durch die pure Komik an seinen würdigen Platz geriet (S. 104).

Die australische Künstlerin Tracey Moffatt gibt die Bilderwelt des Films und die Visionen, die von ihr evoziert werden, wieder. Diese Darstellungen sind teils ironisch, teils dramatisch. Die Serie *Up in the Sky* könnte auch als ein Ausschnitt eines Dokumentarfilms über die Vorfälle in der australischen Wüste ausgelegt werden. Die einzelnen Bilder sind so als Teil einer zusammenhängenden Geschichte zu betrachten und zu interpretieren. Die Bilder des Werkes *Something more* stellen eher eine ironische Sammlung von Gemeinplätzen dar, sie sind das mögliche Ensemble farbiger Episoden gewohnter Filmszenen (S. 86).

Inszenierung und Ironie zeichnen auch die Bilder von Gábor Gerhes aus. Seine Vorbilder stammen jedoch nicht aus dem Kino oder Fernsehen, sondern aus der Kunstgeschichte. Im Bild der „Ruhenden Mütter" werden zwei klassische Bildtypen kombiniert (S. 68). Für das Thema und die Komposition verwendete er mit beißendem Spott die oft gemalten liegenden Akte, für den Titel des Bildes die ebenfalls häufig dargestellten Madonnen. Seine Ironie ist sozusagen allgemein, doch er verschont auch sich selbst nicht. Seine Arbeit *Man longing to be absorbed in his own Belief* ist eine „Hommage" an die Landschaftsmalerei und Strandfotografie, gleichzeitig ein Zeugnis seiner persönlichen Haltung und eine Allegorie der Fotokunst. Der „transzendente" Ausschnitt eröffnet den Blick auf ein weißes Loch, das durch den dicken schwarzen Rahmen sogar als ausgebleichtes schwarzes Loch betrachtet werden kann. Es ist eine neutrale Oberfläche, auf die alles Mögliche projiziert werden kann.

Australian artist Tracey Moffatt presents the visions of film images and those evoked by her imagination. The works are in part ironic and in part dramatic. Her series Up in the Sky *could be read as excerpts from a documentary on events in the Australian desert. The individual images can thus be viewed and interpreted as a portion of a coherent narrative. The images of* Something more, *by contrast, form an ironic collection of platitudes, a possible ensemble of overly colourful episodes from standard film scenarios (p. 86).*

Gábor Gerhes' pictures are likewise characterised by carefully staged arrangement and irony. He takes his cue not from the cinema or the TV, but from art history. Mothers at Rest *marks the intersection of two classic types of image: With scathing irony he derives the subject matter and the composition from the reclining nudes that have been painted countless times, while he culls his title from portrayals of the Madonna, who has been depicted no less frequently. His irony can be said to be general: He spares not even himself. His* Man longing to be absorbed in his own Belief – *"homage" to landscape painting and beach photography – is at once evidence of a personal attitude and an allegory of photography (p. 69). The "transcendent" extract opens our eyes to a white hole, which, owing to its thick black frame, could even be viewed as a bleached black hole. It is a neutral surface onto which anything at all can be projected or presented.*

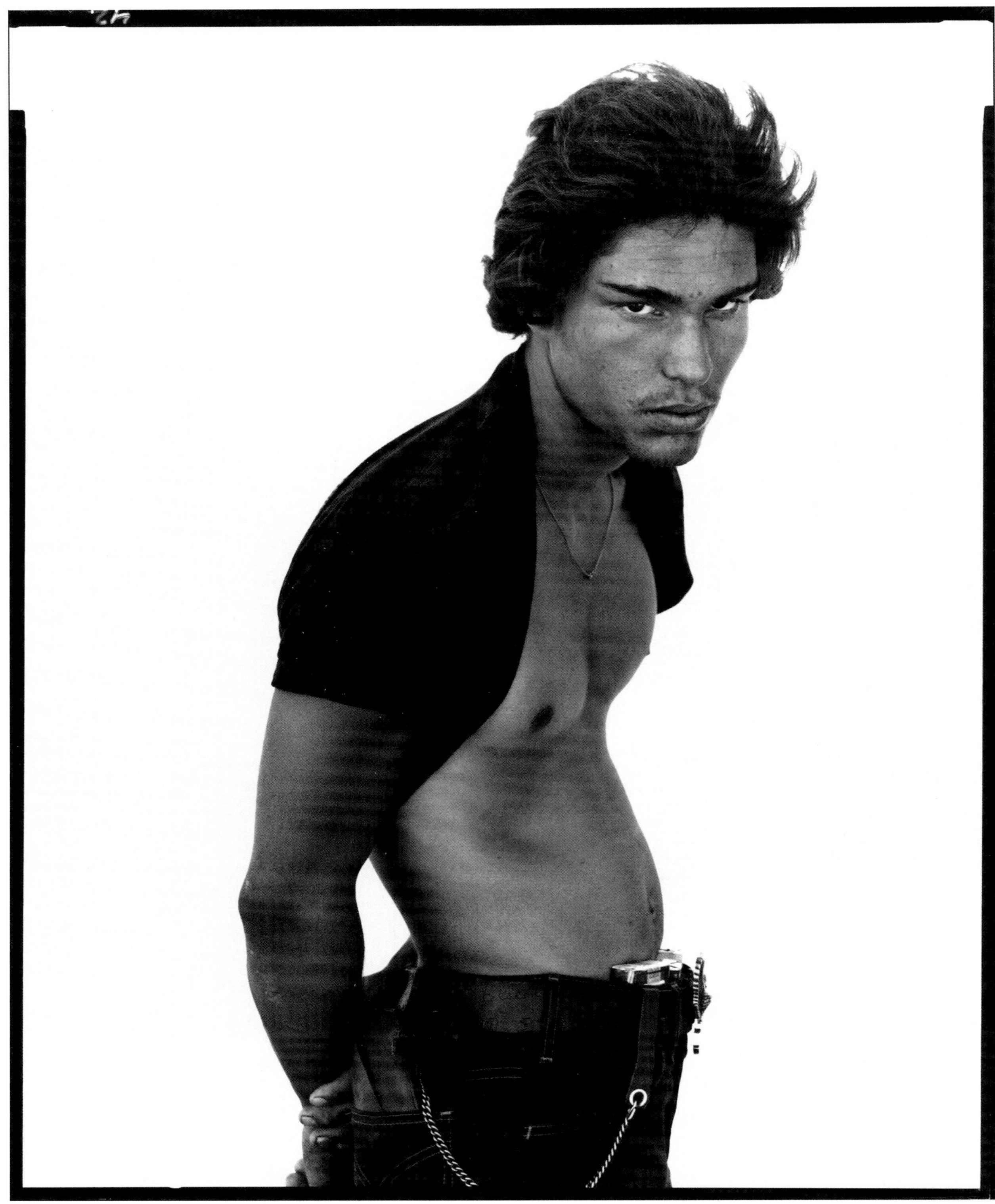

Richard Avedon
Juan Patricio Lobato, Carney, Rocky Ford, Colorado, August 23, 1980/85
152 × 120,5 cm

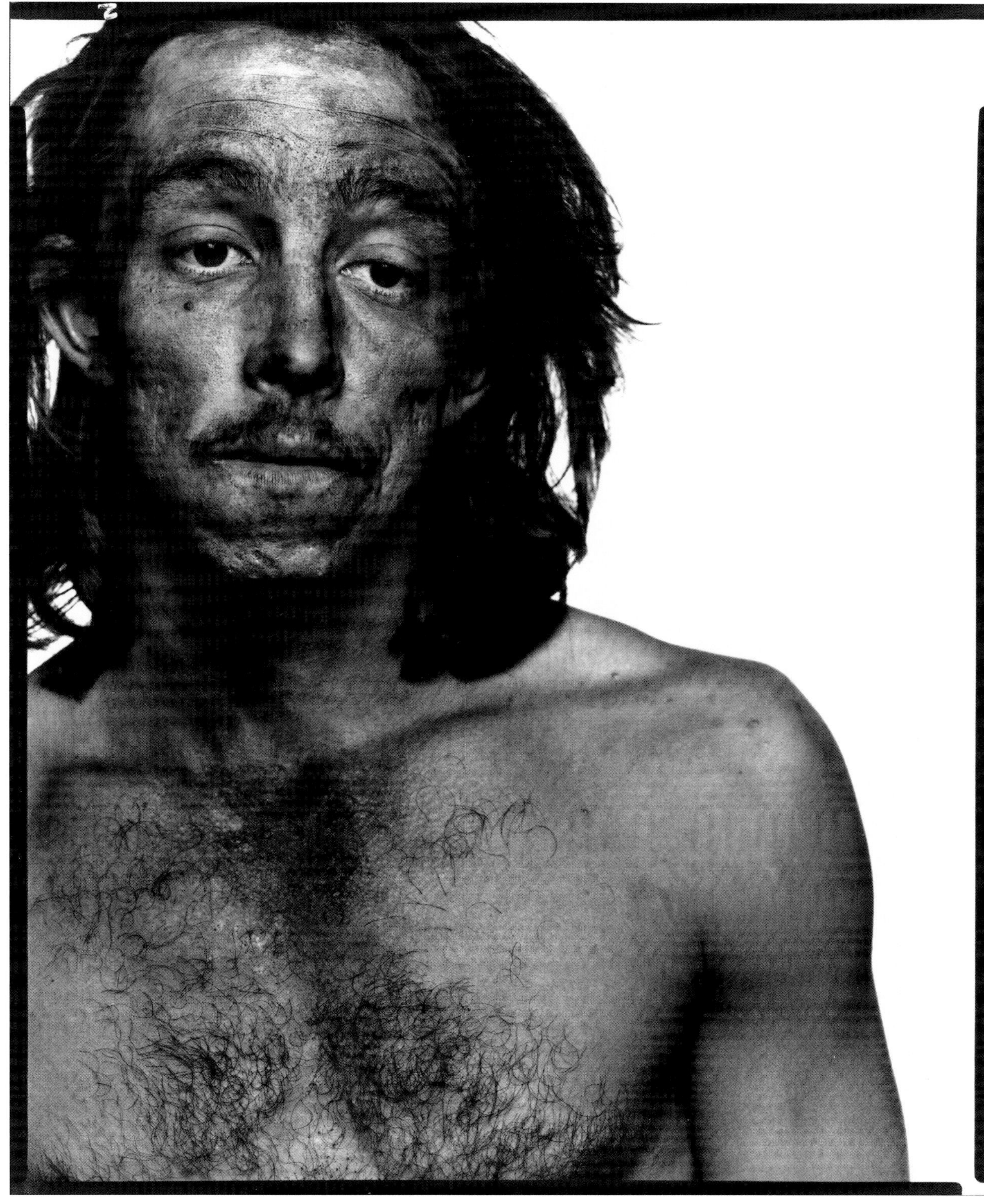

Hansel Nicholas Burum, Coal Miner, Somerset, Colorado, December 17, 1979/85
152 × 120,5 cm

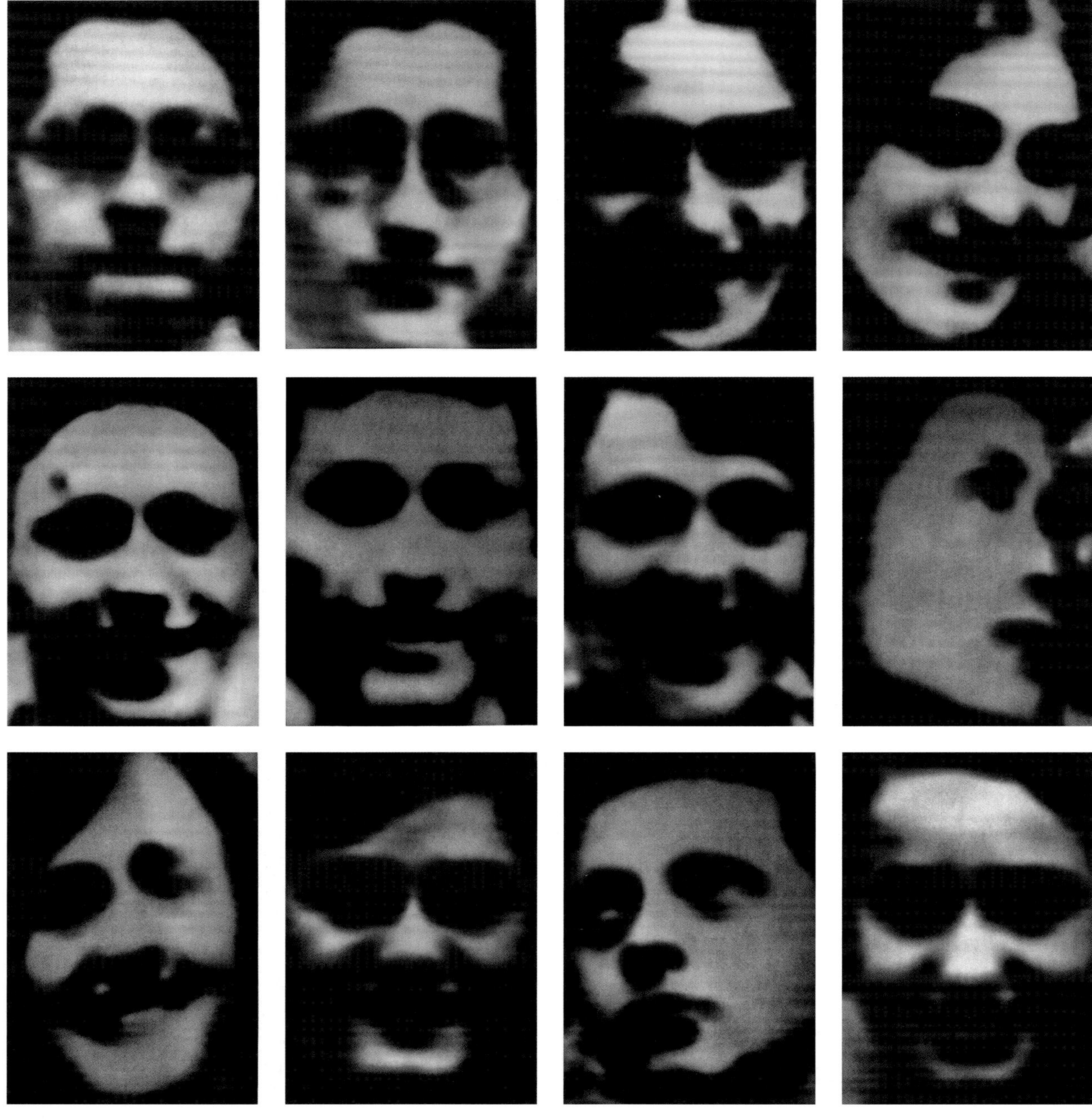

Christian Boltanski
Gymnasium Chases, 1991
je *each* 60 × 40 cm

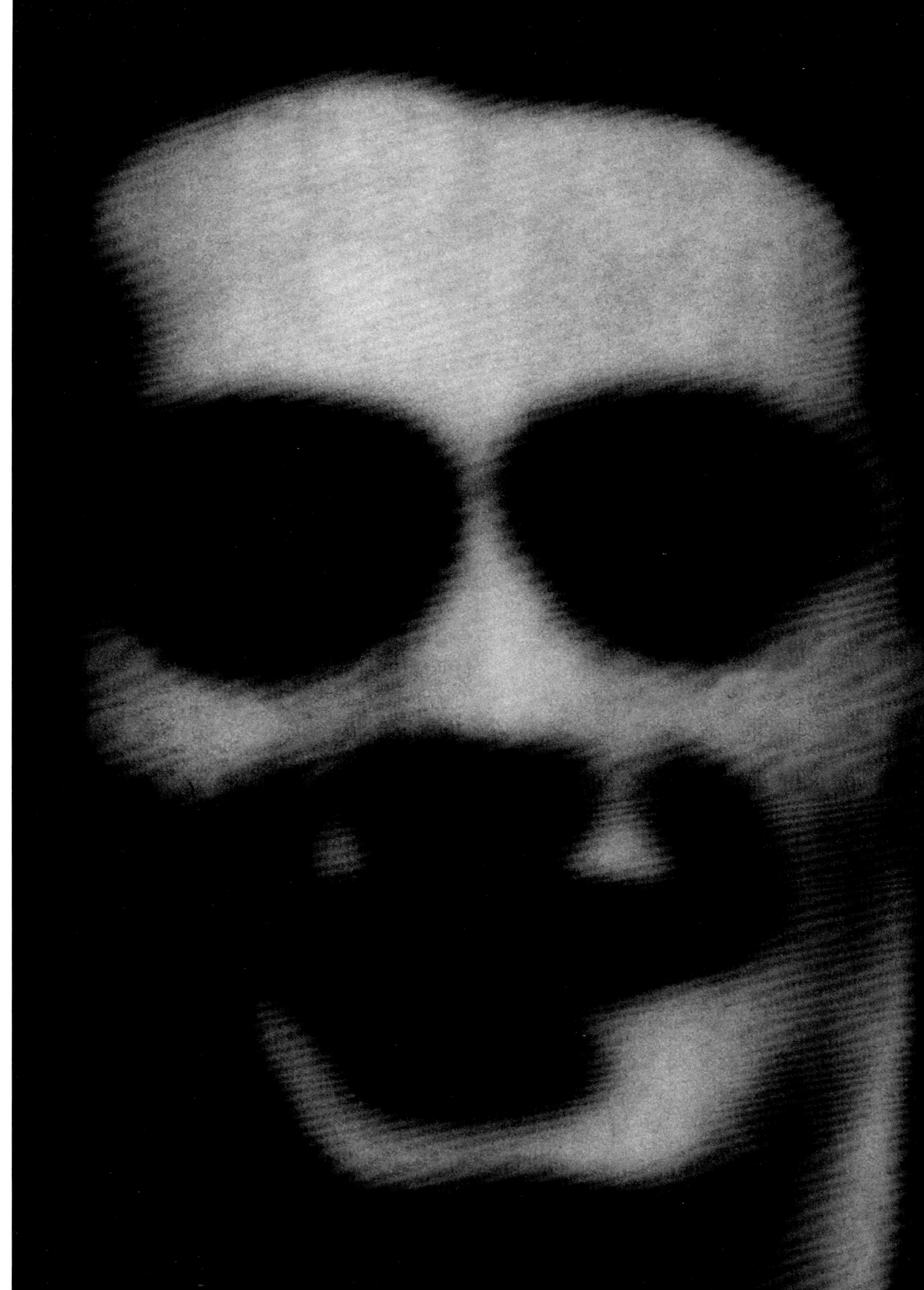

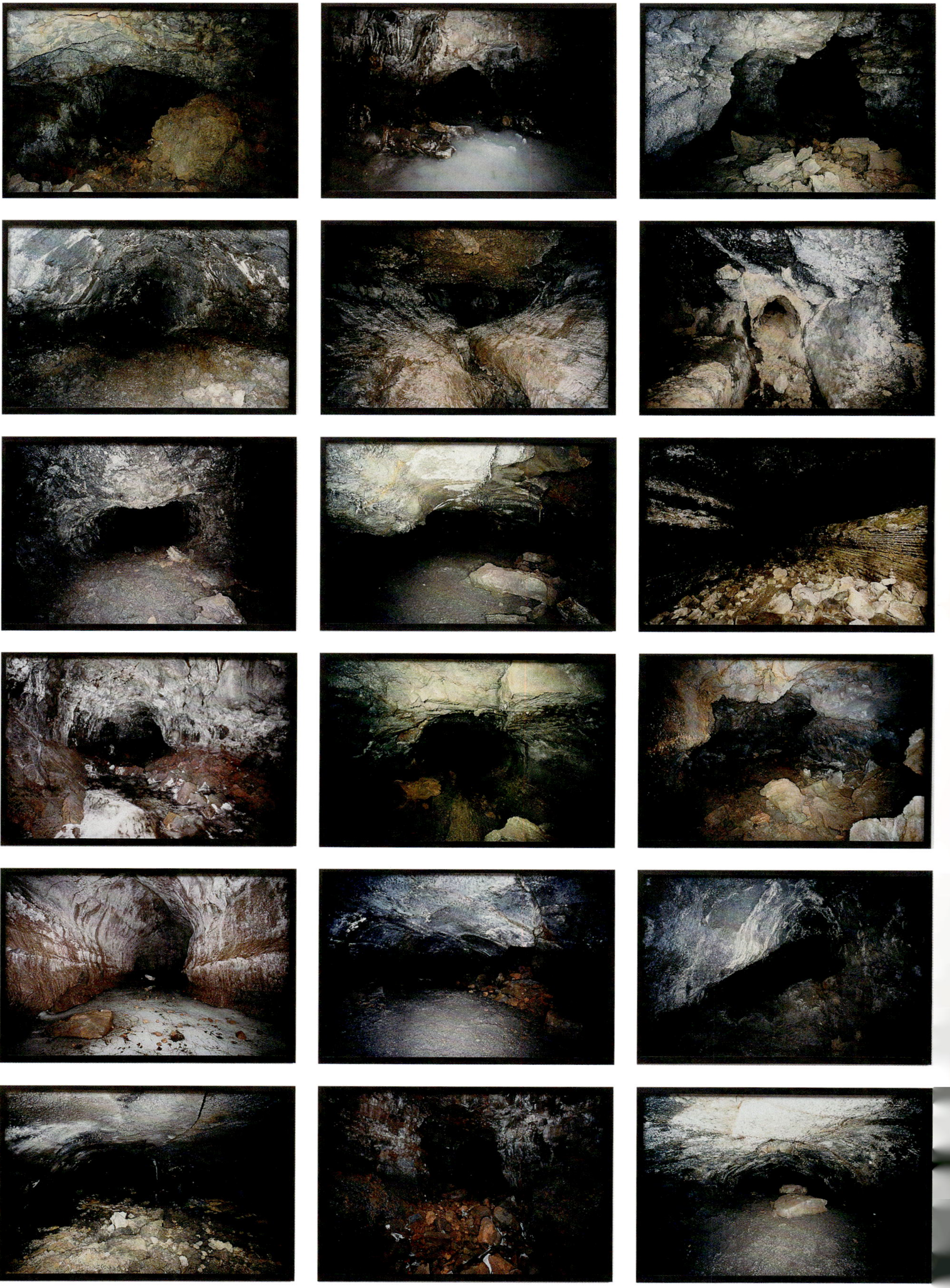

Olafur Eliasson
The Inner Cave, 1998
je *each* 35,5 × 52 cm

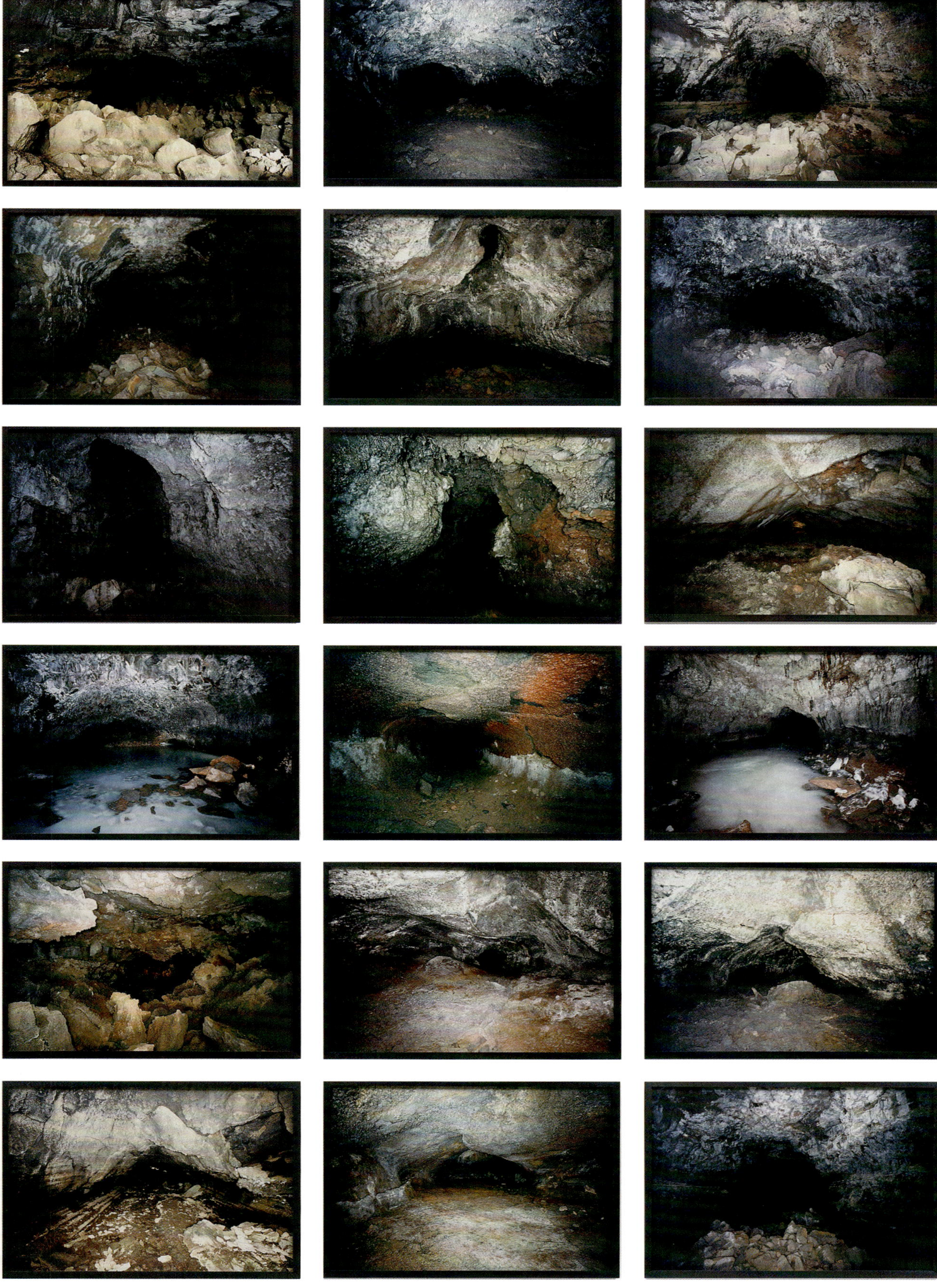

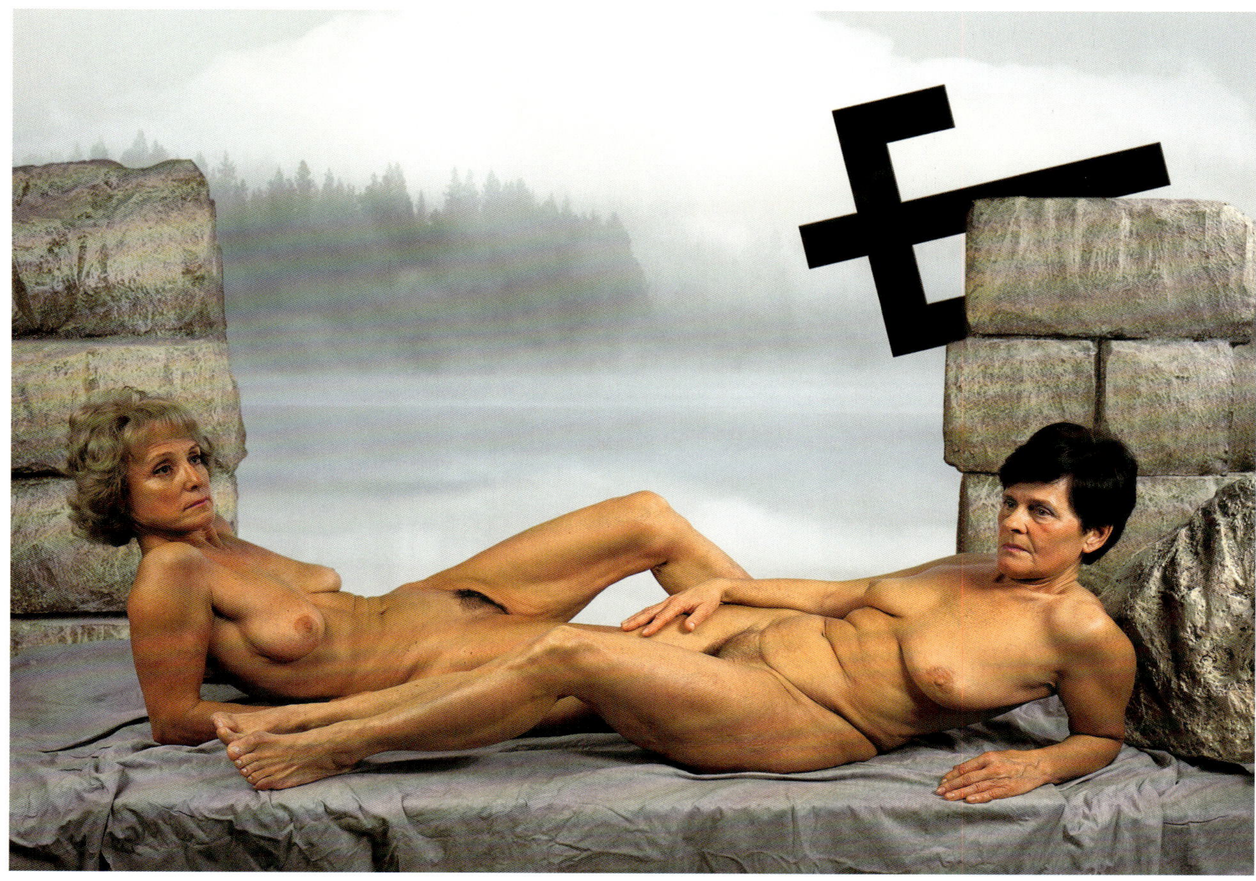

68

Gábor Gerhes
Mothers at Rest, 2004
171 × 125 cm

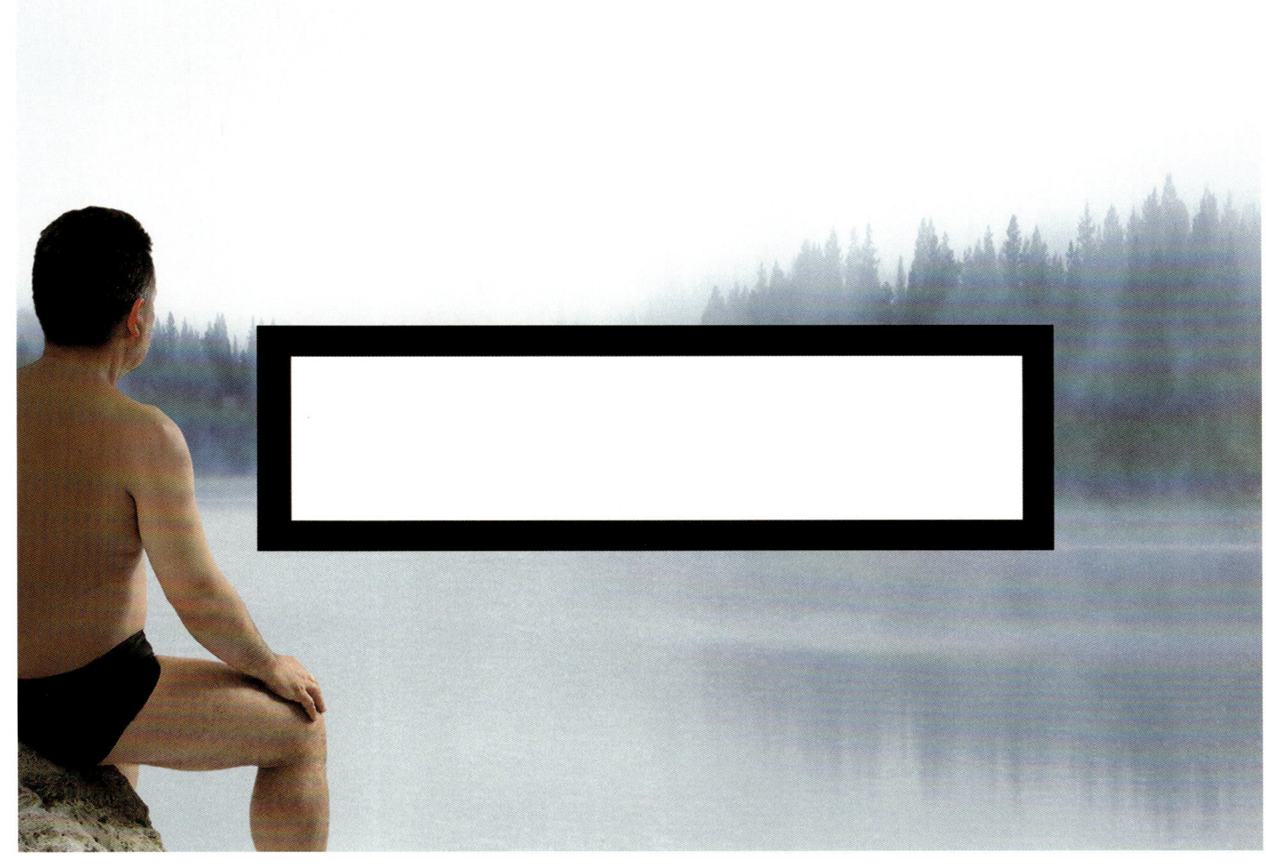

Man longing to be absorbed in his own Belief, 2004
168 × 125 cm

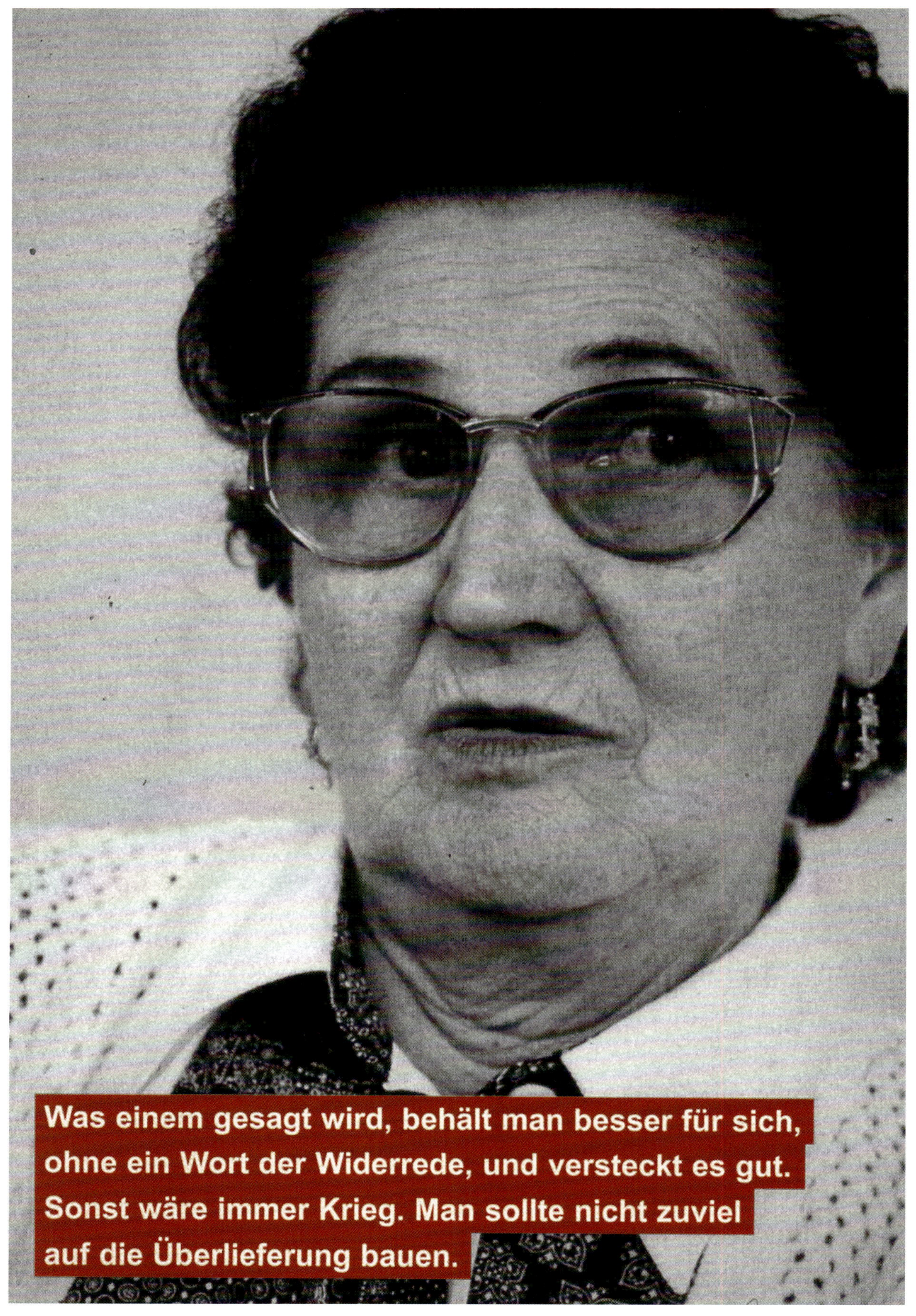

Jochen Gerz
Die Zeugen von Cahors, 1998
je *each* 44,5 × 32 cm

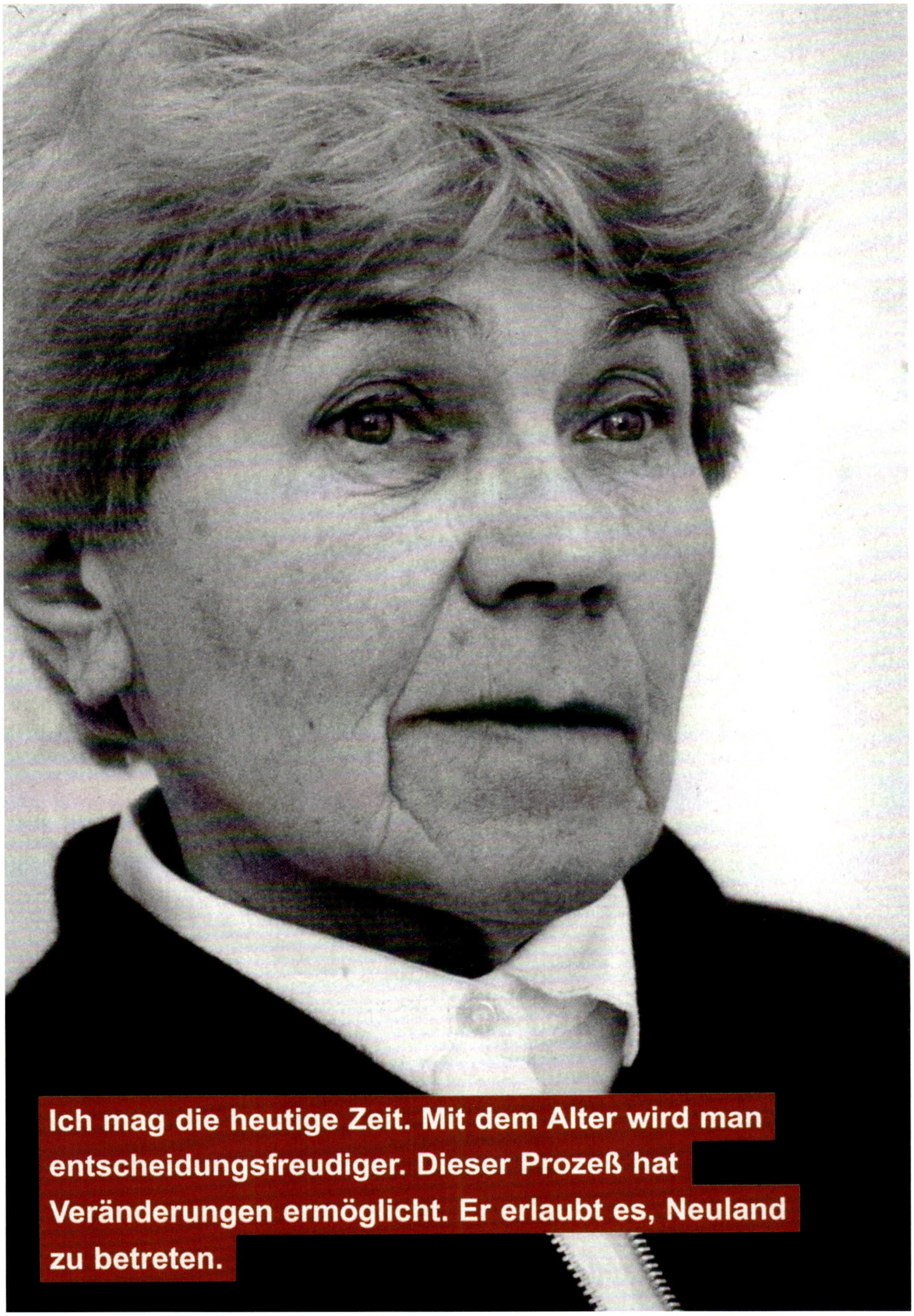

Ich mag die heutige Zeit. Mit dem Alter wird man
entscheidungsfreudiger. Dieser Prozeß hat
Veränderungen ermöglicht. Er erlaubt es, Neuland
zu betreten.

72

Rodney Graham
Ponderosa Pine I, 1991
214,5 × 184,5 cm

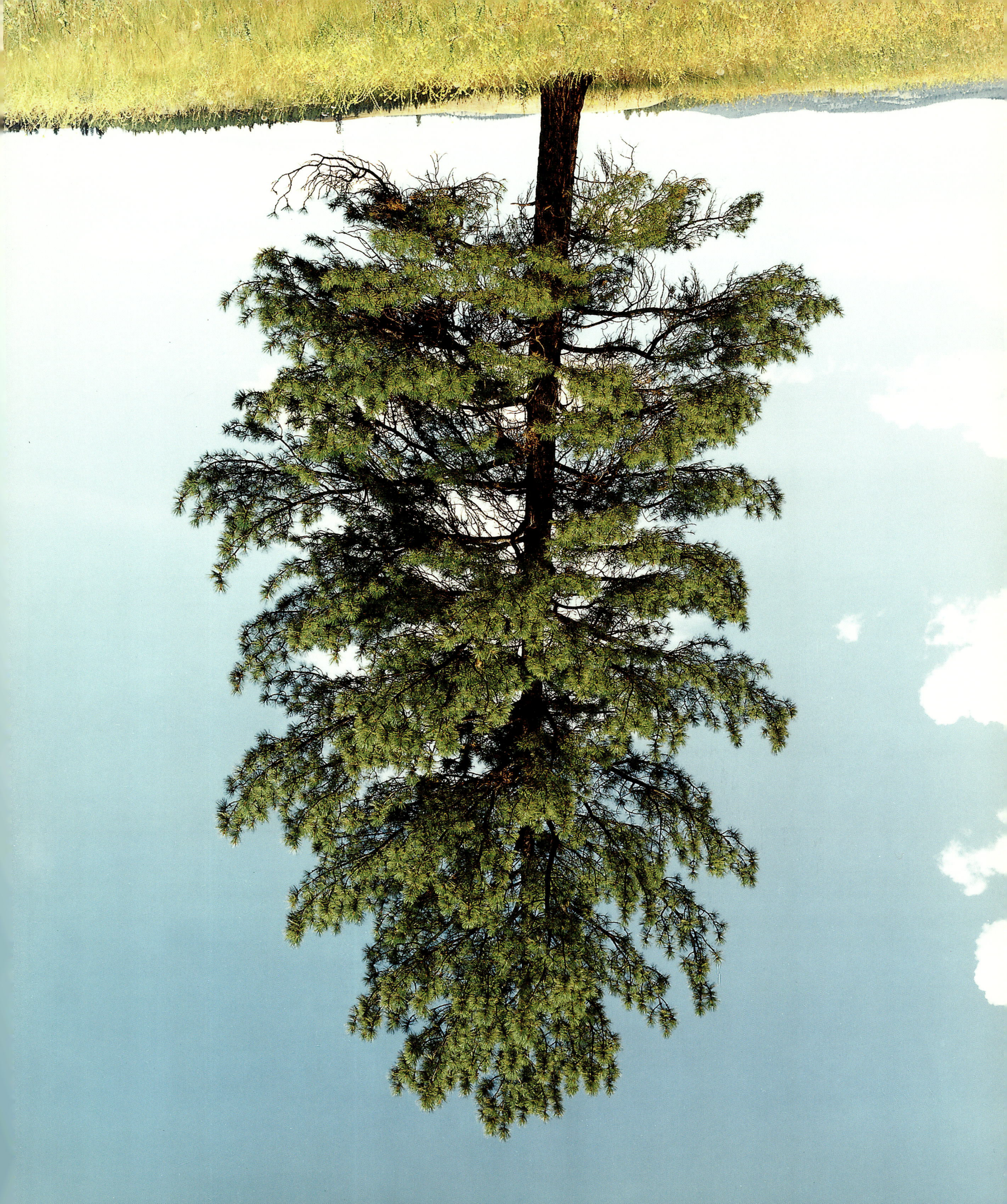

74

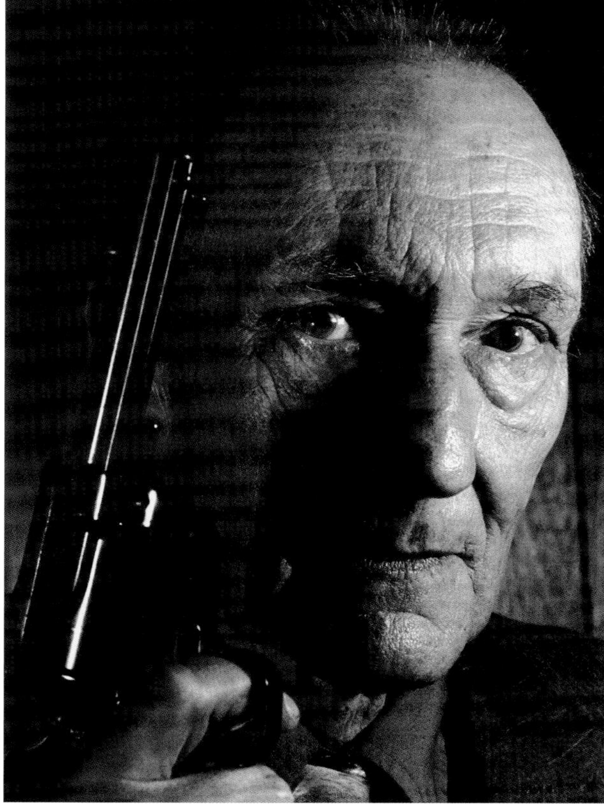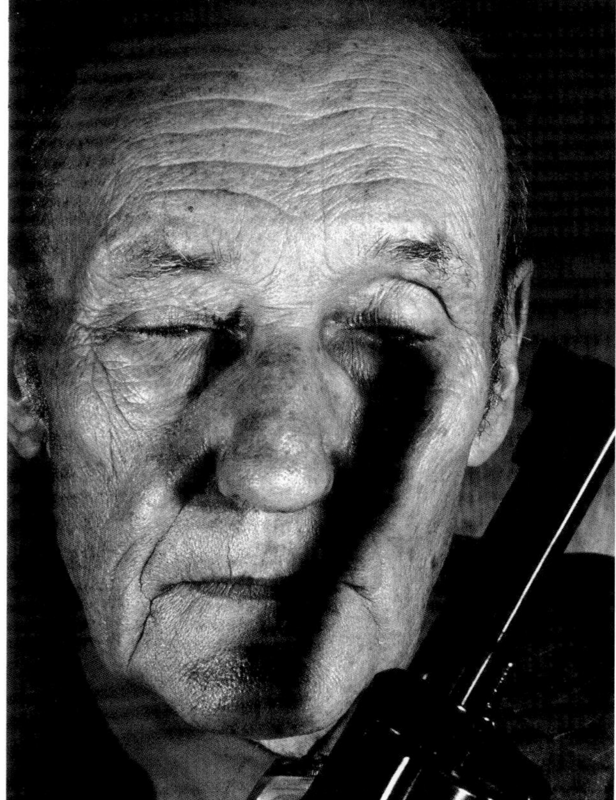

Gottfried Helnwein
William S. Burroughs, Lawrence, 1990
William S. Burroughs II, Lawrence, 1990
Clint Eastwood, München, 1984
je *each* 52,5 × 34 cm

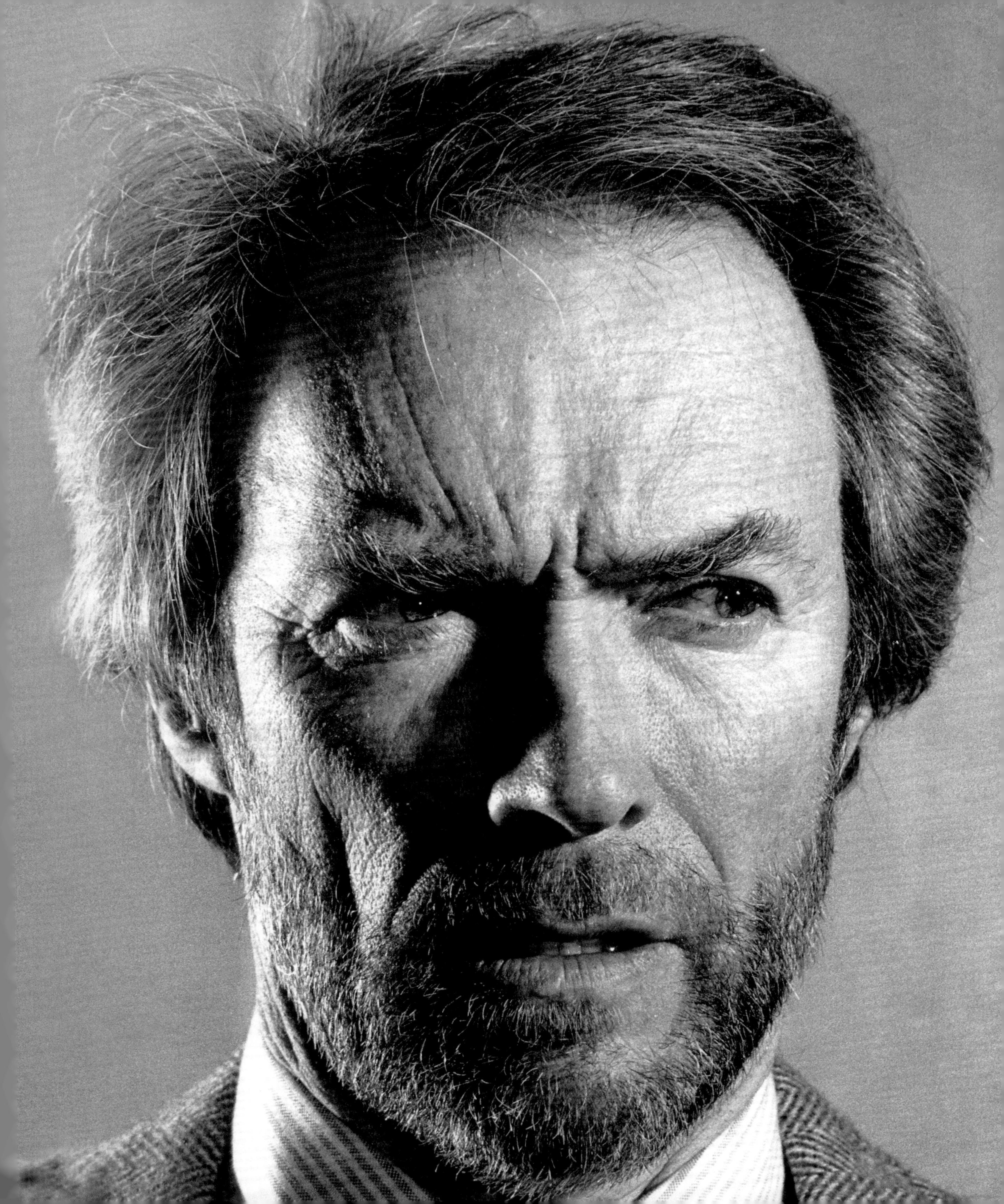

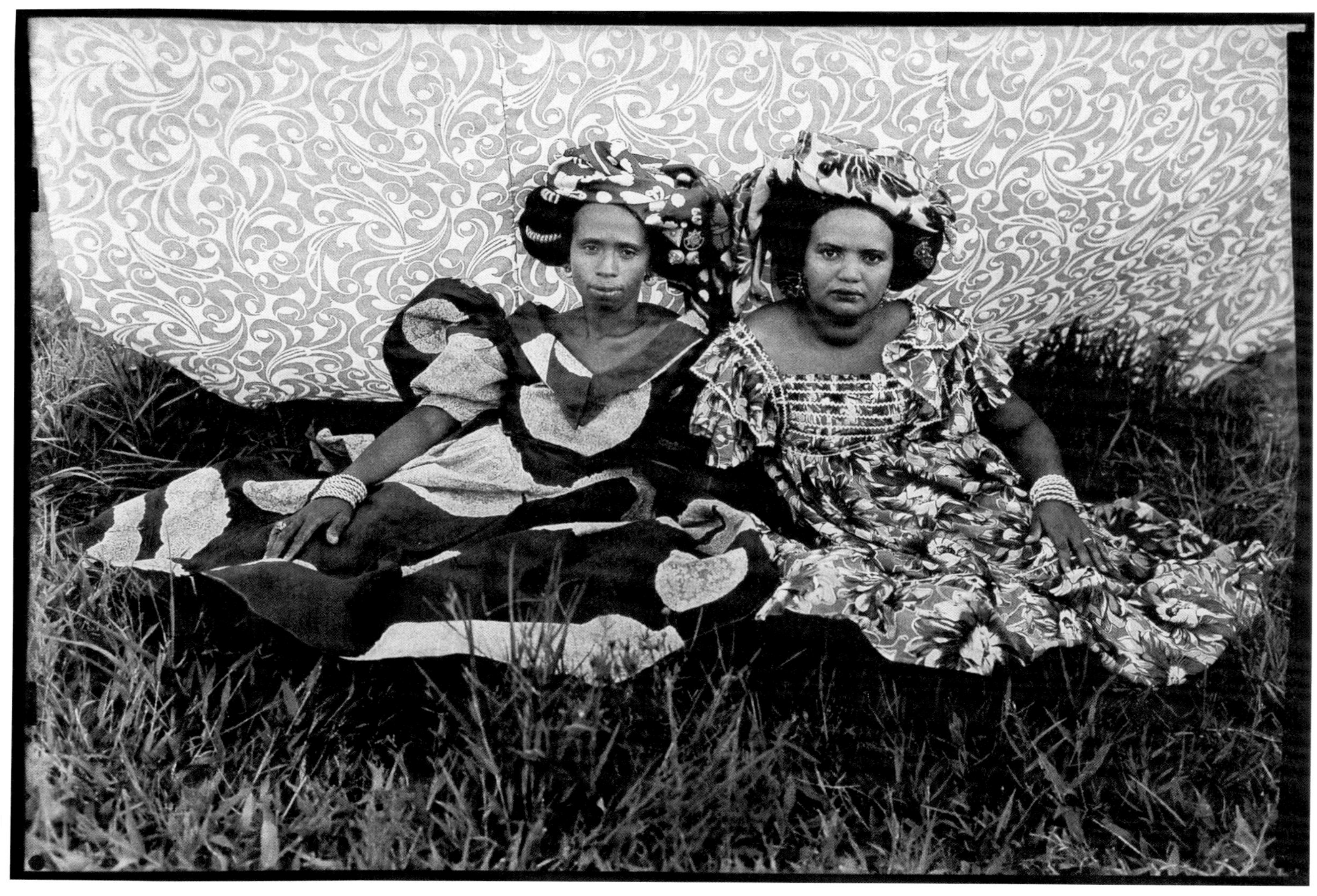

Seydou Keita
Ohne Titel, 1949–63/1998
je each 64 × 80 cm

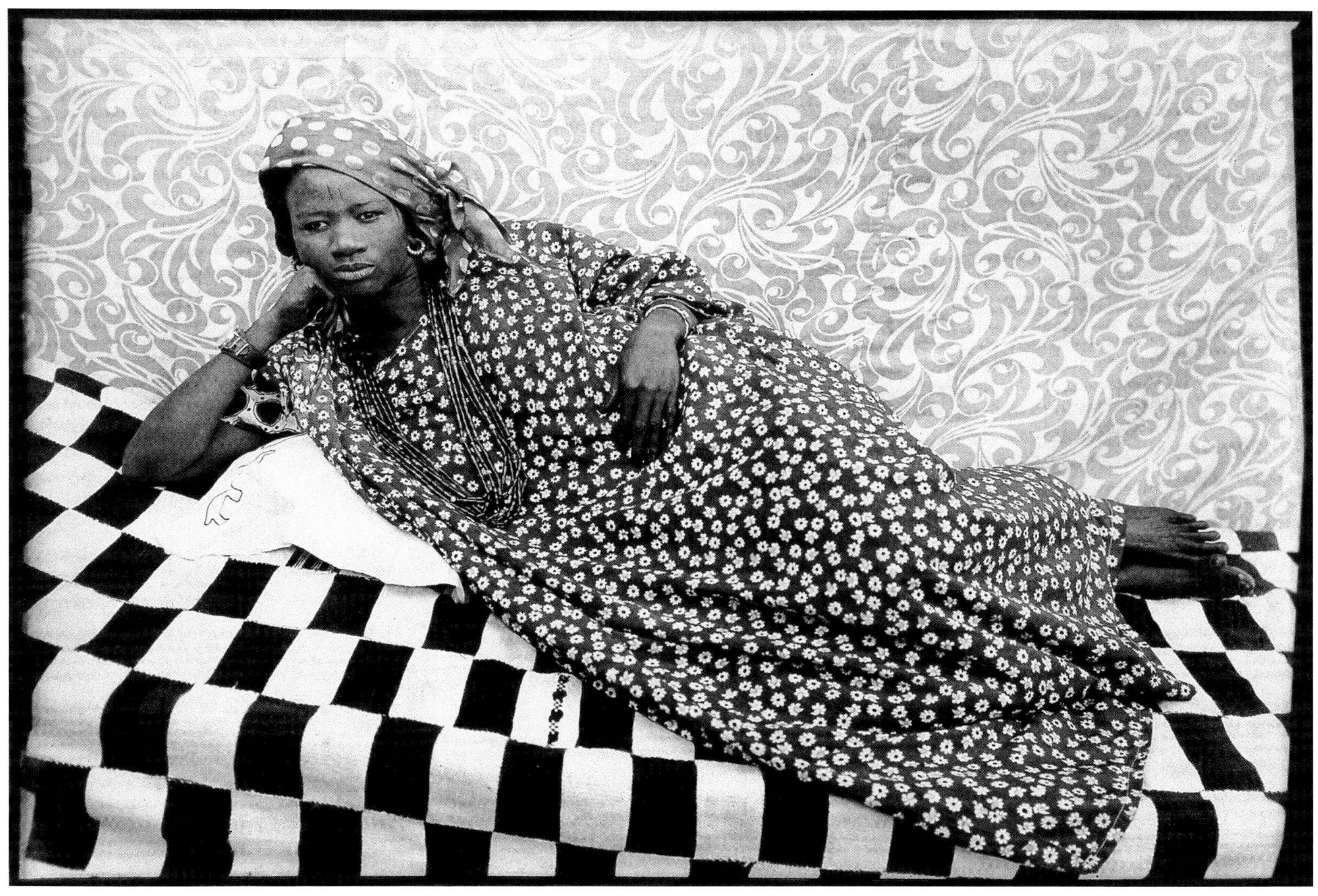

78

Barbara Kruger
Not angry enough, 1997
276 × 277 cm

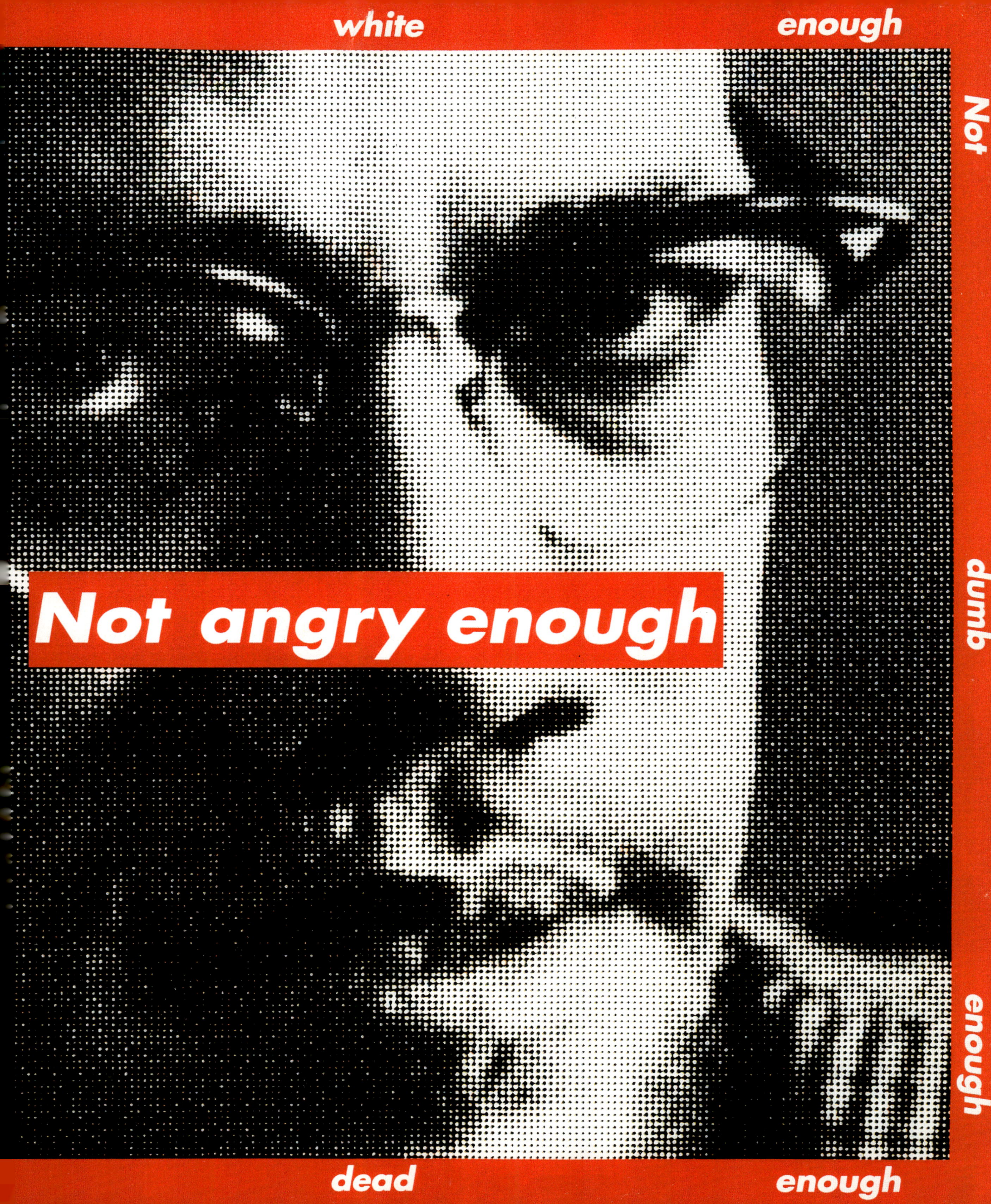

white
enough
Not
dumb
enough
Not angry enough
dead
enough

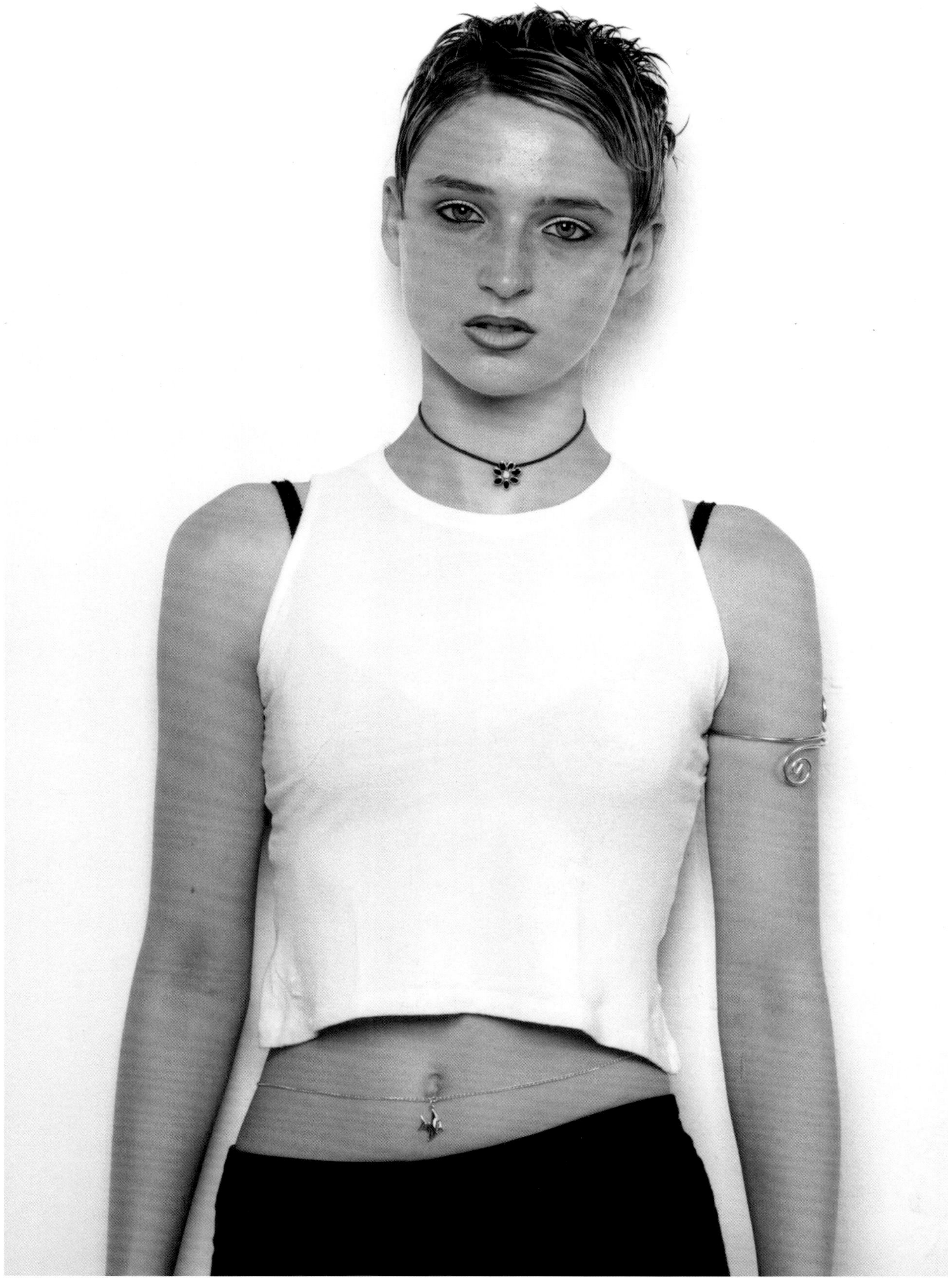

Marie-Jo Lafontaine
Liquid Crystal, 1999
je *each* 214 × 131 cm

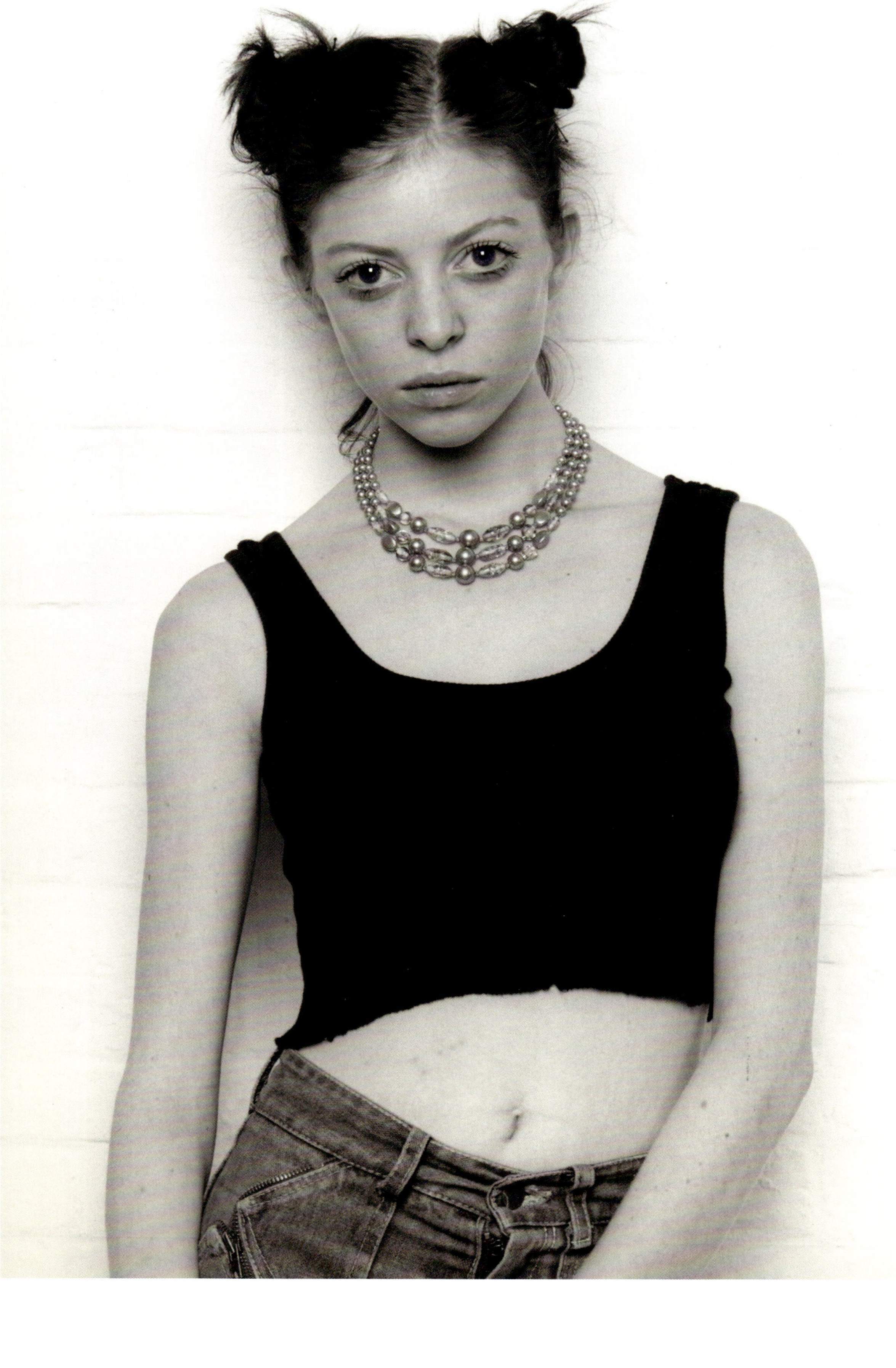

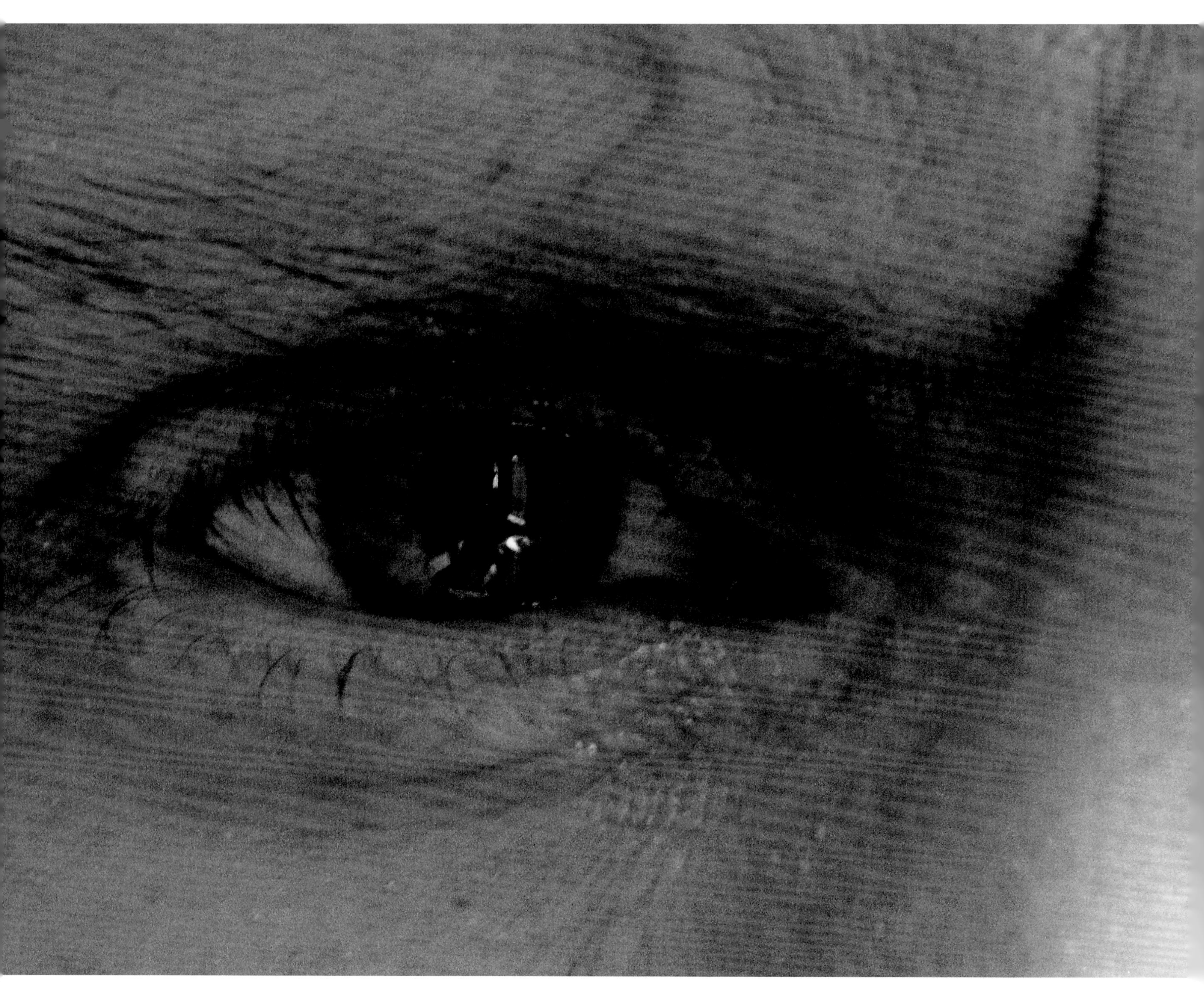

Robert Mapplethorpe
Self-Portrait, 1988
55 × 83 cm

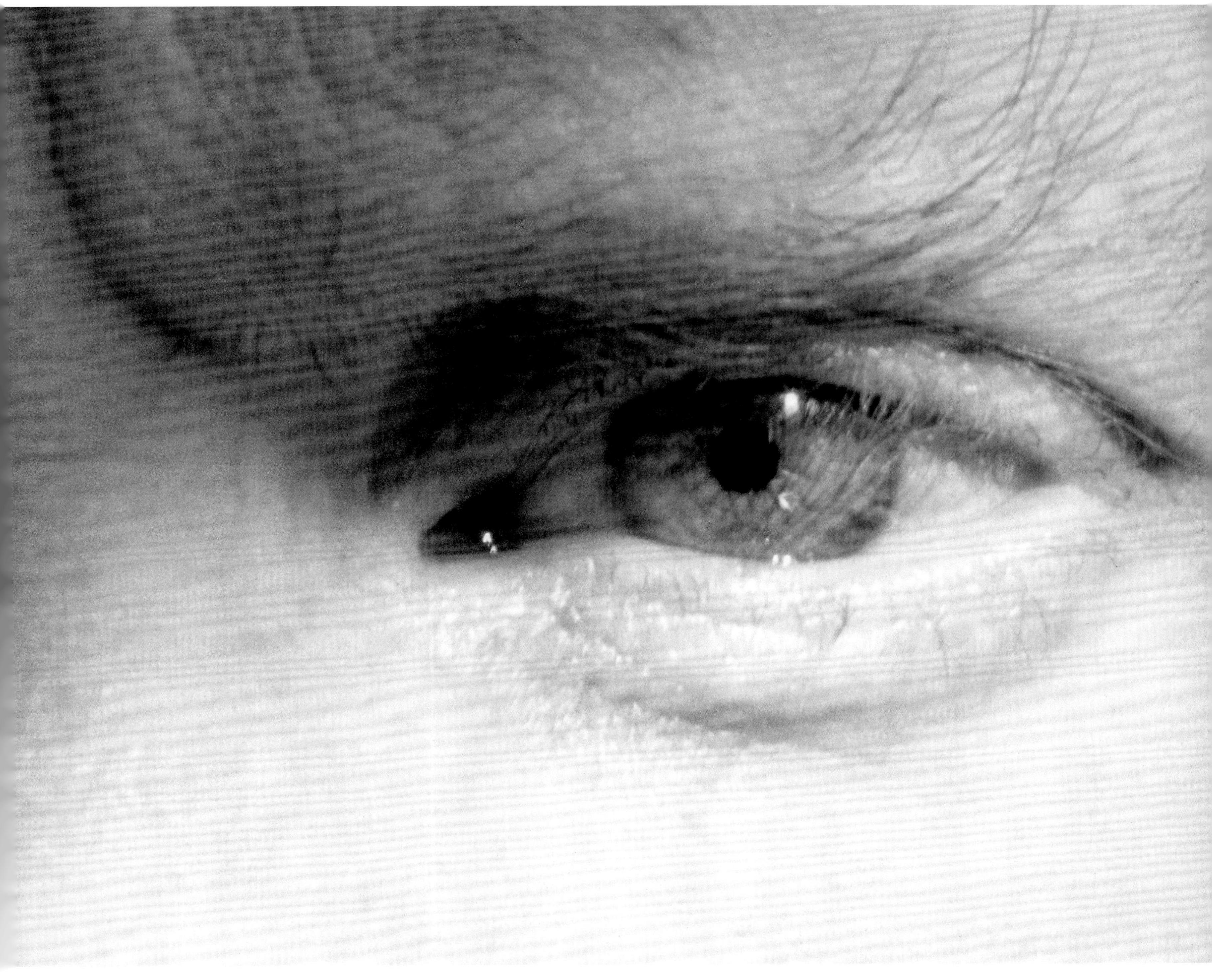

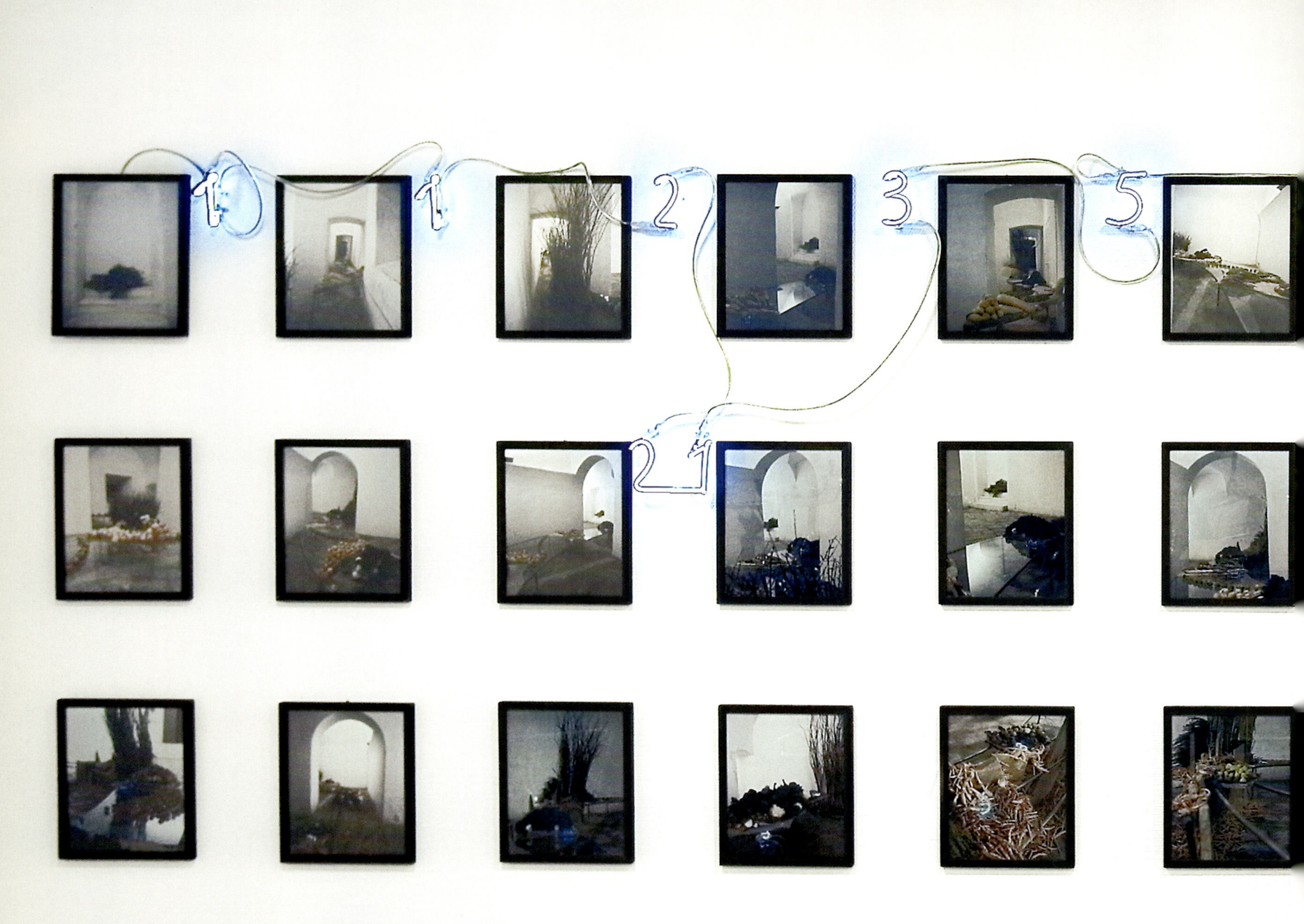

Mario Merz
Isola della Frutta, 1975
je *each* 32 × 26 cm

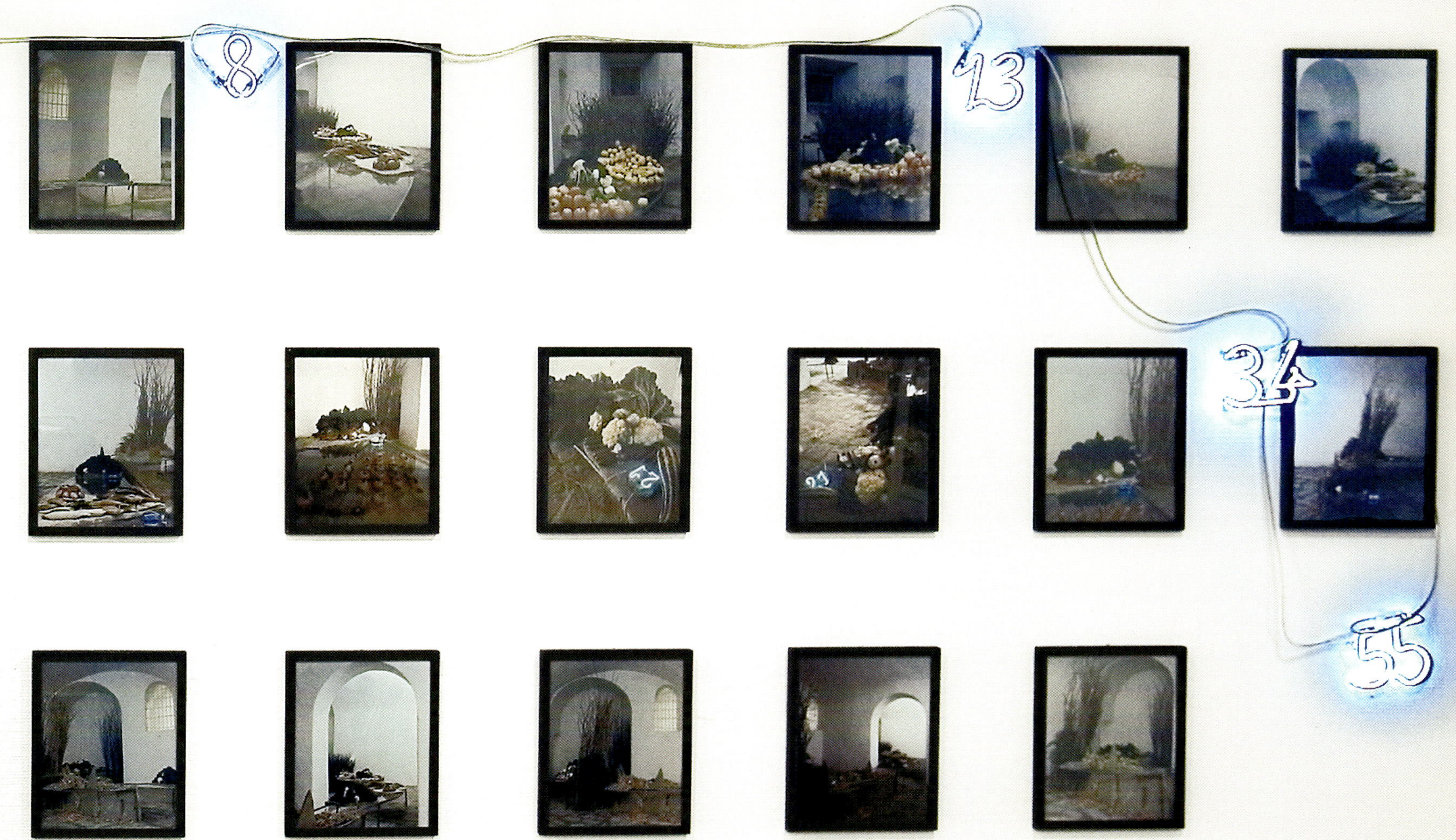

86

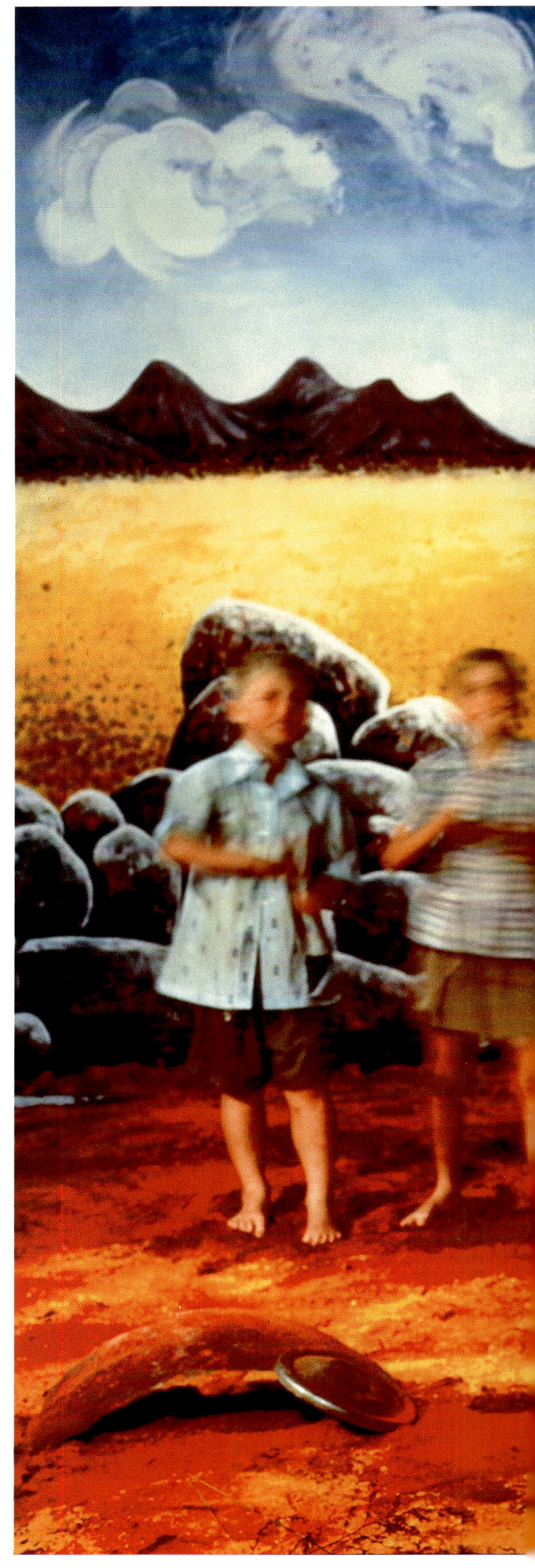

Tracey Moffatt
Something more, 1989
104 × 136 cm

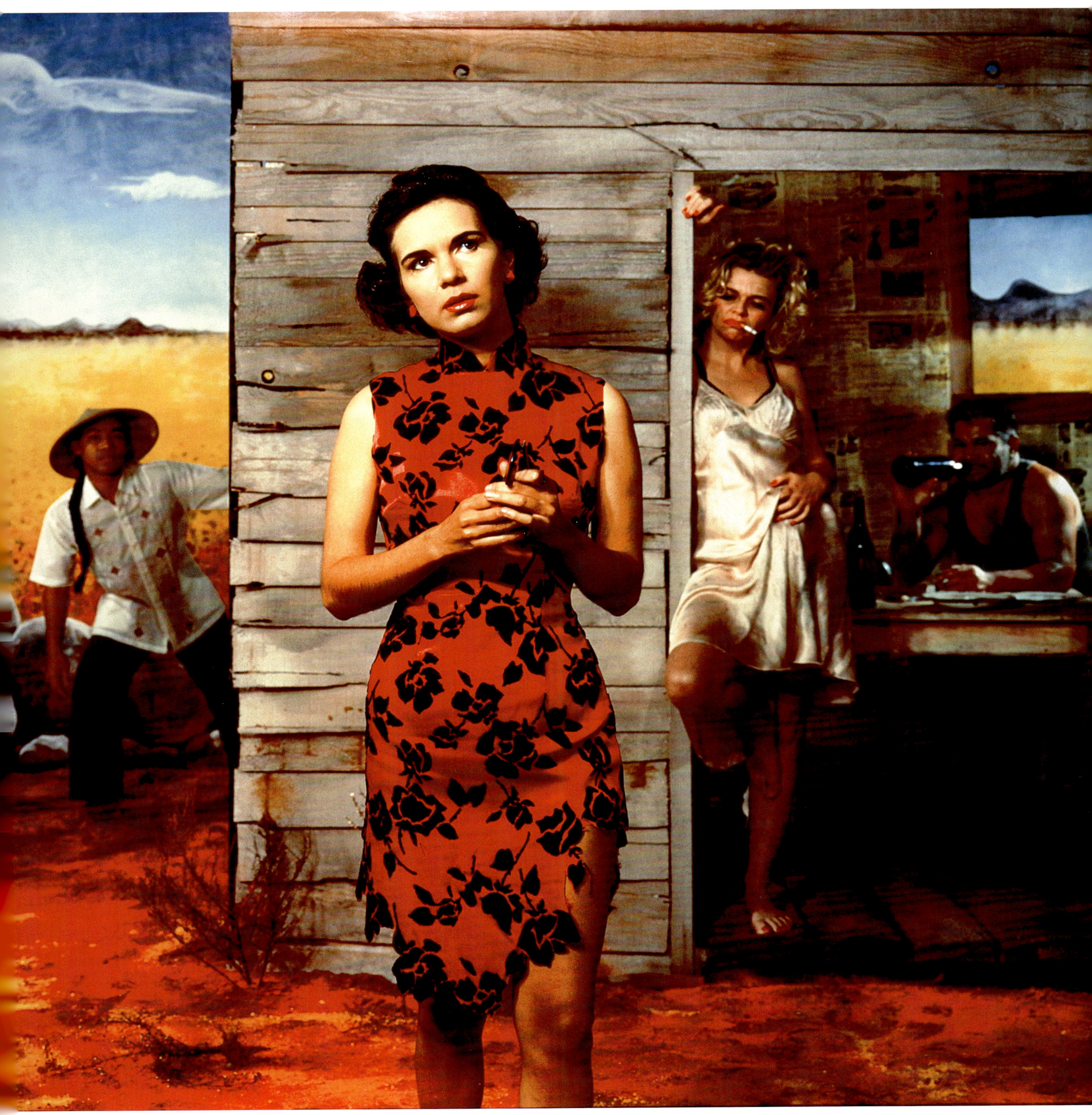

Gabriel Orozco
Green Ball, 1995
54,5 × 70,5 cm

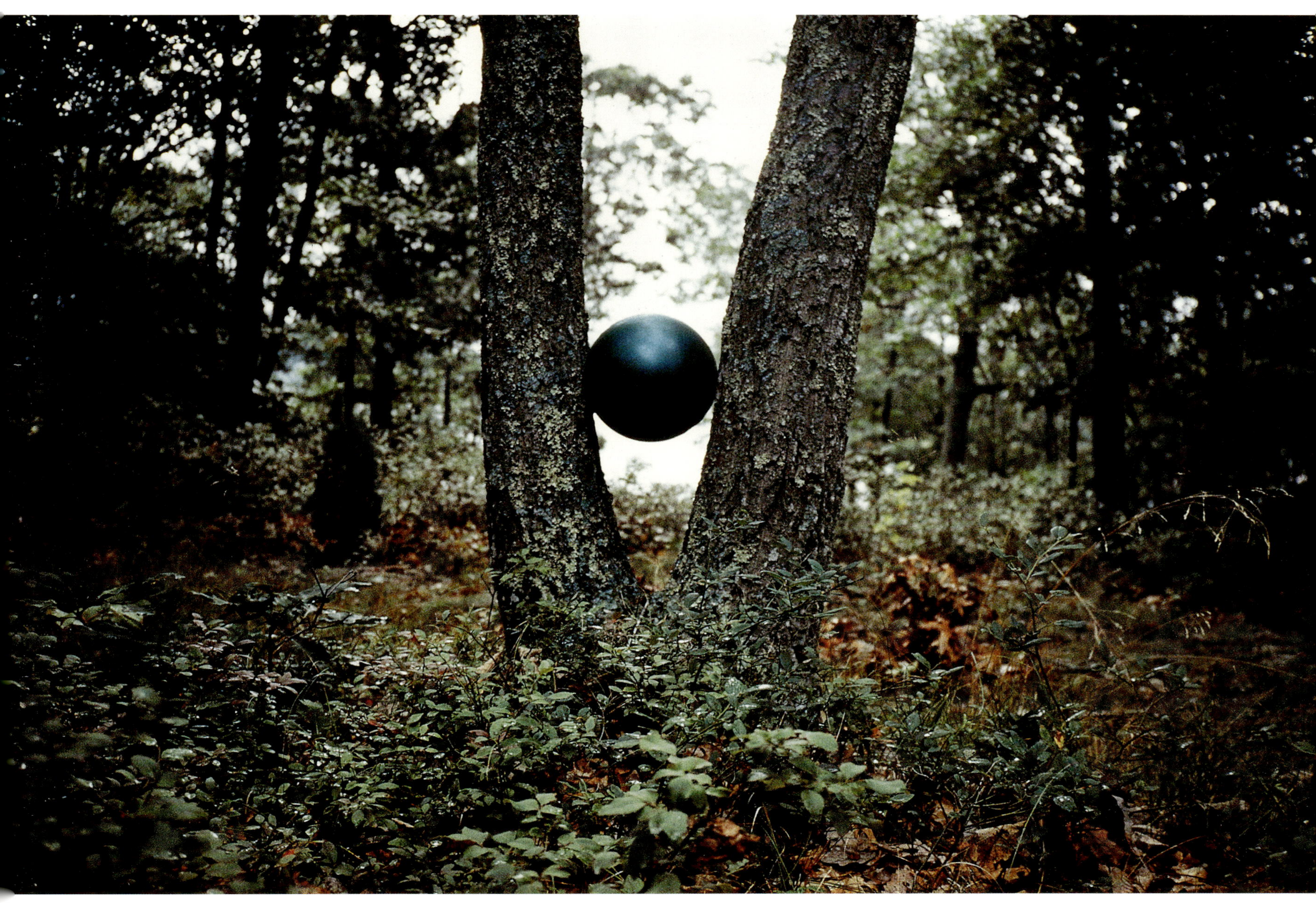

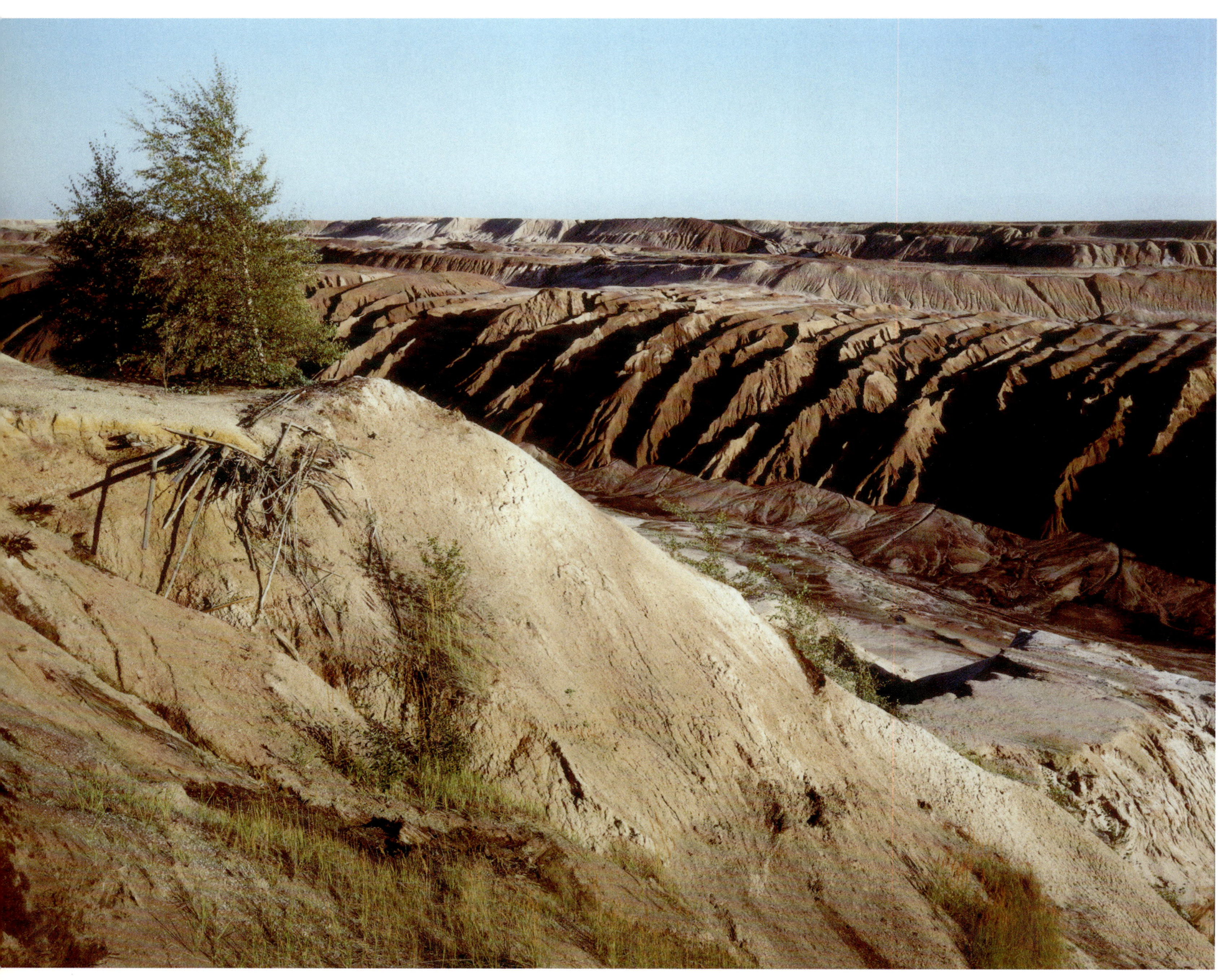

Inge Rambow
Bei Bergheide, Brandenburg, 1991
102,5 × 119 cm

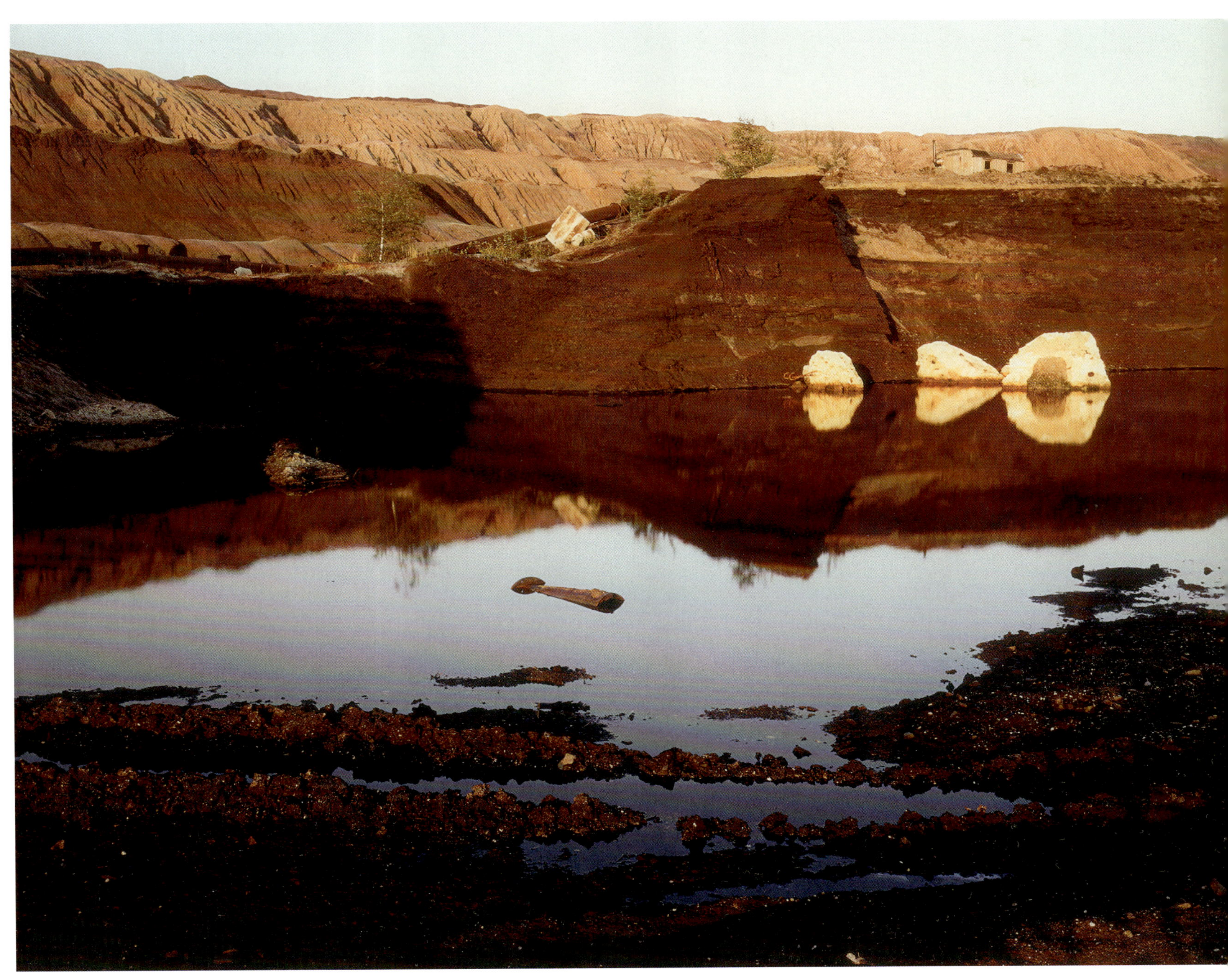

Bei Mühlrose, Sachsen, 1991
102,5 × 119 cm

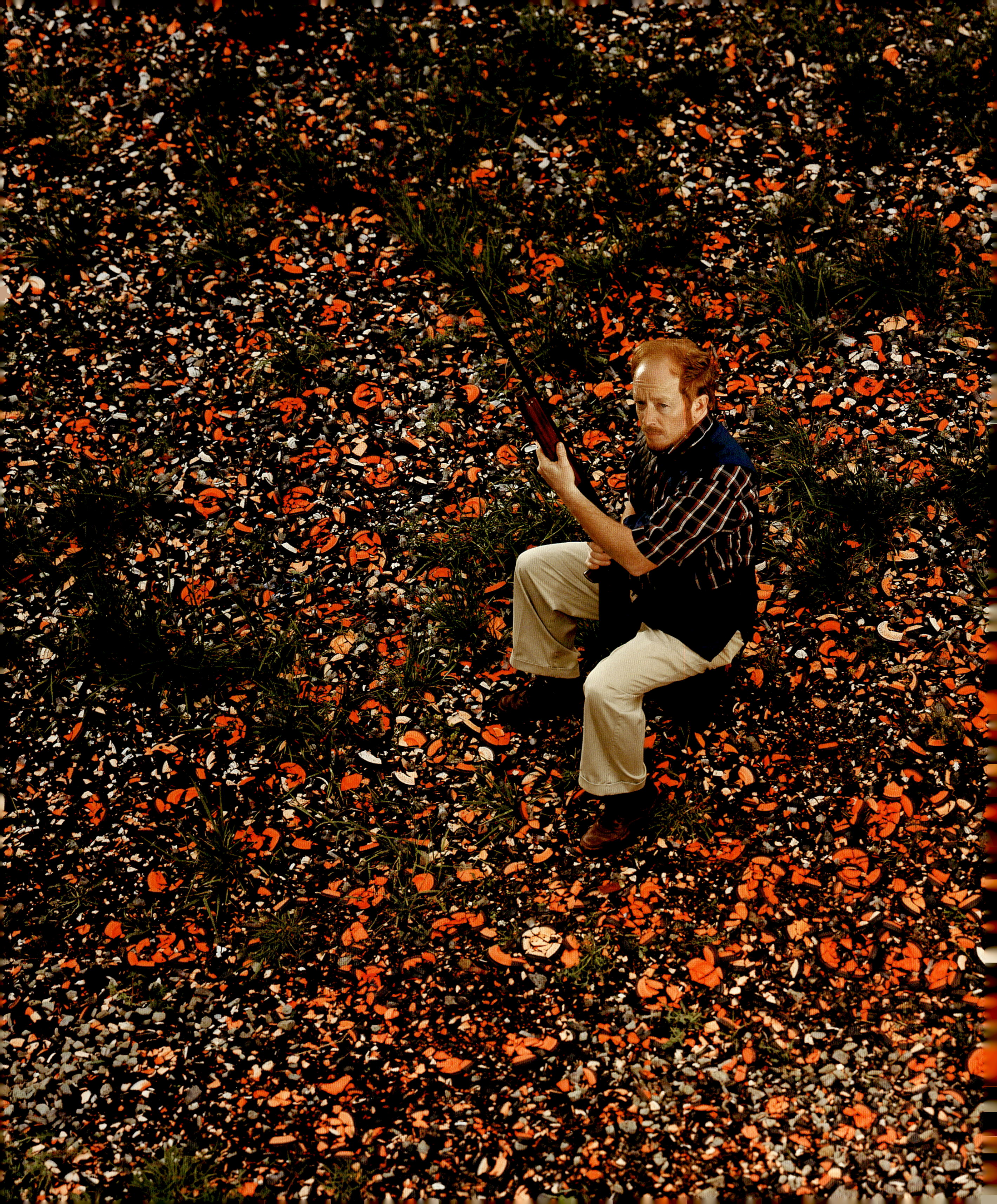

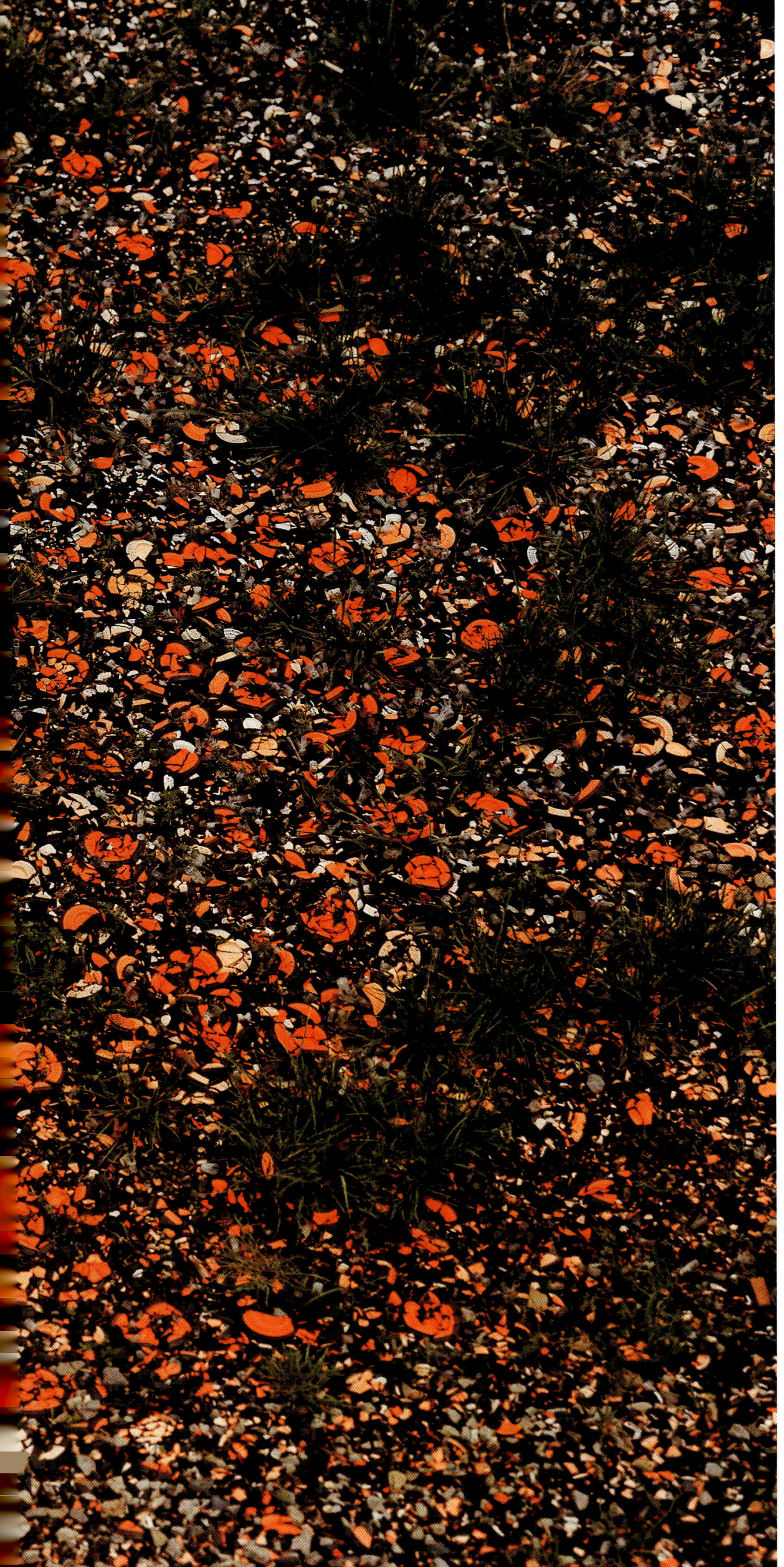

Taryn Simon
Tim Durham, 2002
123,5 × 159 cm

94

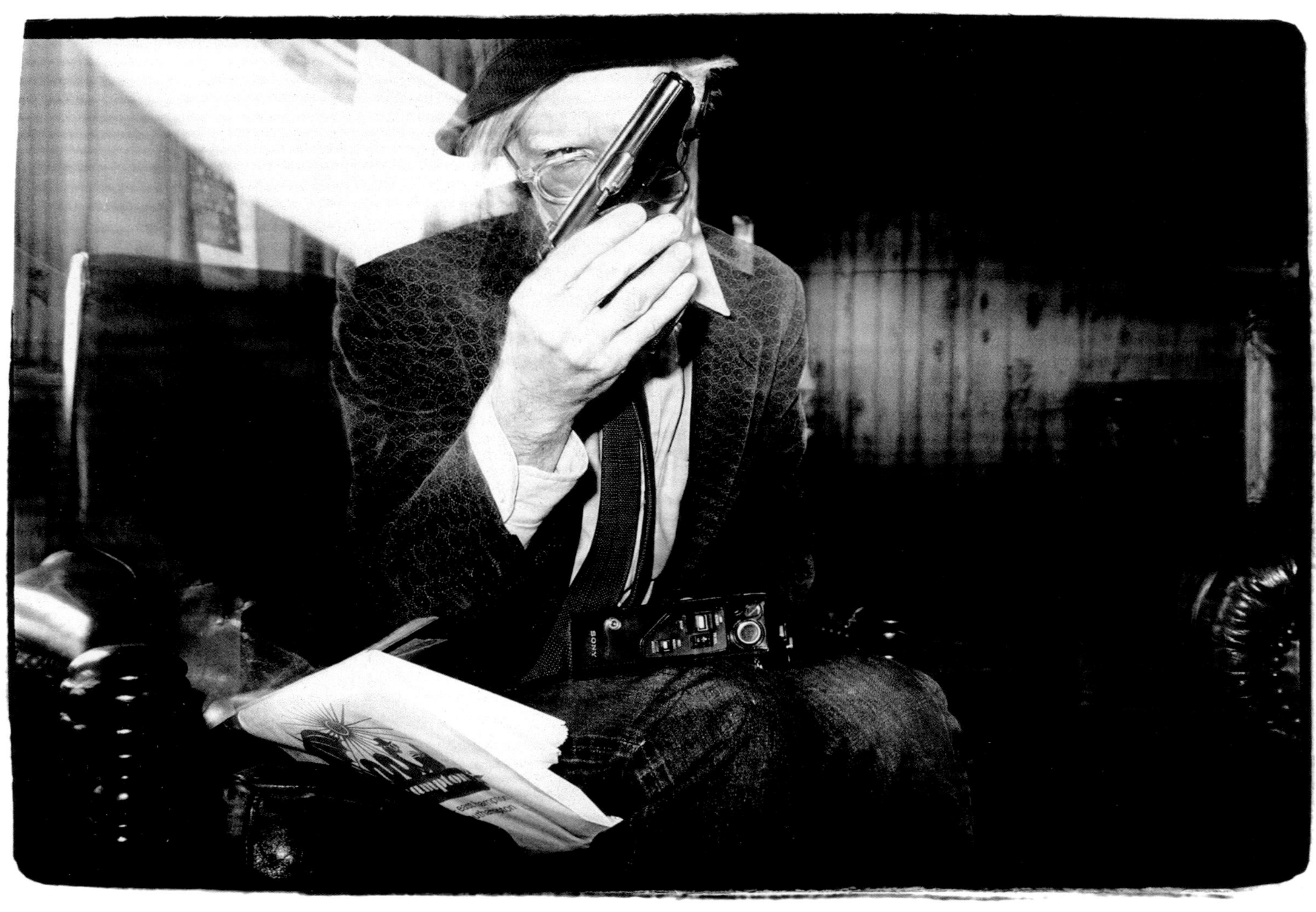

Andy Warhol
Self-Portrait, Montauk, Long Island, 1976–79
51,5 × 66,5 cm

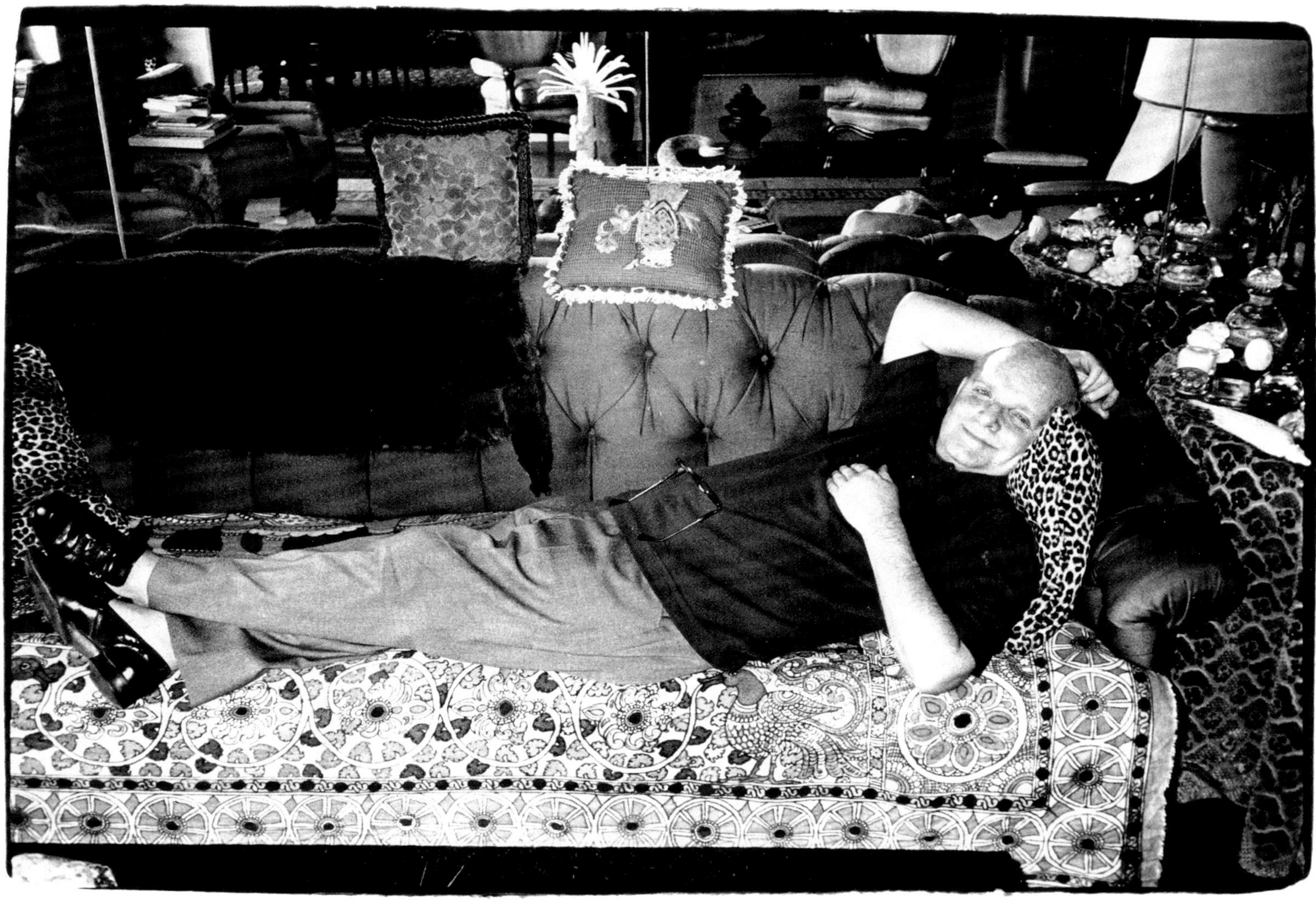

Truman Capote at Home, New York, 1976–79
51,5 × 66,5 cm

STADTBILDER UND HANDLUNGSKONZEPTE

CITYSCAPES AND CONCEPTS FOR ACTION

Hubert Beck

I.

New York ist heute eine altmodische Stadt. Das wird zum Beispiel sehr schön an den frühen Filmen Woody Allens deutlich. Gibt es eigentlich einen Woody Allen Shanghais? Das New York in Robert Rauschenbergs Stadt-Fotografien der frühen 1980er Jahre aus der Serie *In and out of City Limits* erscheint zwar inzwischen zum Teil historisch (so stehen die Twin Towers noch), aber keineswegs altmodisch. Denn sie erzählen nicht wie der Film. Darüber hinaus ist Rauschenbergs Titel für eine verwandte Foto-Serie aus der gleichen Zeit aufschlussreich – *Photem*, eine Verknüpfung von Foto und Totem, einem Begriff für die talismanischen Kräfte, die den Dingen zugeschrieben werden. Der Künstler als Bricoleur findet sie in den Dingen, welche die Stadt wegwirft, wie man etwa in dem Foto mit dem Autoreifen um den Fuß des Hydranten sieht. Und seit den 1960er Jahren kommen die Dinge insbesondere über die Fotografie in die Kunst. Der Autoreifen – auch ein zentrales Motiv seiner Skulpturen – ist das an der uteralen Kiste der Moderne, was Kontakt zum Boden hat – und Traktion. Rauschenbergs Kunst der „combine paintings" und der „Assemblage" ist aleatorisch wie die Großstadt selbst, die zwar SEINE Stadt ist, aber nur fragmentarisch zu begreifen. In seinen Fotos, immer betont ausschnitthaft, entsteht Raum durch Schichtung. Raum und Zeit sowie das lebensweltliche Manhattan und die Kathedralen des Fortschritts erscheinen gleichermaßen verdichtet. Rauschenberg (1925 in Texas geb.) scheint die geschichtlichen Häute der Stadt lesen zu können, seine Cityscapes bleiben dabei aber (durch Laternen, Schilder, Hydranten usw.) auf die physische Wirklichkeit der zeitgenössischen Straße bezogen. Die Spannung zwischen der Anonymität der Großstadt und einer „knowable community" wird zum Beispiel in dem Foto mit dem Mann im Hinterhof, der auf einer Leiter sitzt, augenfällig, das Grenzenlose der Metropole und der Wunsch, die Städte mögen Grenzen haben, nicht zuletzt im Fenstermotiv. *Dylaby*, der Titel eines seiner klassischen Bildobjekte (mit dem Coca-Cola-Schild und der Plane als Leinwand, die auf der einen Seite auf den Boden herunterhängt) aus dem Jahr 1962 steht für: dynamic labyrinth.

Die Innerlichkeit des bürgerlichen Zeitalters ist in der Kunst des 19. Jahrhunderts über das Fenstermotiv vermittelt. Mit dem Motiv der Grotte hat der Architekt Hans Poelzig im Inneren seines 1918 in Berlin errichteten Großen Schauspielhauses auf die Naturbildlichkeit und Ruinenästhetik des 19. Jahrhunderts angespielt. Dieses bedeutende Bauwerk expressionistischer Architektur – Max Reinhardt war der erste Direktor des Schauspielhauses – wurde 1988 von den Machthabern in Ostberlin vollständig ab-

I.

Today, New York is an old-fashioned city. A good example of this would be Woody Allen's early movies. Is there actually a Shanghai equivalent of Woody Allen? The New York in Robert Rauschenberg's photographs of the city produced in the early 1980s and part of his series In and out of City Limits *may now seem somewhat dated (for example, in them the Twin Towers are still standing), but it is by no means old-fashioned. For they do not tell a tale in the same way as does film. Moreover, Rauschenberg's title for a related series of photographs taken during the same period is quite telling in this regard –* Photem, *a combination of photo and totem, a concept indicating the talismanic powers which are inscribed in things. The artist as bricoleur finds it in the things the city jettisons, as can be seen, for example, in the photo with the car tire around the base of the hydrant. And since the 1960s, objects have entered art primarily through photography. The car tire – which is also a central motif of Rauschenberg's sculptures – is the aspect of the uterine box of Modernity that remains in contact with the earth – and delivers traction. Rauschenberg's art of "combine paintings" and "assemblage" is as aleatory as is the big city itself, that while being HIS city can only be grasped intellectually in its fragments. In his photos, that always deliberately only offer a cropped section, space arises through layering. Space and time as well as the lifeworld of Manhattan and the cathedrals of progress both appear concentrated to a similar degree. Rauschenberg (born in 1925 in Texas) seems to be able to read the city's historical skins, but his cityscapes persistently refer (by street lamps, signs, hydrants, etc.) to the physical reality of the contemporary street. The tension between the anonymity of big-city life and a "knowable community" is manifest in the photo of the man in the courtyard sitting on a ladder, and the limitless scale of the metropolis and the wish that cities had limits is evident not least in the motif of the window.* Dylaby, *the title of one of his classic image objects (with the Coca-Cola sign and a tarpaulin used as canvas, hanging down to the floor on one side) made in 1962 stands for "dynamic labyrinth".*

The interiority of the bourgeois age is conveyed in 19th-entury art through the use of the window motif. Architect Hans Poelzig used the motif of the grotto on the inside of the theater house he built in Berlin in 1918 to allude to the use of images of nature and the aesthetics of the ruin prevalent in the 19th century. This major example of Expressionist architecture, and Max Reinhardt was to become its first director, was torn down in 1988 by those in power in then East Berlin. It is these references, too,

gerissen. Es sind auch diese Bezüge, nicht nur die direkt sichtbare Gewalttätigkeit des Auf- und Abbruchs in den Fotografien von Ryuji Miyamoto (1947 in Tokio geb.) unter dem Titel *Großes Schauspielhaus Berlin*, 1985, die in einem das Gefühl unerwünschter Zeugenschaft auslösen (S. 116). In wenigen Aufnahmen kommt wohl ein Grundmotiv der Fotografie, nämlich das des Bewahren-Wollens, deutlicher zum Ausdruck. Die Fotografie ist vom Beginn ihrer Geschichte an nicht nur das adäquate Medium des Tempos der modernen Stadt und der Anonymität des öffentlichen Lebens, sondern auch ein Kraftwerk der Gefühle. Zehn Jahre später fotografiert Miyamoto *Kobe, After the Earthquake*. (Die Serie befindet sich ebenfalls in der Sammlung der DZ BANK.) Innerhalb von fünfzehn Minuten zerfiel die moderne, hoch technisierte Stadt in Japan zu einem Ruinenfeld und wurde zum Elendsgebiet. Der Künstler sagte dazu: „Faced with something like this, all I could do was stare and to try to capture it in photographs." Heute ist in Kobe von den Folgen der Naturkatastrophe kaum mehr etwas zu sehen. Nicht unähnlich wie bei Bernd und Hilla Becher und bei Thomas Struth sind Miyamotos fotografische Dokumente, in denen das figürliche Motiv kaum vorkommt, zugleich „Porträts" von Architekturen, die einen stark skulpturalen Charakter haben.

Hatte Miyamoto seine Kobe-Bilder auf der Architektur-Biennale von Venedig 1996 in riesigen Formaten präsentiert, geht Antolij Shuravlev mit seiner *Berlin*-Arbeit, 1998, den entgegengesetzten Weg. Sie ist eine minimalistische Wand-Skulptur mit Fotografie (S. 124). Die Metropole im märkischen Sand erscheint bei Shuravlev (1963 in Moskau geb.) in 101 Plexi-Kuben von 1 × 1 cm. Ein einzelnes Element dieser Foto-Wandarbeit – auch eine Art Hommage an das Quadrat – hat also nicht einmal die Größe eines Bauklötzchens. Das heißt, das auf den einzelnen Fotografien Dargestellte ist mehr zu erahnen als zu erkennen. Von daher denkt man hier schon an eine Strukturanalogie zum Raster als Chiffre der modernen Stadt, aber eher vielleicht noch an die Eiskristalle in den Weiten des russischen Permafrostes oder eben an die Silberkristalle der Fotografie. Das liegt auch an dem Blauton, in dem die Minibilder gehalten sind. Entfernt lassen diese kleinen Würfel an die Malerei eines Herbert Hamak denken, in dessen Bildern die flache Leinwand einen rechteckigen Wachs-Pigment-Block trägt. Allein aus der Fülle der dargestellten Motive in *Berlin* schließt man, das Shuravlev hier zumindest teilweise aus Vorlagen geschöpft und nicht selbst fotografiert hat. Dieser Eindruck wird bestätigt von der genaueren Betrachtung der „Architektur-Fotos". Man sieht bekannte Stadtansichten und Orte der Hauptstadt wie etwa den Hamburger Bahnhof, meint aber auch Poelzigs Großes

and not just the direct visible violence of upheaval and demolition in the photographs of Ryuji Miyamoto (born 1947 in Tokyo) entitled Grosses Schauspielhaus Berlin, *(1985) that trigger in the viewer a sense of inadvertently being a witness to something (p. 116). Not many shots show more clearly one of the basic motifs of photography, namely the wish to preserve. Photography was from the beginning not only the adequate medium to capture the pace of the modern city and the anonymity of public life, but also a powerhouse of the emotions. Ten years later Miyamoto photographed* Kobe, After the Earthquake. *(The series is likewise part of the DZ BANK Collection.) Within the space of only 15 minutes, that modern, high-tech city in Japan collapsed into ruins to become one of abject despair. Miyamoto himself commented: "Faced with something like this, all I could do was stare and to try to capture it in photographs." Today, hardly anything in Kobe still attests to the consequences of the disaster. Not unlike the work of Bernd and Hilla Becher or that of Thomas Struth, Miyamoto's photographs are documents that hardly reveal a figurative motif, and at the same time "portraits" of architectural edifices that have a strongly sculptural character.*

While Miyamoto presented his Kobe photographs in huge formats at the Venice Architecture Biennial in 1996, Antolij Shuravlev takes the opposite approach for his Berlin *piece, made in 1998. It consists of a minimalist wall sculpture with photography (p. 124). The metropolis built on the sand of the Marches appears in Shuravlev's work (born in 1963 in Moscow) in 101 Plexiglas cubes sized 1 × 1 cm. In other words, one single element of this photo-wall piece (simultaneously an homage to the square) is not even as a large as a child's building block. The viewer is thus forced to sense rather than discern what the individual photographs portray. The structural analogy to the grid as the cipher of the modern city would suggest itself here, although more appropriate would perhaps be the ice crystals in the expanses of Russian permafrost or even the silver crystals of photography, both intimated more by the blue tones of these miniature images. These little cubes are remotely reminiscent of the painting of Herbert Hamak, in whose images the flat canvas gives way to a rectangular block made of wax and pigment. The wealth of motifs presented in* Berlin *allow one to conclude that Shuravlev at least in part used found images and did not produce all the photographs himself. A closer inspection of the "architecture photos" confirms this impression. Well-known views of the city and its sites, such as Hamburger Bahnhof, are visible, and it seems as if Poelzig's Grosses Schauspielhaus is among the mo-*

Schauspielhaus zu erkennen. Doch die Miniaturisierung der Stadtbilder verweigert letztlich die Wiedererkennung und verweist uns vom architektonischen Raum an den Raum der Erinnerung.

Der Begriff Museumsbild trifft auf Thomas Struths großformatige Fotografie *Musée du Louvre III*, 1989, in zweifacher Hinsicht zu (S. 128). Sie zeigt den Tizian-Saal eines der bedeutendsten Museen der Welt und die fotografischen Bilder von Struth (auch seine Stadtbilder und Familienporträts) sind selbst „klassische" Museumskunst von heute. Hatte Struth (1954 in Geldern geb.) mit Straßenansichten begonnen, haben wir es hier mit der Darstellung eines öffentlichen, hoch-kulturellen Innenraums zu tun, die sich wie die Stadtbilder durch strenge Zentralperspektive und Detailpräzision auszeichnet. Die Komposition rückt die Gemälde in den Hintergrund, was wir betrachten, sind in erster Linie Verhältnisse: Das Spannungsverhältnis zwischen Fotografie und Malerei, das Verhältnis der Museumsbesucher zu den Bildern sowie unsere Doppelrolle als Betrachter und Betrachtete. Zum Sehen im öffentlichen Raum gehört auch gesehen werden. Gerade das große Format lässt aber deutlich werden, dass die Kamera mit einer Allover-Genauigkeit registriert, die das menschliche Auge nicht besitzt. Eigentlich ist die Darstellung ein Bild der Ruhe, immerhin sind Museen im Glücksfall Schleusen der Entschleunigung. Kommt das Beunruhigende, das von Struths Museumsbildern ausgeht von daher? Möglicherweise doch von der Tatsache, dass der Fotograf hinter der Kamera uns an eine uralte, nie eingelöste Vorstellung erinnert: alles zu sehen, ohne gesehen zu werden.

Andreas Gursky (1955 in Leipzig geb.) würde wohl Thomas Struths Credo „Ein Bild muss ehrlich bleiben" zustimmen, geht aber einen Schritt weiter, indem er in seine Bilder digital eingreift. So hat er zum Beispiel bei der Fotografie *99 Cent*, 1999 (nicht in der Ausstellung), eine die Komposition störende Figur weggenommen und die Farben bearbeitet. Das von einem hohen Standort aufgenommene Bild eines Billigshops ist ein für den Künstler typischer makroskopischer Kosmos von Details, eine bunte Orgie der Ordnung. Das Amerikanische des Ortes mag darauf verweisen, dass die formale Grundkategorie des Rasters bei Gursky ohne Andy Warhol (die Suppendosenbilder) kaum denkbar scheint. Seine hier gezeigte großformatige Arbeit *Charles de Gaulle*, 1992, zeigt einen Blick ins Innere des Flughafens der französischen Metropole, ein ganz anderer Raum als Struths Louvre, nämlich eine Zentrifuge der Mobilität (S.110). Auch hier geht Gursky auf erhöhte Distanz zum Geschehen, um den leeren vertikalen Raum im Bild zu betonen. Die Bodenlosigkeit der Komposition entspricht dem darge-

tifs. However, in the final instance the miniaturization of these city images prevents their clear identification and refers us away from architectural space into the world of memory.

The notion of museum photo applies to Thomas Struth's large-format photograph Musée du Louvre III, *1989, in two ways (p. 128). It shows the Titian room in one of the world's most important museums and the photographic images created by Struth (and that includes his cityscapes and family portraits) are themselves "classic" contemporary museum art. While Struth (born in 1954 in Geldern) started with views of streets, what we see here is the depiction of a public, high-culture interior, and like his city images the work is typified by a strict central perspective and precision in the details. The composition places the paintings in the background and what we consider is primarily relationships: The tense relationship between photography and painting, the relationship between the museum visitors and the pictures, and our dual role as viewer and viewed. Seeing in public space includes being seen. Precisely the large formats reveal that the camera records with an allover precision to which the human eye cannot aspire. In fact, these images are of calm, as in the best case museums are realms of deceleration. Is this the reason for the disquieting element in Struth's museum images? Possibly it comes from the fact that the photographer behind the camera reminds us of an ancient wish that has never been redeemed: to see everything without being seen.*

Andreas Gursky (born in 1955 in Leipzig) would probably agree with Thomas Struth's creed that "a picture must remain honest", but he goes one step further by intervening digitally in the images. For example, in the case of the photograph 99 Cent, *1999 (not part of the exhibition), he eliminated a person who disturbed the composition and reworked the colors. The image of a dime store, shot from a high vantage point, is a macroscopic cosmos of details typical for Gursky, a colorful orgy of order. The American venue may point to the fact that the formal basic category of the raster grid would be almost inconceivable in Gursky's work without Andy Warhol (the Campbell's soup pictures). The large-format image on show here,* Charles de Gaulle, *1992, shows a view of the interior of the airport in Paris, a place quite unlike Struth's Louvre, namely a centrifuge of mobility (p. 110). Here, too, Gursky has chosen a high vantage point further away from the activity to emphasize the empty vertical space in his image. The composition has such depth as to have no ground, in keeping with the fact that the depicted place is no place. This*

stellten Ort der Ortlosigkeit. Beispielhaft zeigt sich in dieser frühen Aufnahme der Wunsch des Künstlers, die Welt in ein Bild zu fassen. Weltweit sucht er nach Orten mit sinnbildhafter Qualität, so in seinen bekannten Börsenbildern, an denen er insbesondere die Spannung zwischen der Menschenmenge und den zivilisatorischen Makrostrukturen ins Bild setzt.

II.

Nicht nur in dieser Ausstellung ist eine der Hauptfiguren der „Performance" oder Aktionskunst nicht mit eigenen Fotografien vertreten. Joseph Beuys (1921–1986), für den Kunst von Verkünden kommt, hat agiert, seine revolutionären Ideen propagiert – fotografisch dokumentiert haben ihn und die Aktionen andere, etwa Ute Klophaus oder wie hier in der Fotoedition: *Honigpumpe am Arbeitsplatz*, 1979, Wolfgang Püschel (S. 106). Das bildhauerische Werk von Beuys, welcher der Institution Museum misstraute und immer gesagt hat, „abstellen, nicht ausstellen", und explizit „aus der [traditionellen] Kunst austreten" wollte, gehört heute zu den „Schätzen" der Museen. Eine der Ambivalenzen einer ganzen Künstlergeneration, die angetreten war, die Wände des Museums niederzureißen und wie Beuys mit der „sozialen Plastik" eine neue Kunst, die das bessere Leben meint, zu schaffen, dass es sich als gar nicht so einfach erwies, aus der Kunst auszutreten. Gleichzeitig hat diese Generation nämlich ihren Kunstanspruch eigensinnig erneuert und beispiellose Erfolgs-Geschichte geschrieben. Die aktionistische Aura des großen Senders und Empfängers ist hingegen aufgebraucht, was bleibt, sind fotografische Dokumente und Relikte.

Püschels Fotoedition versammelt Aufnahmen von Beuys' *Honigpumpe am Arbeitsplatz 1974–1977*, von der documenta 6 in Kassel 1977; *Unschlitt/Tallow (Wärmeskulptur auf Zeit hin angelegt)*, 1977– die riesigen Wachstalgblöcke wurden im Hof des Westfälischen Landesmuseums Münster ausgestellt; und von seinem Beitrag zum Happening *24 Stunden* in der Wuppertaler Galerie Parnass am 5. Juni 1965. Ein großer Teil der von Beuys in letzterer Aktion verwendeten Gegenstände und Objekte befindet sich heute im Darmstädter Block Beuys. Damit beziehen sich die Fotografien der Edition auf die komplexen Zusammenhänge des „klassischen" Beuys der 1960er und 1970er Jahre, seine Materialien Fett und Honig sowie mit den *24 Stunden* auf ein Happening, an dem einige der wichtigsten Aktionskünstler teilnahmen, darunter Bazon Brock, Charlotte Moorman, Nam June Paik und Wolf Vostell. Was in den Fotos wie ein Detail aussieht – eine mit weißem Wachstuch überzogene Apfelsinenkiste – war ein zentraler Teil des „Aktionssockels", der Stützpunkt des Künstlers, den

early photograph is exemplary of Gursky's wish to grasp the world in a single image. He has traveled the world seeking locations with symbolic properties, for example in his well-known stock-exchange photos, in which in particular he presents the tension between the mass of people and the macrostructures of civilization.

II.

Not only in this exhibition is one of the main figures of "performance" or Action Art not represented by his own photographs. Joseph Beuys (1921–1986), for whom art comes from proclamation, acted out and propagated his revolutionary ideas – but it was others who documented his actions and those of others by photographing them. Such as Ute Klophaus, or here in the photo edition: Honigpumpe am Arbeitsplatz, *1979, Wolfgang Püschel (p. 106). Without doubt, today Beuys' sculptural œuvre, and he distrusted the museum and institution and insisted works be "simply placed, not exhibited" and explicitly wished to "withdraw from [traditional] art", is a museum "treasure". While an entire generation of artists who set out to tear down the walls of the museums and like Beuys create a new form of art in the guise of "social sculpture", which implied creating the better life, they faced a paradox in that it proved to not be so simple to withdraw from art. At the same time, this generation idiosyncratically renewed its claim to creating art and this led to a quite unprecedented success story. Today, the aura of Beuys' actions has long since dissipated, and what remains are photographic documents and relics.*

Püschel's set of photos brings together shots of Beuys' Honigpumpe am Arbeitsplatz 1974–1977, *taken at documenta 6 in Kassel in 1977;* Unschlitt/Tallow (Wärmeskulptur auf Zeit hin angelegt), *1977– the huge blocks of tallow were exhibited in the courtyard of the Westphalian State Museum in Münster; and his contribution to the happening* 24 Stunden *at Galerie Parnass in Wuppertal on June 5, 1965. A large part of the objects used by Beuys in the latter action are today housed in the Beuys' block in Darmstadt's State Museum. In other words, the photographs in the series relate to the complex interrelationships of the "classic" Beuys of the 1960s and 1970s, his materials (fat and honey) and in the form of* 24 Stunden *to a happening in which some of the key action artists participated, including Bazon Brock, Charlotte Moorman, Nam June Paik and Wolf Vostell. What looks like a detail in the photographs (an orange crate covered with a white waxed cloth) was a central component in Beuys' performance, namely his "action base", a zone that he never left*

er während der ganzen Dauer der enorm anstrengenden Aktion nicht verließ. Insgesamt erinnern die Fotos an die Rolle von Beuys als Asket und Büßer in seinen frühen Aktionen, an seine Gesten als Material sowie den von ihm inszenierten Dehnungscharakter und die plastische Qualität der Zeit.

Unter den Neugierigen im Wuppertaler Publikum waren unter anderen auch Bernhard Blume und Sigmar Polke. Ersterer berichtete später, Polke habe vegeblich versucht, Beuys' Aktion durch Lacher zu stören. Der Meister ließ sich nicht irritieren. Mit den hier gezeigten Fotografien von Polke (1941 in Schlesien geb.), *Wiederbelebungsversuch an Bambusstangen* und *Zollstocksterne*, beide 1968, sind wir bei einer besonderen Auffassung des fotografischen Bildes angelangt (S. 118). Polkes Fotografien sehen – anders als seine Gemälde oder Grafiken jener Zeit – überhaupt nicht nach Pop Art aus. Das liegt zum einen an ihrer halluzinatorischen und bewusst dilettantischen Qualität. Zum anderen sind seine frühen Fotografien zunächst in erster Linie „Beweisstücke", Dokumente obskurer Ereignisse und pseudowissenschaftlicher Versuche und Handlungen des Künstlers, häufig in seiner Düsseldorfer Dachwohnung. Insbesondere in den 1970er Jahren taucht Polke – entgegen der sich damals allgemein durchsetzenden dokumentarisch-veristischen Auffassung der Fotografie – regelrecht ein in die chemisch-physischen Prozesse des Mediums, in die Magie des Materials: wie ein Alchimist. Psycho-grafisch, wie man es sonst nur von der Zeichnung kennt, manipuliert der Künstler gegen alle Regeln der Kunst und des Handwerks das Fotopapier, die Chemikalien, die Belichtung, einfach alles. Das Negativ ist für ihn quasi nie fertig. Das Fotopapier ist wie eine Haut, keine Grenze, sondern Membran; der technische Prozess kein neutraler mechanischer Vorgang, sondern eine Quelle wundersamer Effekte. Obwohl er damit dem Zufall Tür und Tor öffnet, führt dies gerade nicht in die Beliebigkeit, sondern wird vom Künstler, wie die Wiederkehr und Verwandlungen der Themen und Motive zeigen, mit einer eigenwilligen Konsequenz verfolgt. Er kann damit das Subjektive und Gestische der Malerei seiner Lehrergeneration hinter sich lassen und gleichzeitig die künstlerische Subjektivität auf eigene und eben auch fotografische Weise realisieren. Im Grunde sind alle seine Fotografien Wiederbelebungsversuche. Sigmar Polke – und hier tritt eine gewisse Verwandtschaft mit Rauschenberg zutage – ist nicht der einzige, der eine Belebung der Dinge betreibt und nach ihrem energetischen und psychischen Potenzial sucht. Auf je andere Weise arbeiten etwa Anna und Bernhard Blume, Peter Fischli und David Weiss oder Erwin Wurm daran. So steht der Zollstock bei Polke nicht zuletzt auch für die Wandelbar-

for the entire duration of this enormously strenuous action. All in all, the photographs bring to mind Beuys' role as an ascetic and repentant in his early actions, his gestures as material, and the extensive character and sculptural quality of time he staged so effectively.

Among the members of the Wuppertal audience were Bernhard Blume and Sigmar Polke (born 1941 in Silesia). The former later reported that Polke had tried in vain to interrupt Beuys' action by laughing, but the latter did not allow himself to be disconcerted. The Polke photographs on display here, Wiederbelebungsversuch an Bambusstangen *and* Zollstocksterne, *both taken in 1968, present a very particular conception of photographic images (p. 118). Unlike his paintings or printed works at the time, Polke's photographs do not look at all like Pop Art. First, this is a product of their hallucinatory and deliberately amateurish quality. Second, his early photographs are initially meant as "evidence", documents of obscure events and his pseudo-scientific experiments and activities, frequently taken in his loft in Düsseldorf. Especially in the 1970s, quite contrary to the notion of documentary-veristic photography that was gaining sway at the time, Polke literally immersed himself like an alchemist in the medium's chemical and physical processes, in the magic of the material. Psycho-graphically, something otherwise only customary in drawings, Polke manipulated the photographic paper, the chemicals, the exposure, and everything else – quite contrary to all rules of the trade and of art. To his mind, the negative is essentially never finished. The photo paper is like a skin, not a border but a membrane; the technical process is not a neutral mechanical process but the source of wondrous effects. Although he thus allows chance to govern the outcome, this results precisely not in an arbitrary work, but is an approach that Polke pursues with a stubborn consistency, as the recurrence and transformation of the themes and motifs show. He therefore manages to leave the subjective and gestural tone of the painting of his teachers' generation and at the same time realized artistic subjectivity in his own, precisely photographic way. Essentially, all his photographs are attempts at reanimation. Sigmar Polke – and there is a certain affinity to Rauschenberg, here – is not the only person who aspires to animate things and seek out their energetic and psychic potential. The same project is pursued, each in their own respective way, for example, by Anna and Bernhard Blume, Peter Fischli and David Weiss or Erwin Wurm. Thus, the yardstick for Polke stands not least for the mutability of things, for the fact that so much can be done with and made of them.*

keit der Dinge, dafür, dass man so viel mit ihnen machen kann. Viel konstruktivistischer setzt Klaus Rinke das fotografische Bild ein. „Zeitabläufe plastisch herauslösen", lautet die Aufgabe, die sich der Künstler mit Arbeiten wie *Die Wand*, 1972, stellt (S. 122). Mit der Wand ist zwar ein architektonisches Motiv angesprochen, doch es erscheint hier in einer konzeptuellen Auffassung vom Bild. Gerade durch die persönliche, wenn auch stilisierte Präsenz des Künstlers als „Akteur", wird es in Richtung Plastik und Handlung erweitert. Nicht unähnlich einem Franz Erhard Walther zu jener Zeit, trägt Rinke (1939 in Wattenscheid geb.) die Skulptur quasi in sich und macht Zeit zu ihrem eigentlichen Material. Hier kommen Einflüsse von Beuys und konzeptuell-minimalistische Tendenzen zusammen. Aber gerade im Rückblick denkt man auch noch an die Brandmauern Berlins und den diskreten Charme des Alterns des fotografischen Bildes.

In der gleichen Zeit entwickelte Hanne Darboven (1941 in München geb.) ihre Schreibsysteme, in denen das fotografische Bild (unterschiedlichster Herkunft) immer nur ein Element unter anderen bildet. Der prozessuale und performative Charakter ihres Werks unterscheidet sich von dem Rinkes. Er erscheint im Vergleich subjektiver. Darbovens Handlung ist ein Zeit-Schreiben oder -Übersetzen. „Ich tue ja meine Arbeit", sagt die Künstlerin. Ähnlich wie bei Rinke werden die Relationen von Zeit und Raum als Prozessabläufe definiert, die erst richtig in der raumgreifenden Installation ihrer Arbeiten zum Tragen kommen. *Das Jahr 1990: Gedankenstrich (+ 1)*, 1990, von Darboven zeigt beispielhaft, wie die Künstlerin verschiedene Bildregister kombiniert (S. 108). Sie hat hier einen englischsprachigen Kalender oder Jahresplaner mit Stadtplänen und Karten, also konventionalisierte Zeichensysteme mit ihren abstrakten und zugleich sehr subjektiven Bögen, die an das Schreibenlernen in der Schule denken lassen, von eigener Hand mit der Feder beschrieben.

III.
Santiago Sierra (1966 in Madrid geb.) macht in dieser Weise nichts selbst, er lässt machen: *Eine tätowierte Linie von 250 cm auf den Rücken von sechs, dafür entschädigten Personen*. Die Schwarz-Weiß-Fotografie entstand 1999 in Havanna (S. 127). Die „Personen" sind arbeitslose junge Männer. Die Brisanz dieser Arbeit kommt gerade im Umfeld der hier gezeigten Kunst der 1960er und 70er Jahre besonders zur Geltung. Durch die Linie, die einen kompositorischen Kunstgriff der Malerei zitierend leicht ansteigt, werden die Körper der Jugendlichen zu einem kollektiven Körper – zu einem „body politic"? Sie ist Grenzlinie und Verbindungsli-

Klaus Rinke makes far more constructivistic use of the photographic image. The task he tackled in works such as Die Wand, 1972, was "to describe temporal sequences in three dimensions" (p. 122). Although the wall relates to an architectural motif, here it appears in a conceptual notion of the image. It is expanded to bear on sculpture and action precisely by virtue of the personal, albeit stylized presence of the artist as "actor". Not unlike the work of a Franz Erhard Walther at that time, Rinke (born in 1939 in Wattenscheid) bears the sculpture within himself, as it were, and makes time its core material. We can discern here the influence of Beuys and conceptual-minimalist trends. And precisely in retrospect, one recalls the firewalls in Berlin and the way photographic images age with such discrete charm.

At that time, Hanne Darboven (born in 1941 in Munich) developed her writing systems, in which the photographic image (of widely different origins) was always only one element among others. The processual and performative character of her work is unlike Rinke's œuvre, as it seems decidedly more subjective. Darboven's actions entail writing or translating time. "I am only doing my job," she professed. Like Rinke, she defines the relations of time and space as processual occurrences that first come truly to bear in the large installations that are her work. Darboven's Das Jahr 1990: Gedankenstrich (+ 1), *1990, shows in exemplary fashion how she combines various different image canons (p. 108). Here, she took an English calendar or pocket planner complete with maps, i.e., conventionalized semiotic systems with their abstract and also highly subjective sheets, reminiscent of learning to write at school, and has written on them herself using a fountain pen.*

III.
In this regard, Santiago Sierra (born in 1966 in Madrid) does nothing himself, he has things done for him: 250 cm line tattooed on six paid people. The black-&-white photograph was taken in 1999 in Havana (p. 127). The "persons" are unemployed young men. The poignancy of this piece is highlighted precisely by the context of the art of the 1960s and 1970s on show here. The line, which quotes a compositional artifice of painting in its slight ascendancy, transform the bodies of the adolescents into a collective body, a "body politic"? It is border line and connecting line at once. The young men have quite literally carried their skin to market and are "marked" by this. The topical nature of Sierra's art stems from the fact that he himself no longer acts as the specimen sufferer, but by "exhibiting" the exploited "associates"

nie zugleich. Die jungen Männer haben buchstäblich ihre Haut zu Markte getragen und sind „gezeichnet". Die Aktualität der Kunst von Sierra liegt auch darin, dass er nicht mehr selbst als exemplarisch Leidender agiert, sondern über die „Ausstellung" der Ausgebeuteten die sozialen und politischen Verhältnisse „nahe bringt". Dadurch kann er spürbar machen, dass der Körper die letzte Bastion ist, an der über Einschluss und Ausschluss entschieden wird, und er längst Warenform hat.

Beauty Remains nennt Sascha Weidner (1976 in Osnabrück geboren) seine Serie von Farbfotografien aus den Jahren 2003–05, mit der er bis zu einem gewissen Grad eine Geschichte, eine Art Anatomie eines subjektiven Lebens inszeniert. Einen eher persönlichen Hintergrund hat auch der Titel der Serie, den der Künstler im Zusammenhang mit dem Tod seiner Mutter wählte. Schon Sigmund Freud hatte darauf aufmerksam gemacht, dass eine Voraussetzung für Schönheit die Vergänglichkeit ist. Weidners Fotografie ist von mehreren Grundspannungen oder Gegensätzlichkeiten geprägt. Von starken, vom Filmbild herkommenden Hell-Dunkel-Kontrasten, einer aus der Romantik geschöpften Innerlichkeit und der klaren technischen Präzision der Sachfotografie. *Perfect Lovers* nennt der Künstler die Fotografie eines nächtlichen Himmels über dem Meer, ein „beseelter" Sehnsuchtsraum, der nur dem Gefühl zugänglich ist. Bei einem anderen Bild sind dem gegenüber, das was man zunächst für die Sterne an einem nächtlichen Himmel hält, lauter Pillen und Tabletten (die er bei seiner Mutter fand). Aus Caspar David Friedrichs *Mönch am Meer* ist für Weidner *Mulholland Dr. II (nach D. Lynch)* geworden. Friedrichs Dresden ist für den heutigen Künstler in der globalisierten Popkultur Los Angeles, Inbegriff des „screen". Hier schließt sich ein Kreis zu Cindy Sherman und Tracey Moffatt, ein anderer auch zu Ryuji Miyamoto.

Wenn man sagen kann, dass seit den 1960er Jahren künstlerische Produktion zunehmend verstanden wird als Reflexion der Bedingungen, unter denen Kunst entsteht und rezipiert wird, dann wird gerade an Künstlern dieser Ausstellung deutlich, dass das fotografische Bild ein zentrales Mittel dieser Reflexion war und ist.

the socio-political conditions. In this way, he can render tangible that the body is the final bastion where inclusion/exclusion is decided and it has long since taken the form of a commodity.

Beauty Remains is the title Sascha Weidner (born in 1976 in Osnabrück) has given his series of color photographs dating from 2003-5, with which to a certain extent he stages a kind of anatomy of subjective life. The title of the series also has an essentially personal background, which the artist chose in connection with the death of his mother. No less a person than Sigmund Freud drew attention to the fact that transience is a precondition for beauty. Weidner's photographs is characterized by several underlying fields of tension and opposites: from the strong contrasts of light and dark derived from film images, from an interiority derived from Romanticism, and from the clear technical precision of object photography. Weidner chooses Perfect Lovers as the title for a photograph of the night sky over the sea, an "animated" space filled with yearning and accessible only to feeling. By contrast, in another image what the viewer initially takes to be stars in the night sky transpire to be pills and tablets (which he found at his mother's place). Caspar David Friedrich's Mönch am Meer has morphed for Weidner into Mulholland Dr. II (nach D. Lynch). For the artist today, Friedrich's Dresden has become the globalized Pop culture of Los Angeles, the epitome of the "screen". Here, things come full circle from Cindy Sherman and Tracey Moffatt, and another one that includes Ryuji Miyamoto.

If one can say that since the 1960s artistic production has increasingly been understood as the reflection of the conditions under which art is made and received, precisely the artists in this exhibition show that the photographic image was and is a key means of this reflection.

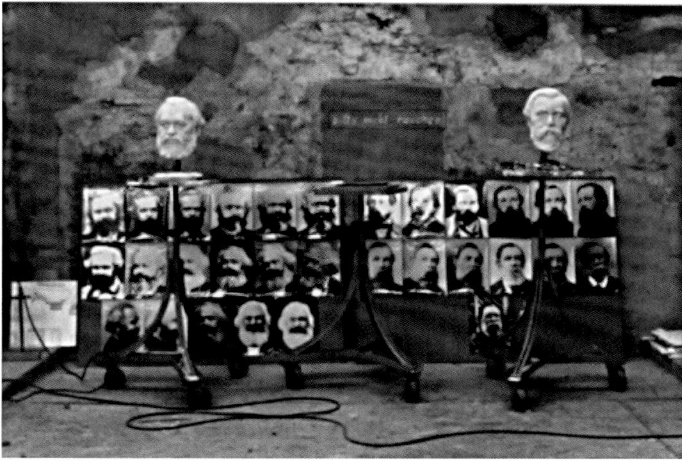
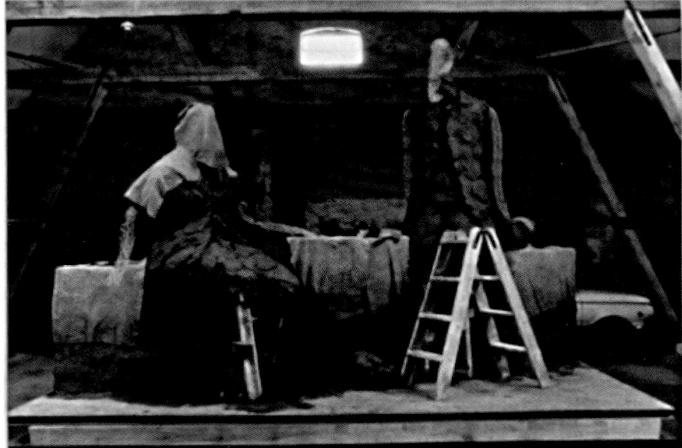
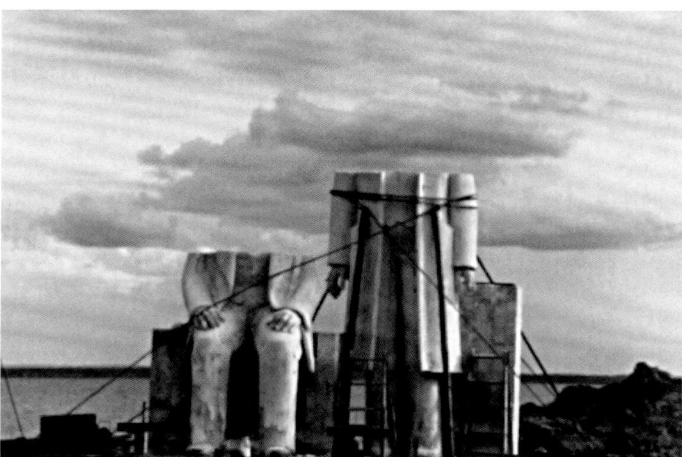
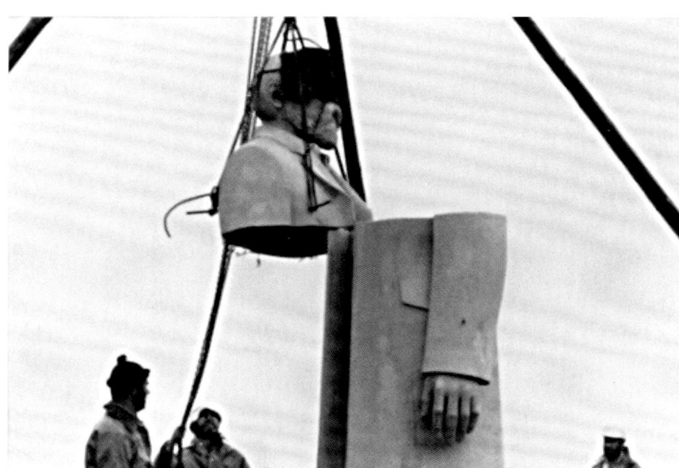

Sibylle Bergemann
Das Denkmal, 1975–1986/1996
je *each* 58,5 × 70 cm

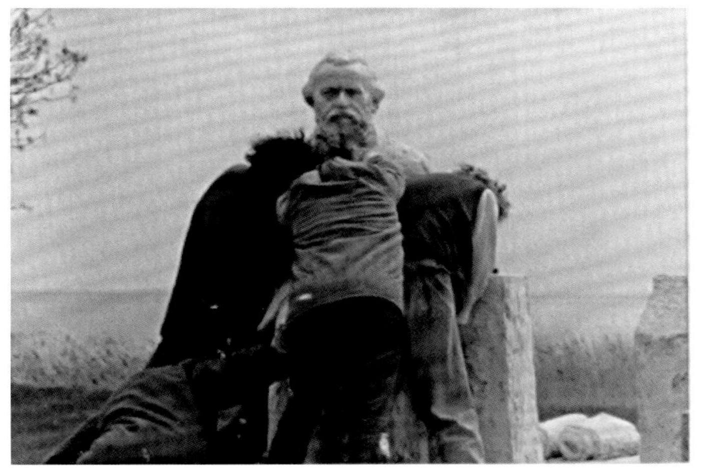 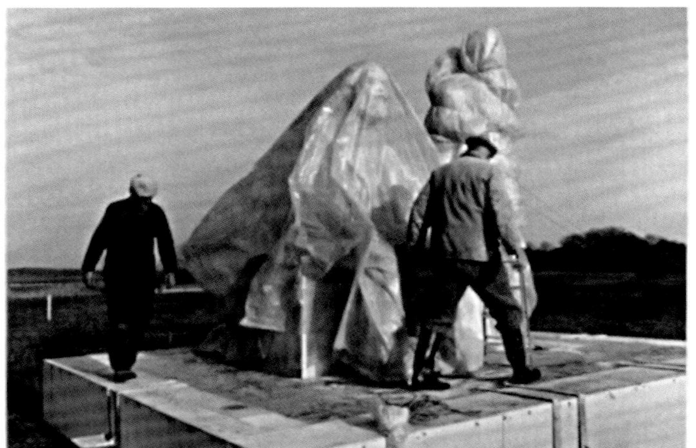

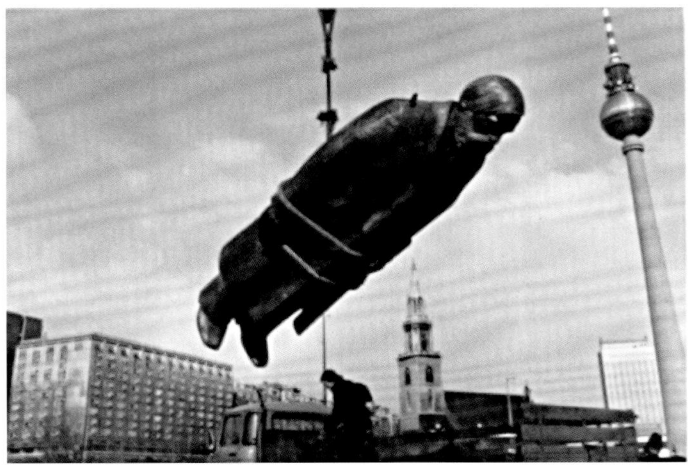 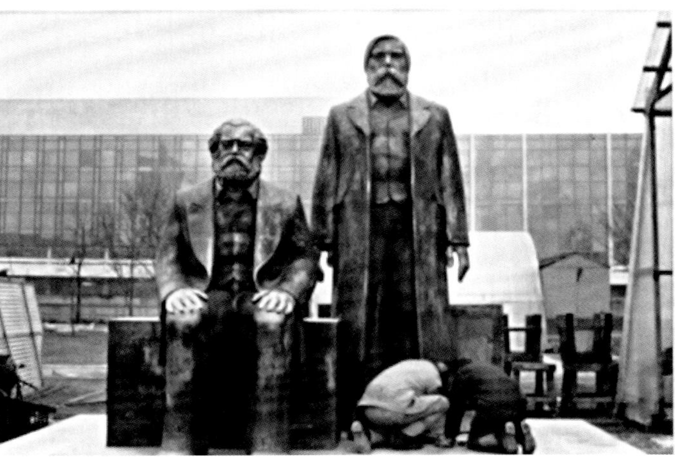

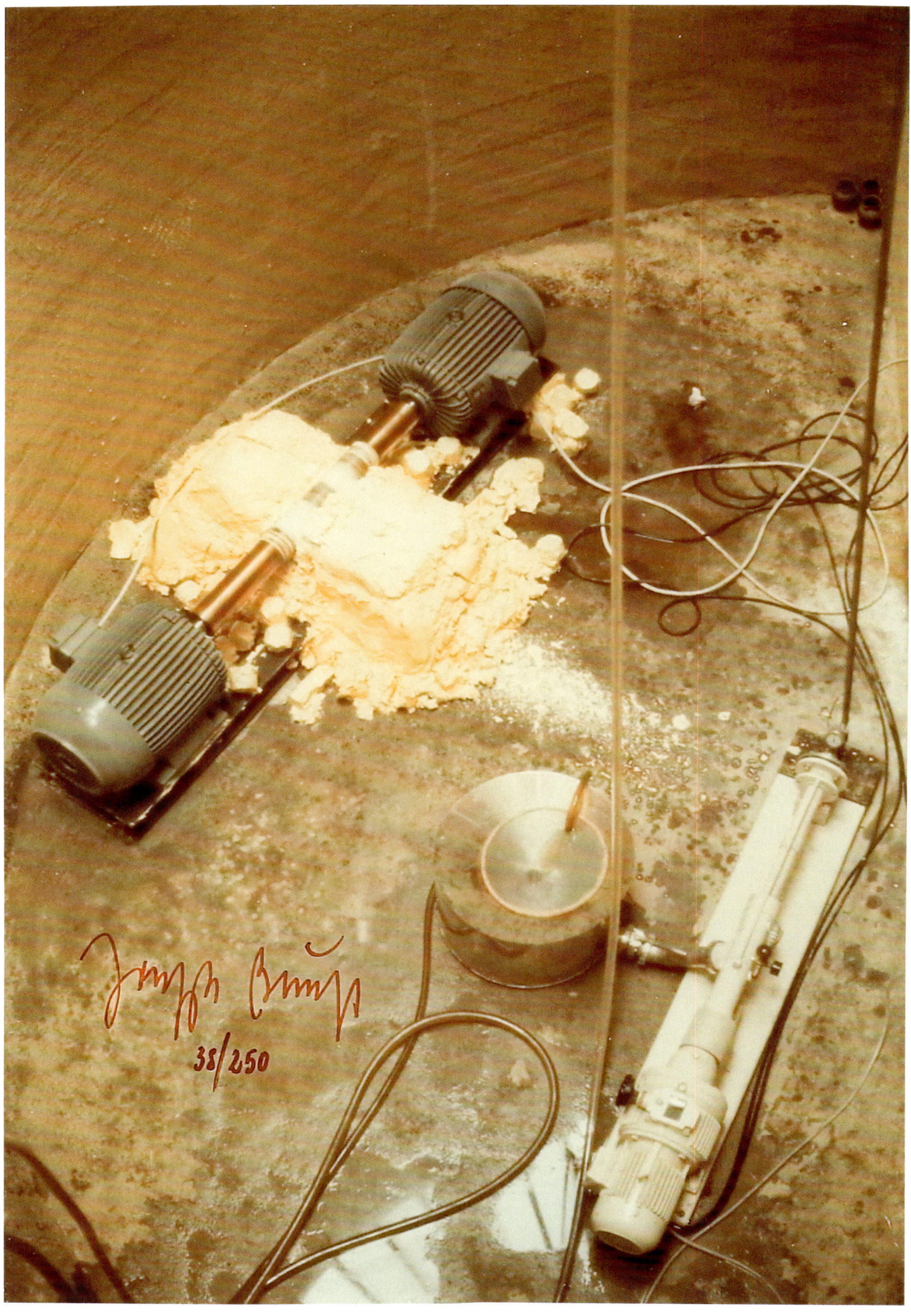

Joseph Beuys
FIU (Kassel 1977) Honigpumpe am Arbeitsplatz, 1979
je each 44 × 34 cm

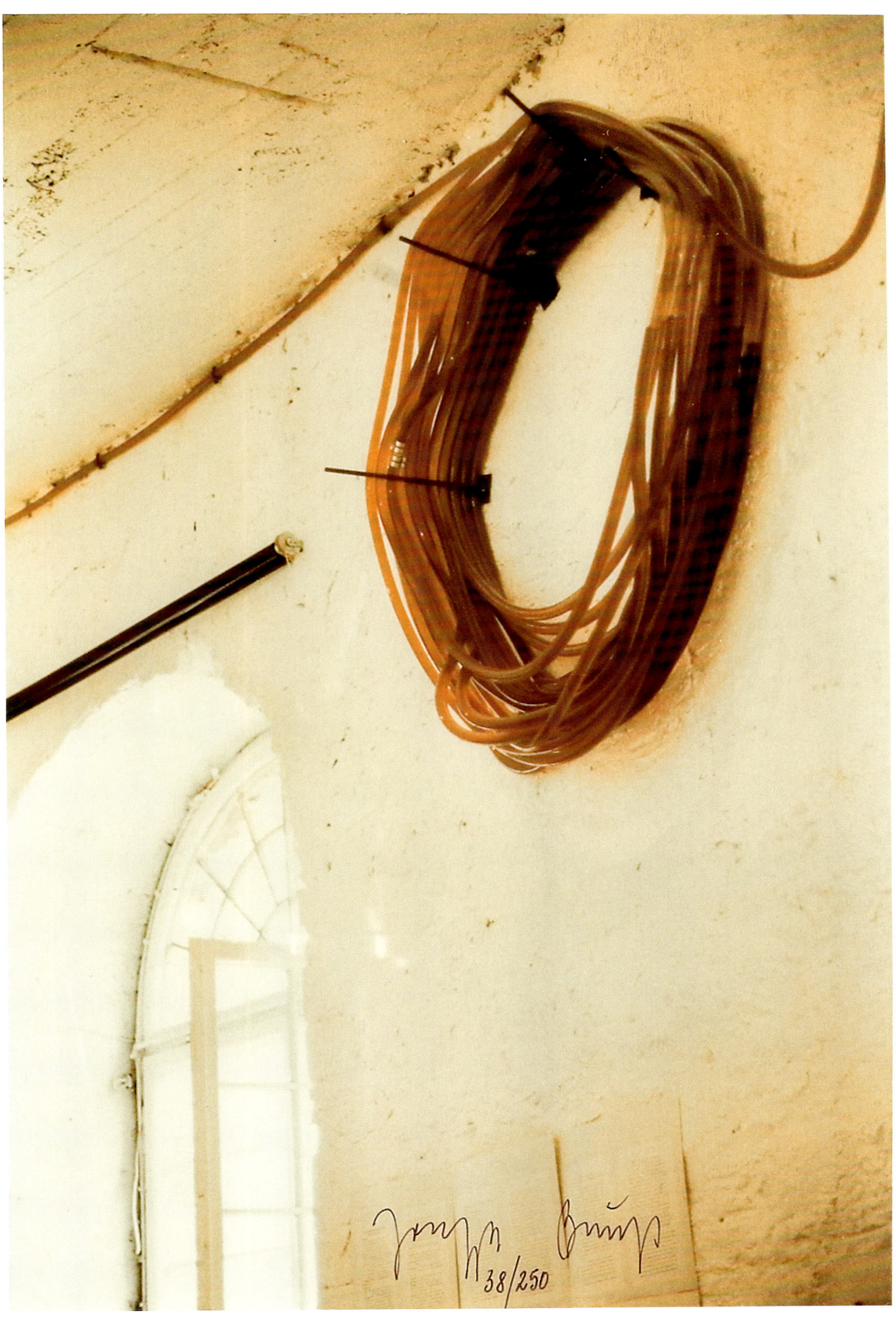

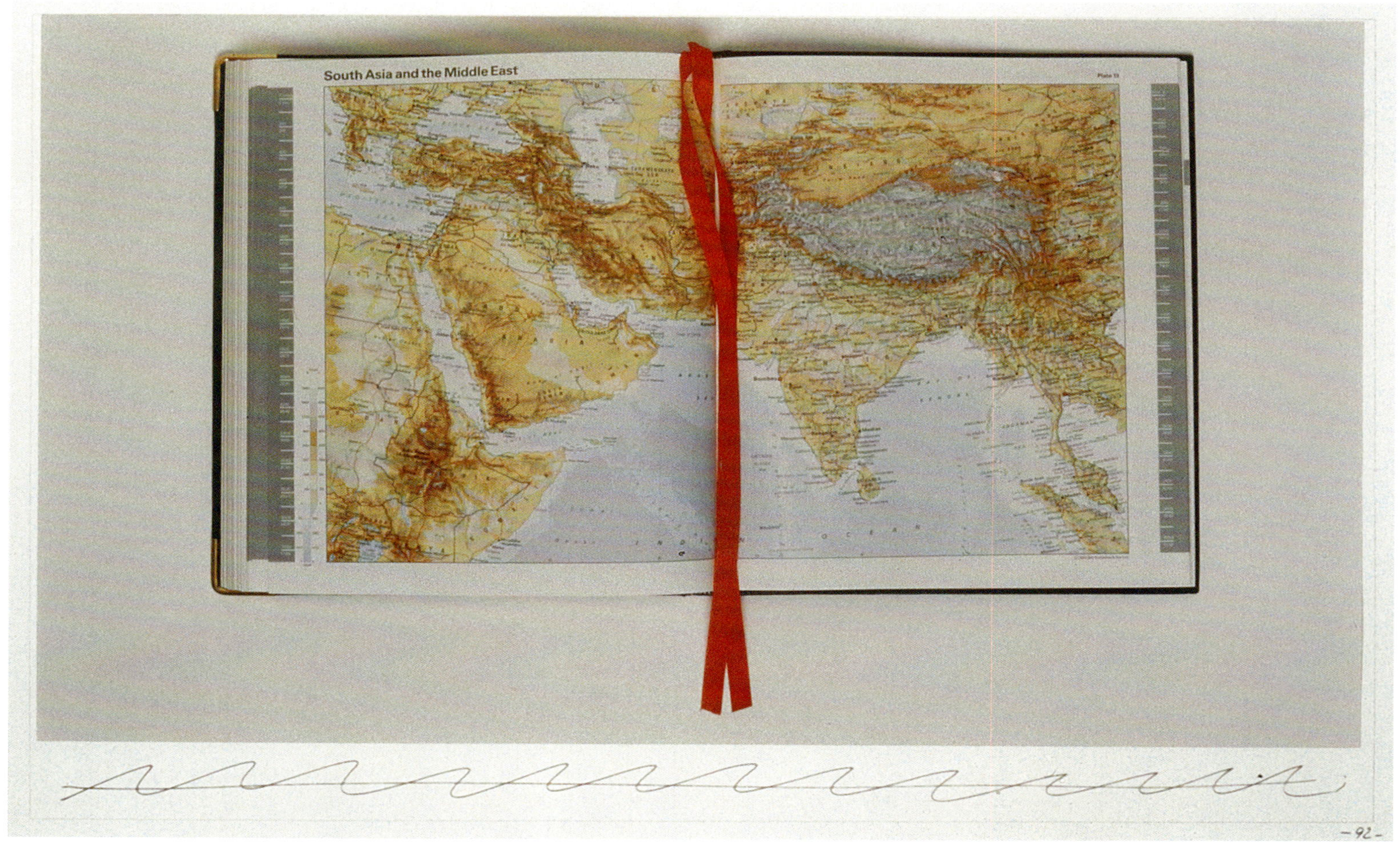

Hanne Darboven
Das Jahr 1990: Gedankenstrich (+1), 1990
je each 54 × 74 cm

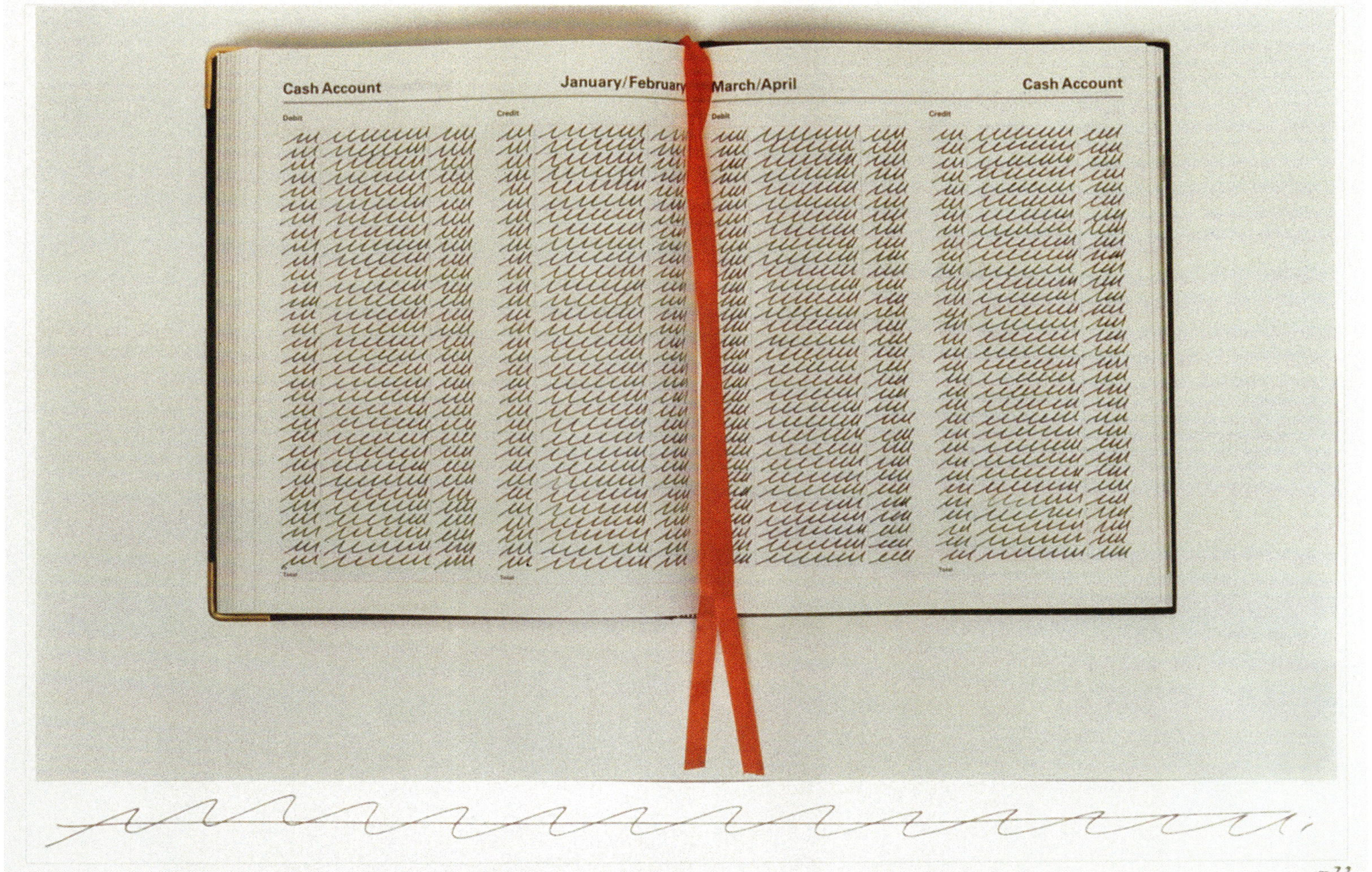

110

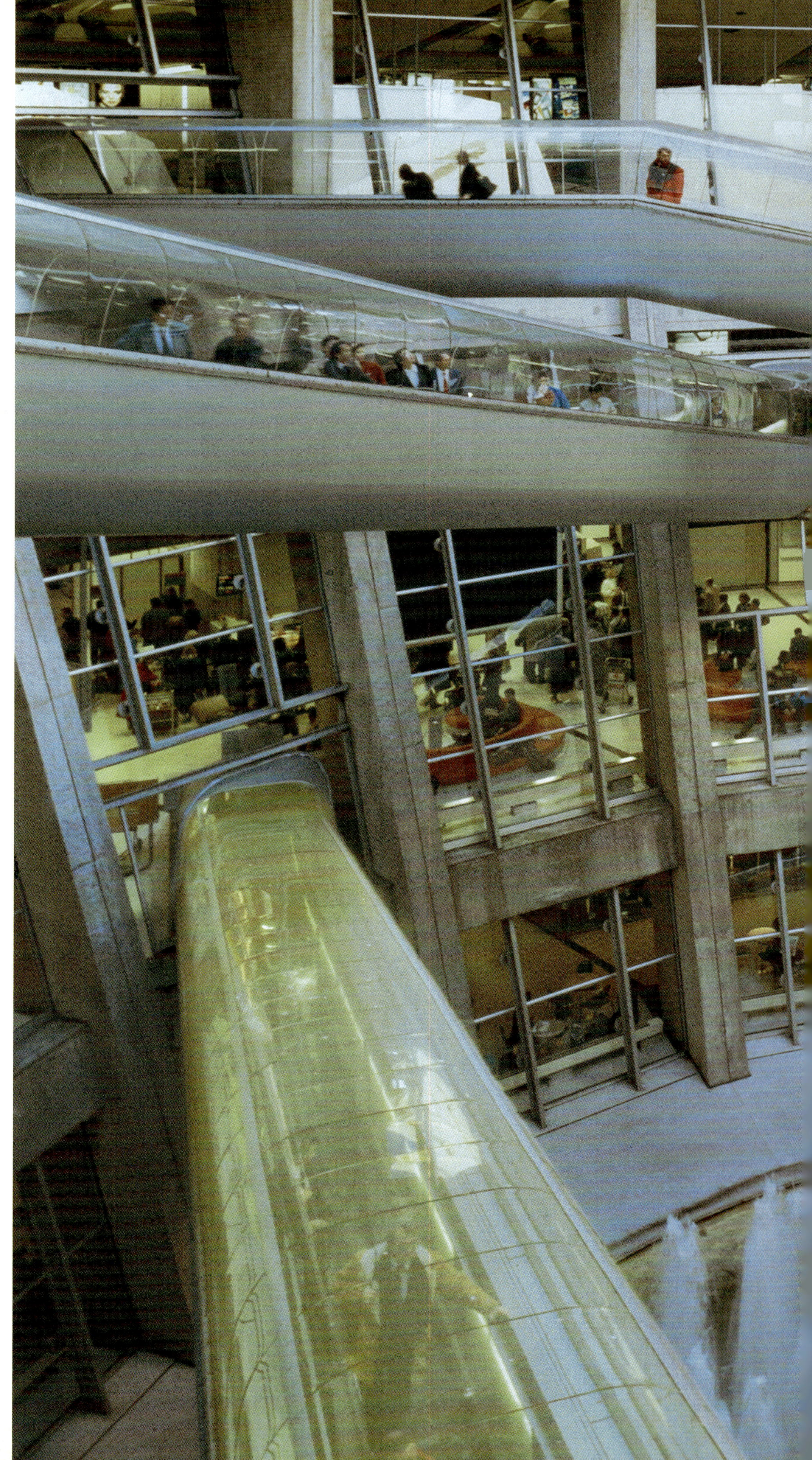

Andreas Gursky
Charles de Gaulle, 1992
180,5 × 226 cm

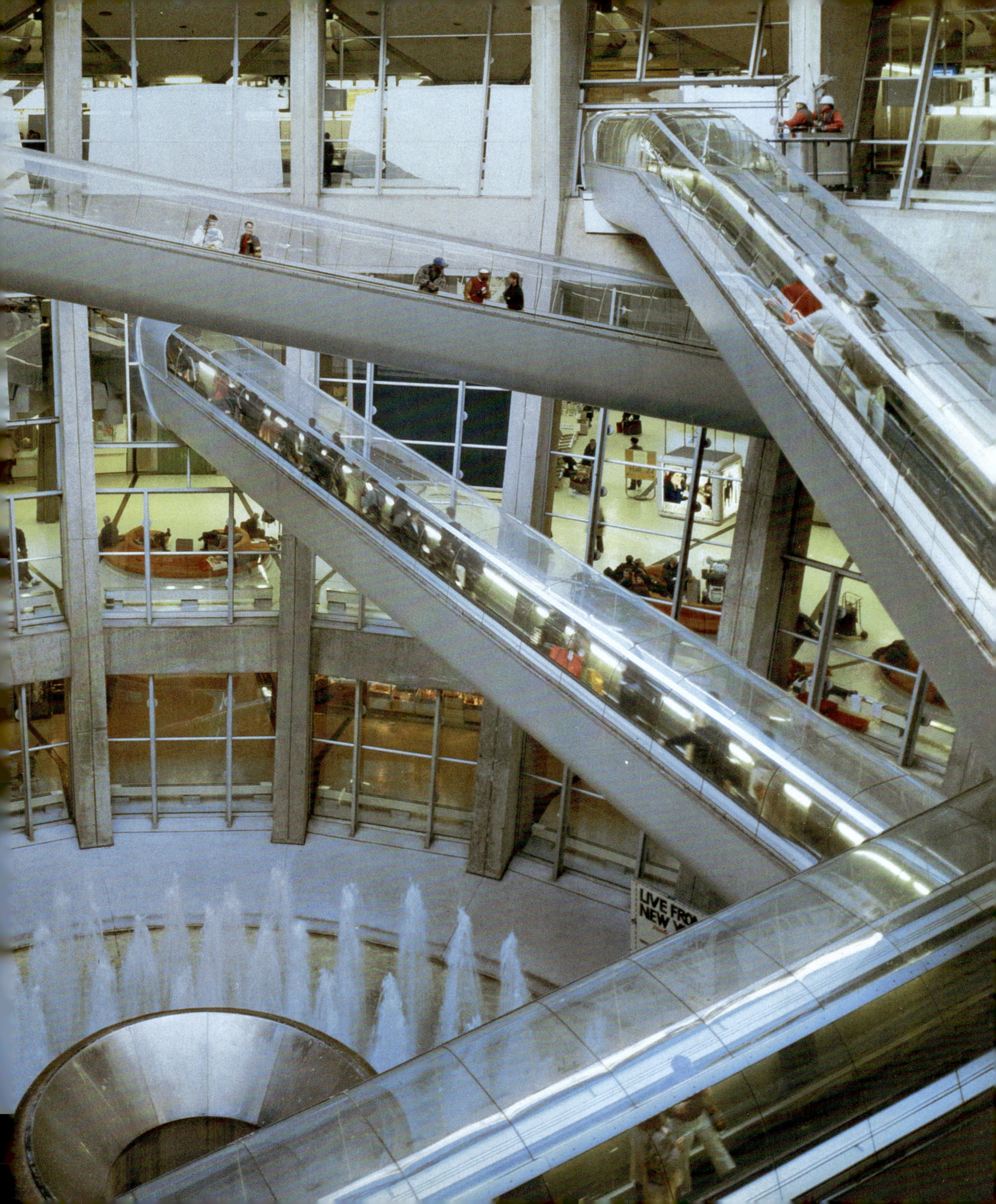

LIVE FRO
NEW Y

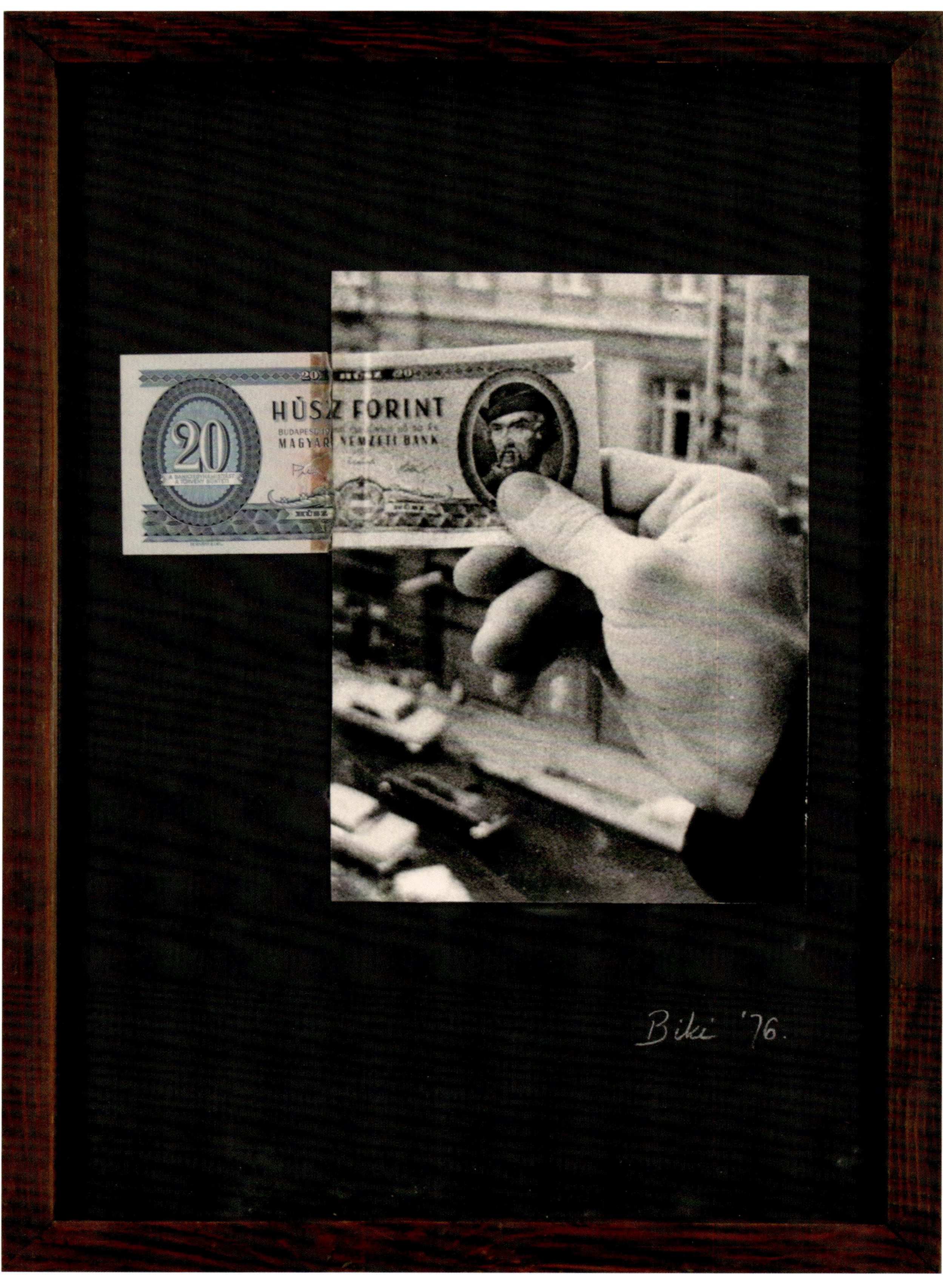

112

Tibor Hajas
Restoration 2, Restored money, 1976
45,8 × 33 cm

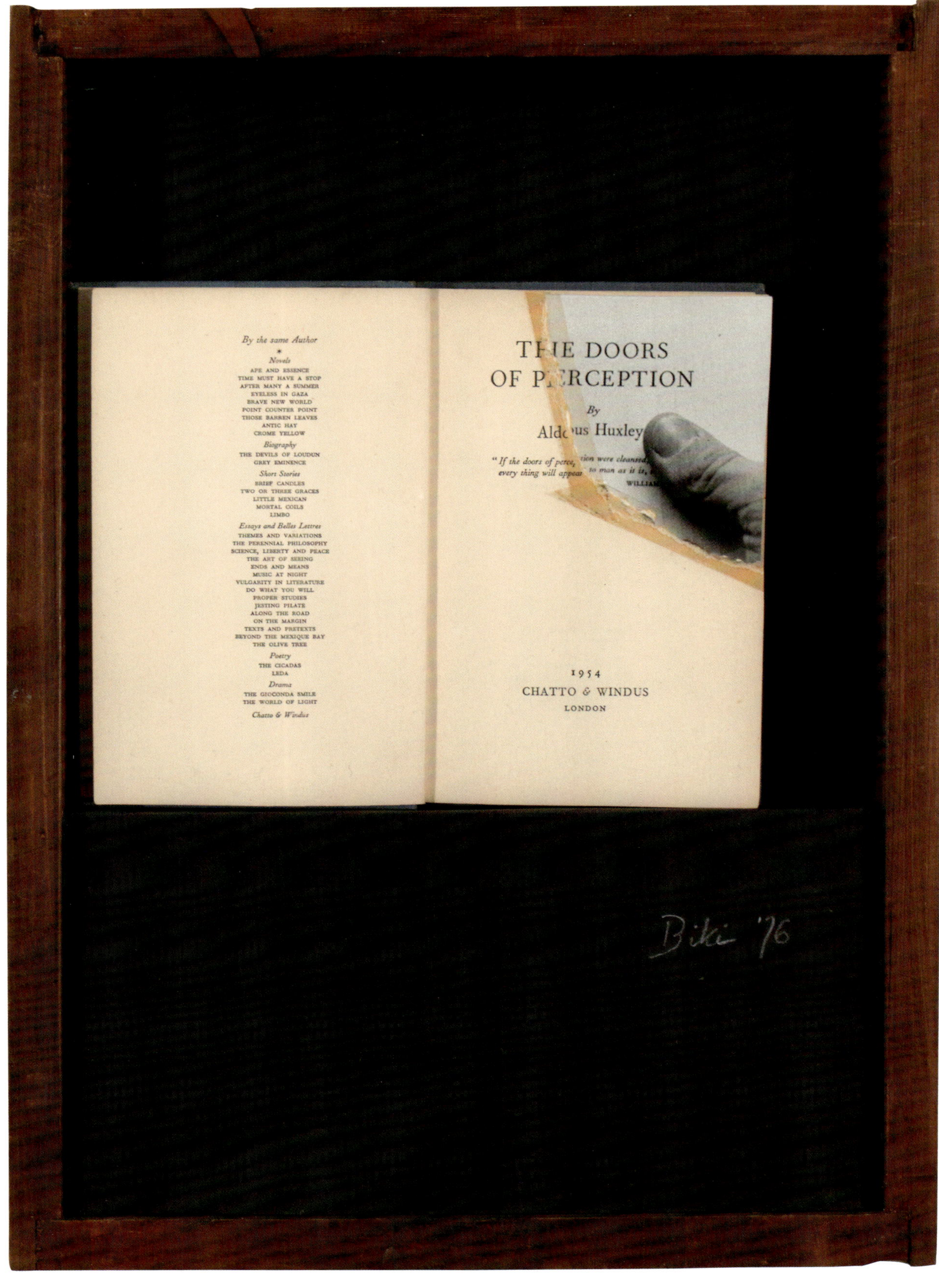

Restoration 5, Restored Huxley, 1976
45,8 × 32,6 cm

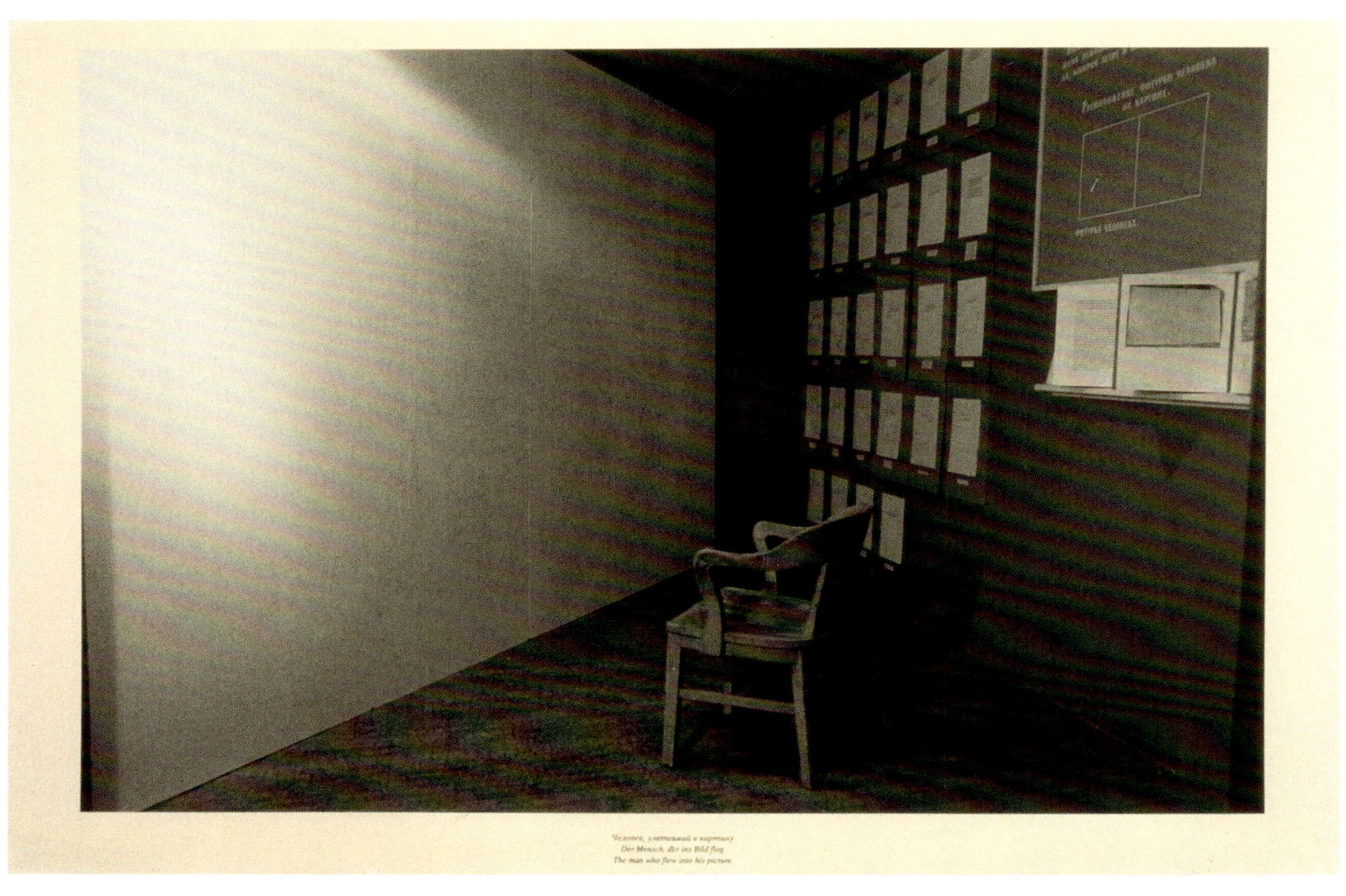

Ilya Kabakov
Zehn Personagen, 1994
52 × 72 cm

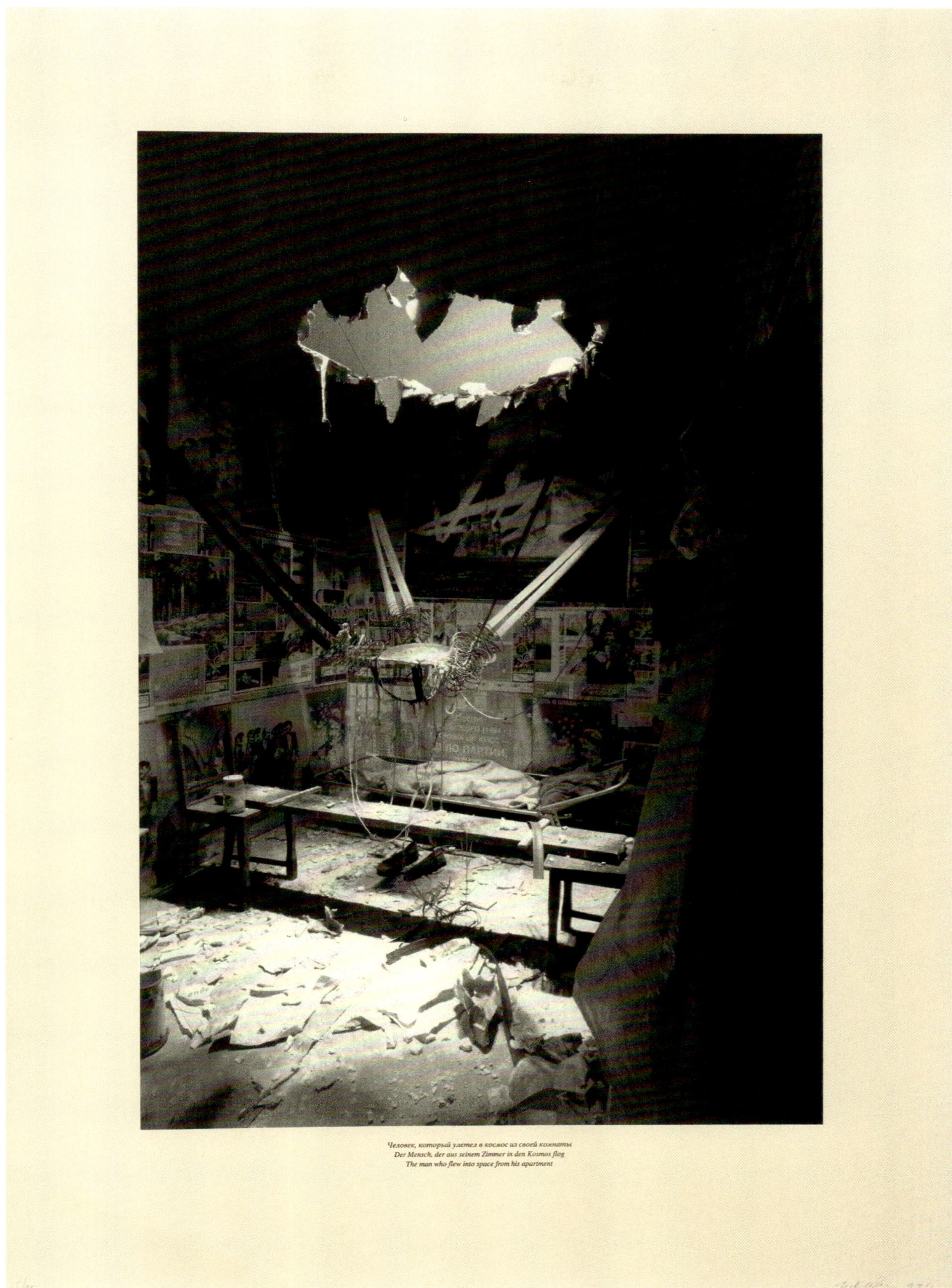

Zehn Personagen, 1994
72 × 52 cm

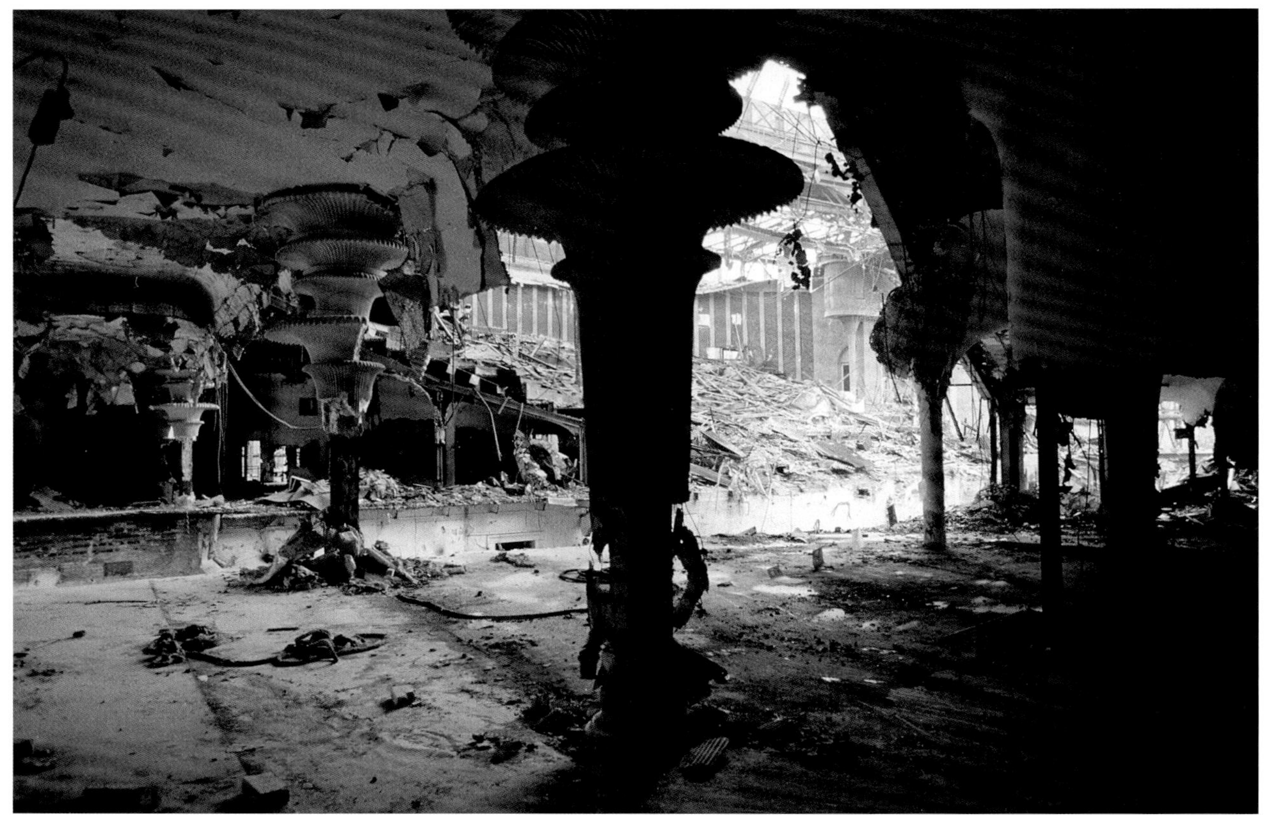

Ryuji Miyamoto
Großes Schauspielhaus Berlin, 1985
je *each* 63 × 83,5 cm

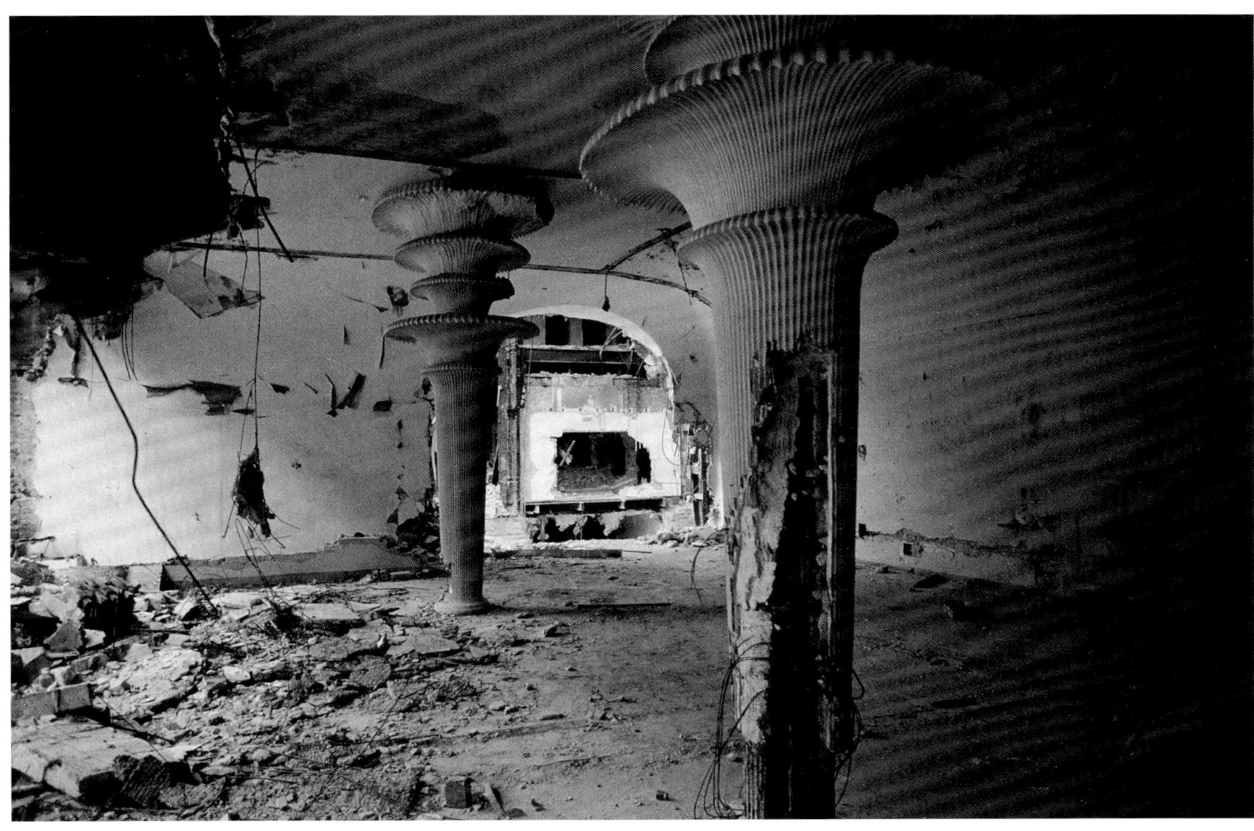

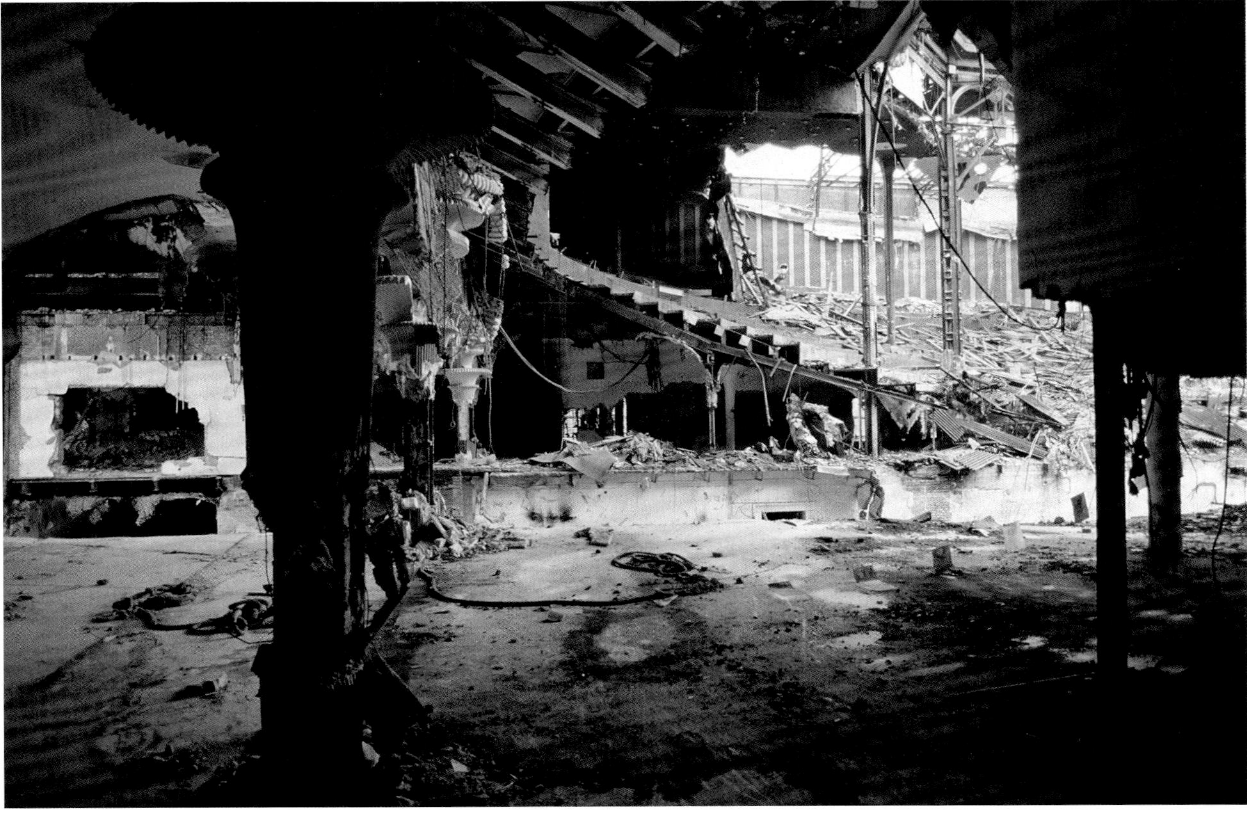

118

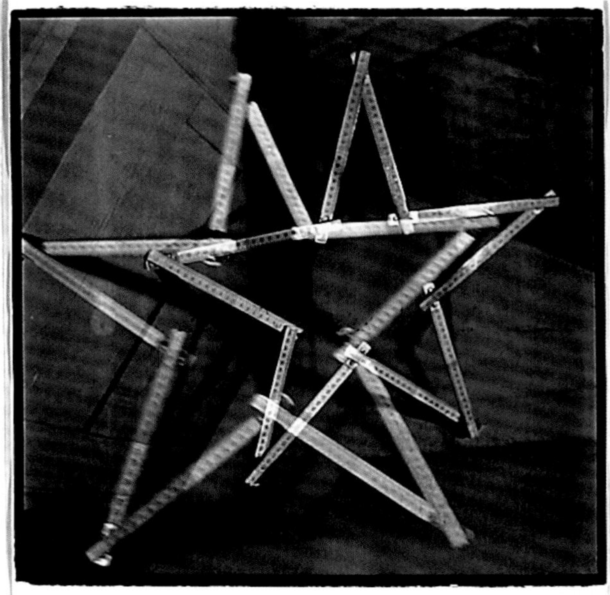

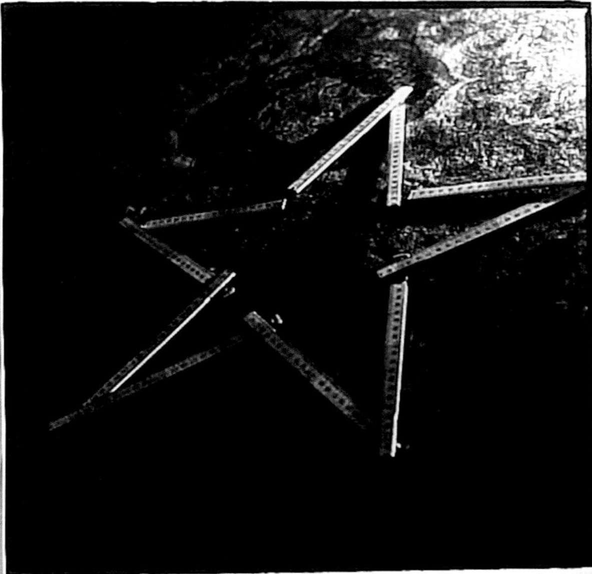

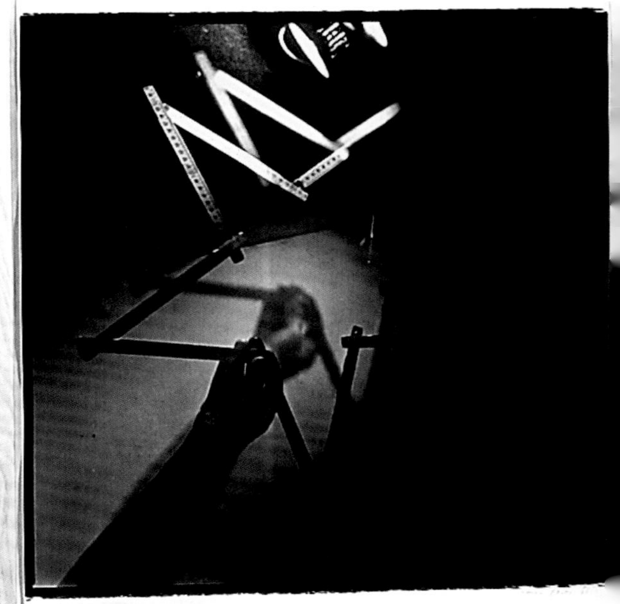

Sigmar Polke
Zollstocksterne, 1968
je *each* 65 × 54,5 cm

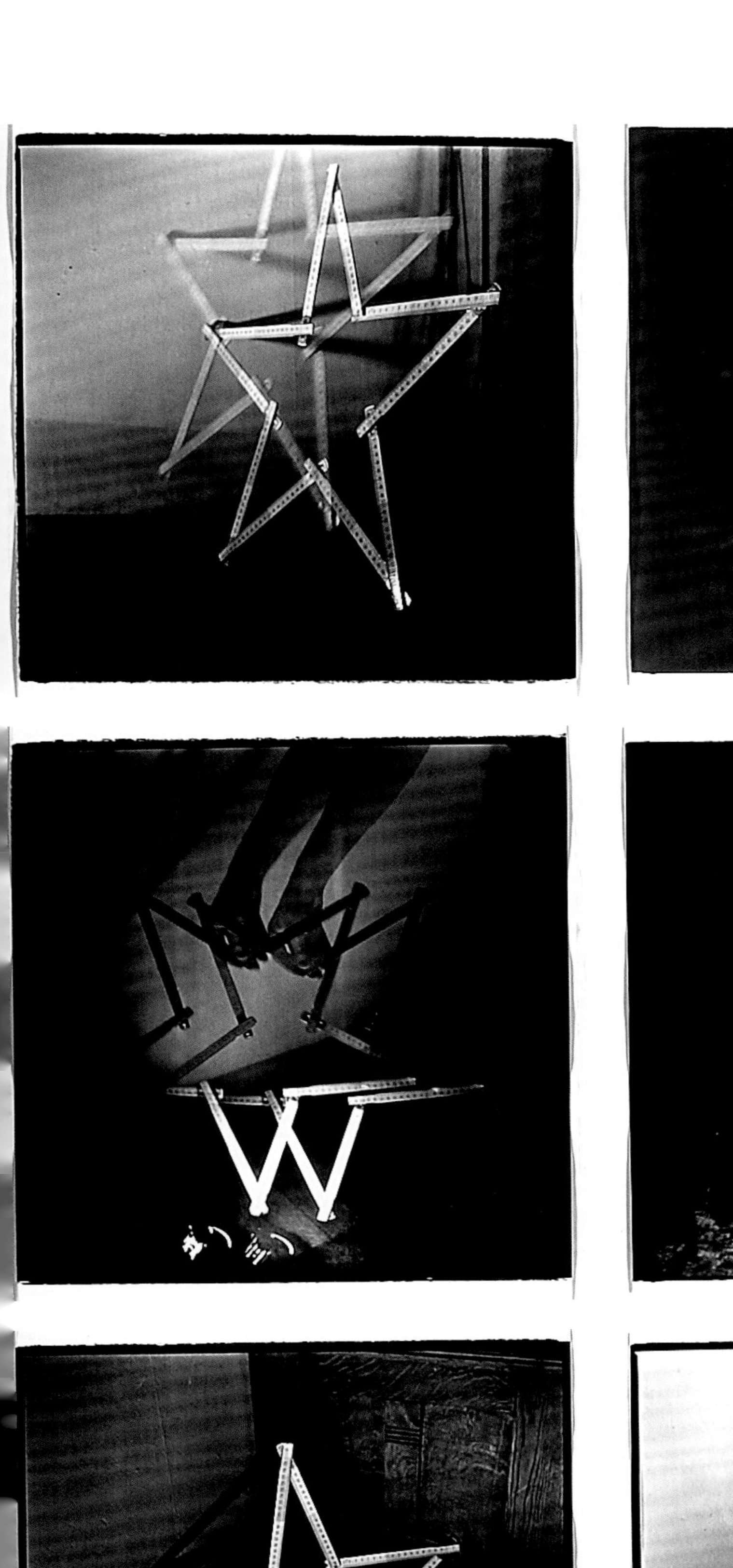
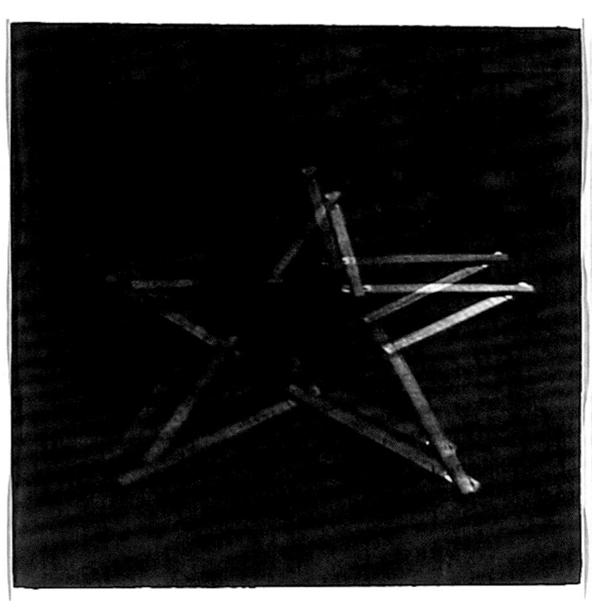
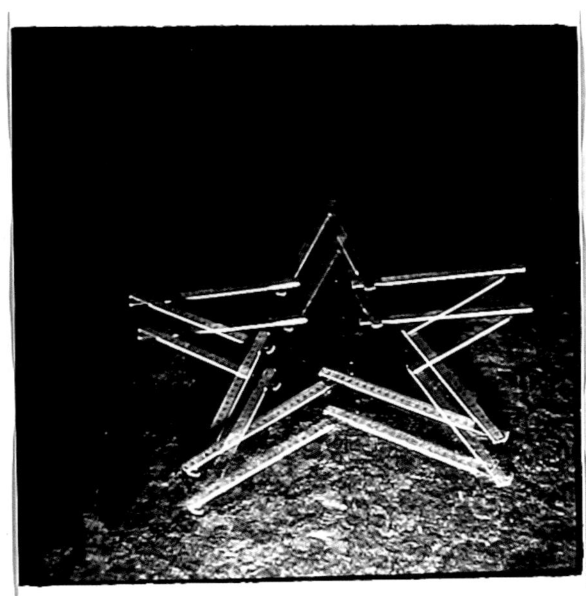
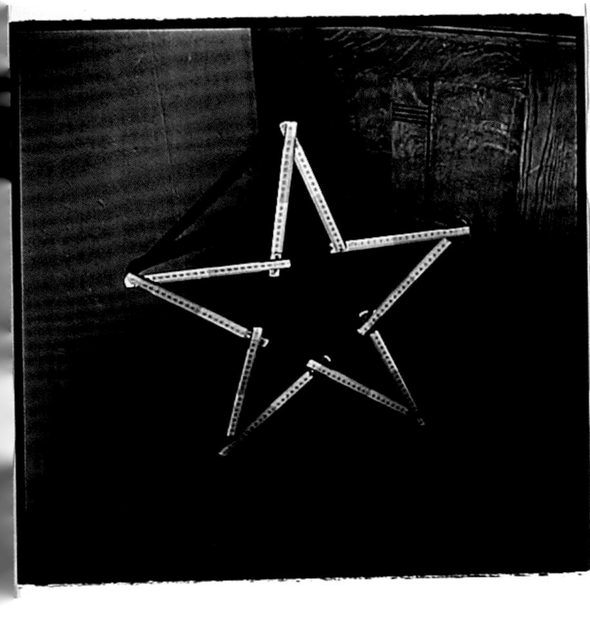W
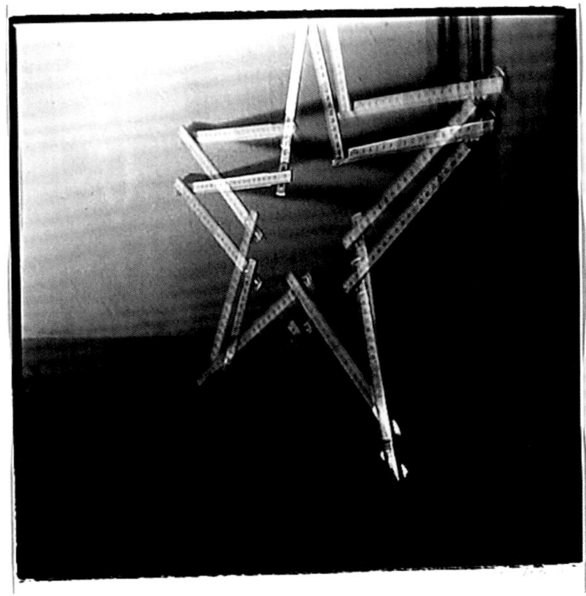

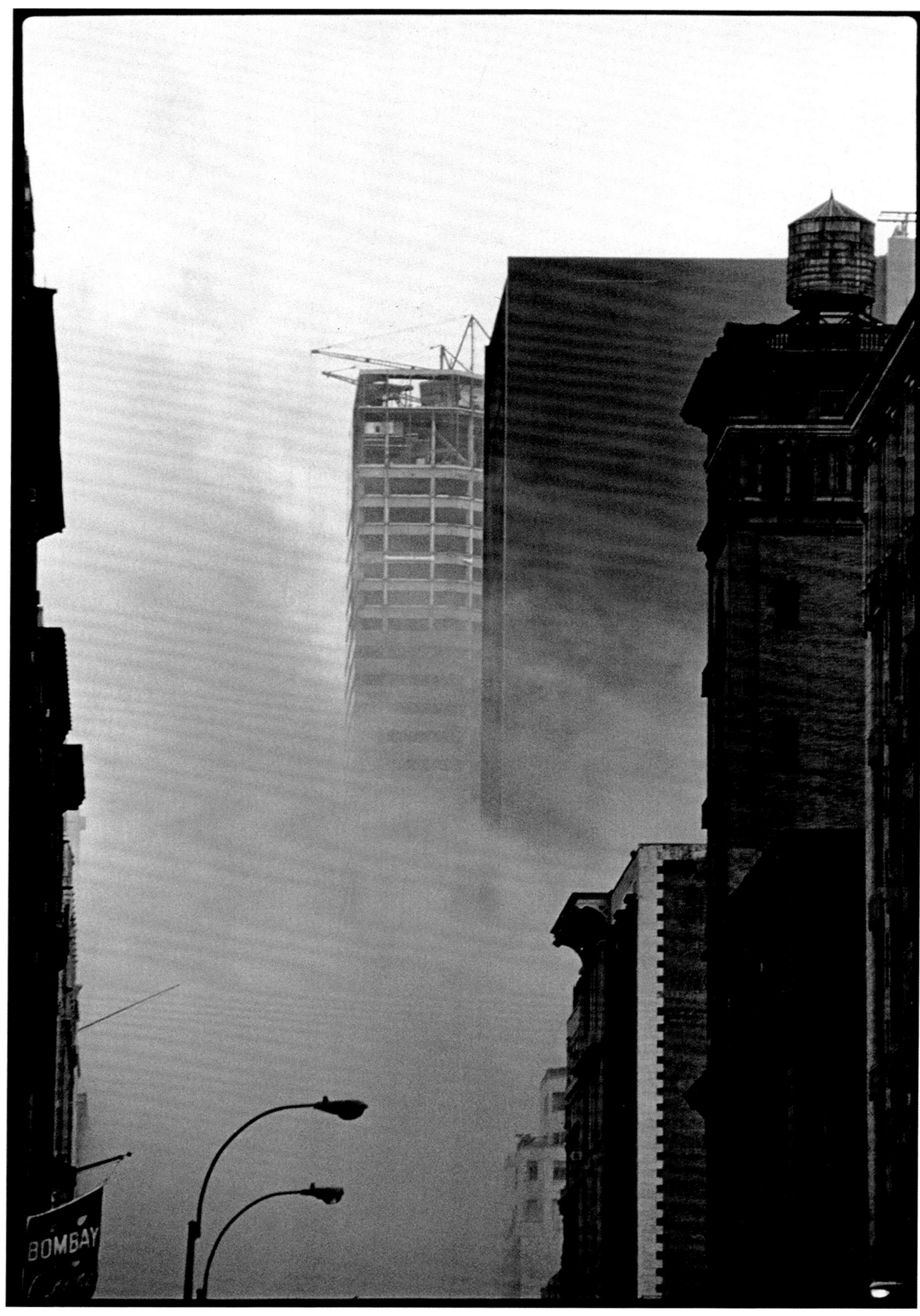

Robert Rauschenberg
9–81–K–3 (NYC), 1981
73 × 58 cm

9–81–M–18 (NYC), 1981
73 × 58 cm

122

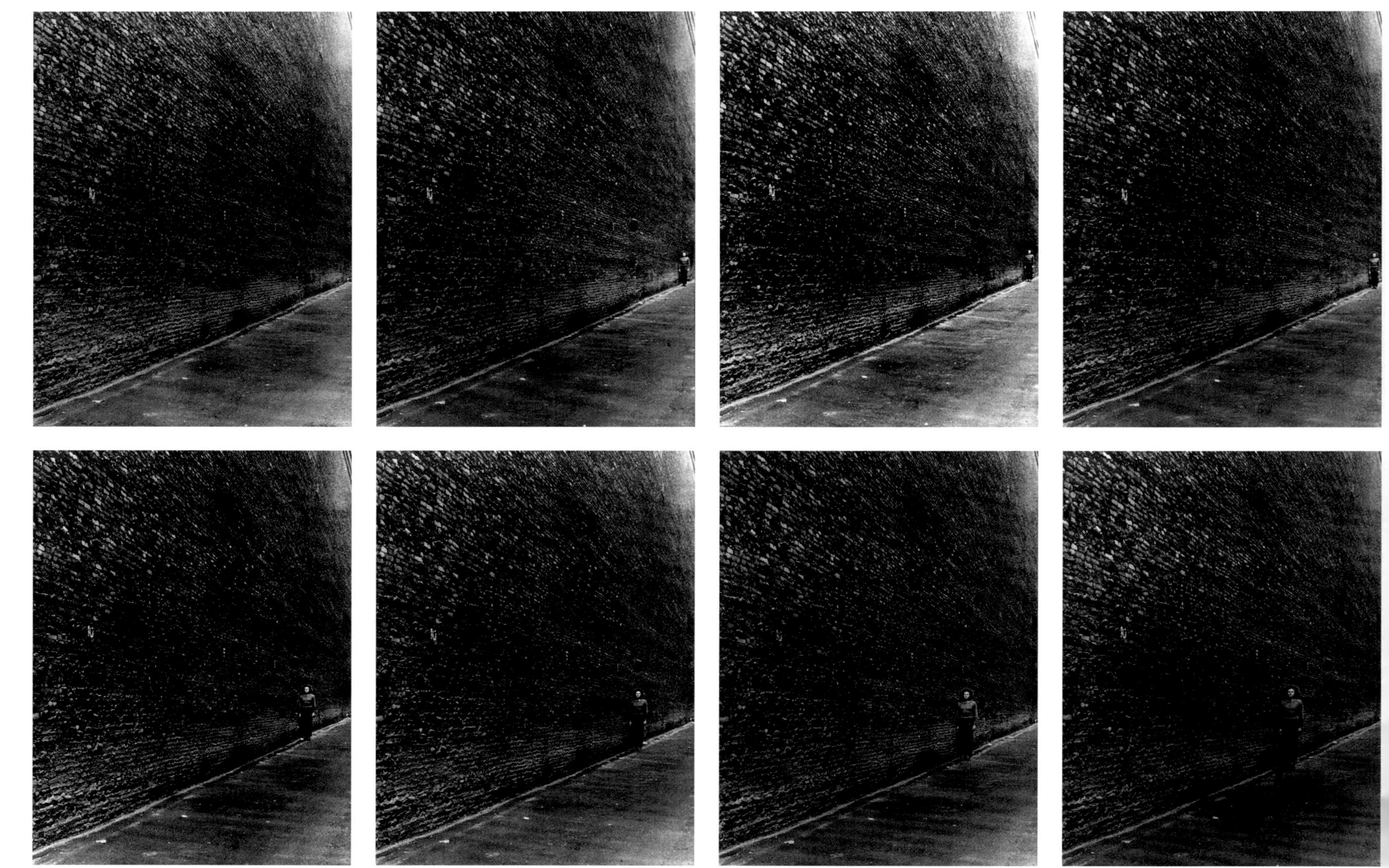

Klaus Rinke
Die Wand, 1972
je *each* 100 × 75 cm

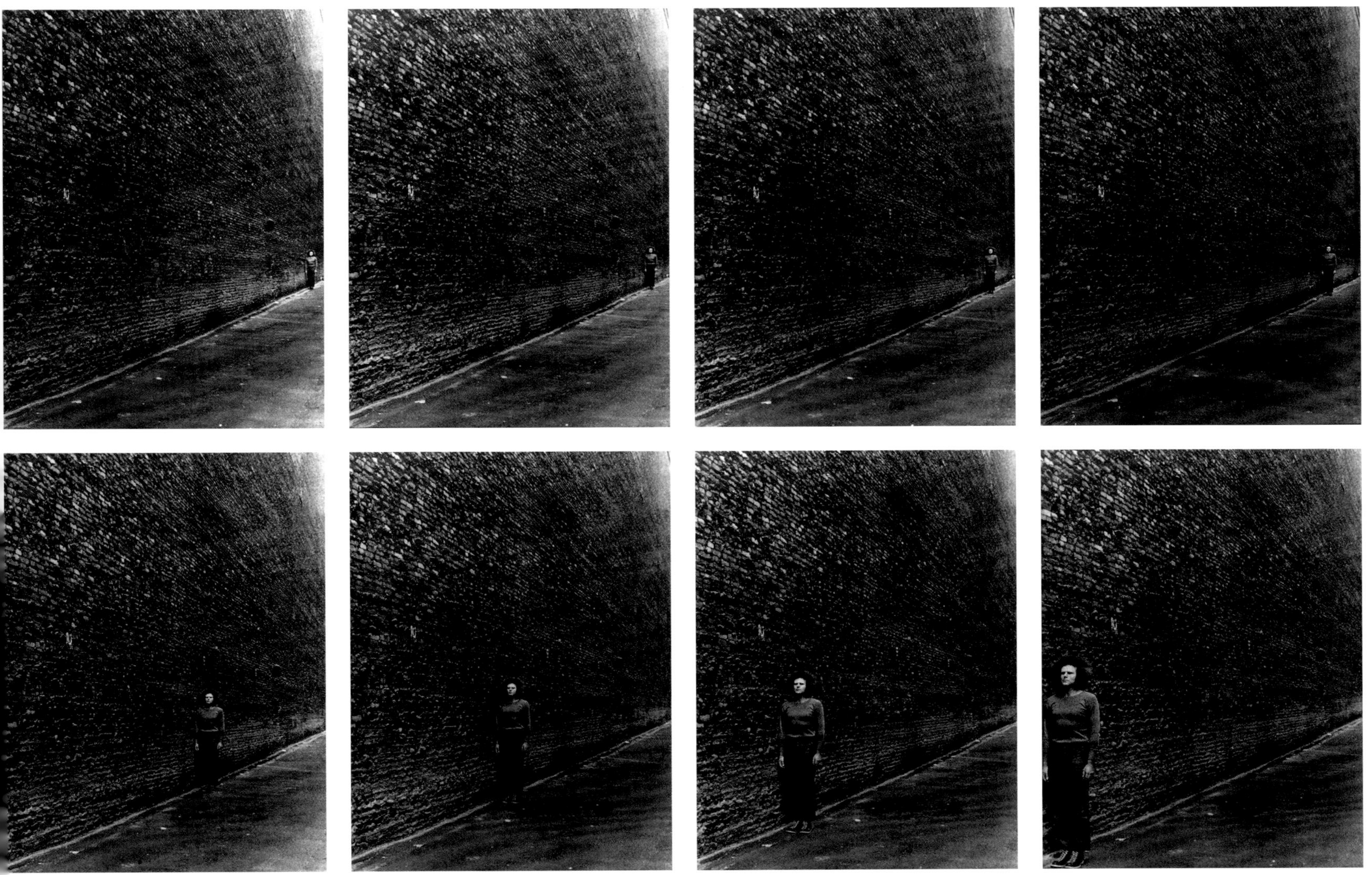

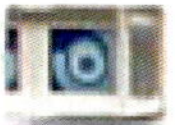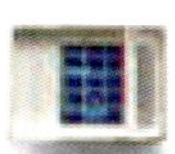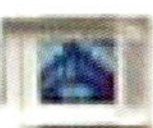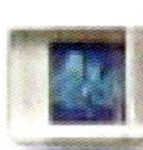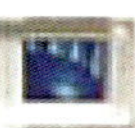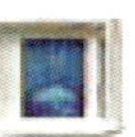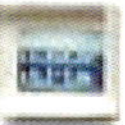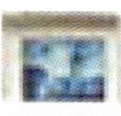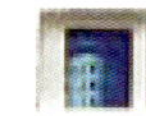

Anatolij Shuravlev
Berlin, 1998
je *each* 1 × 1 × 1 cm

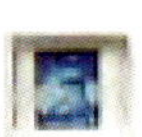 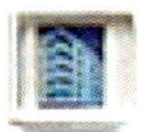  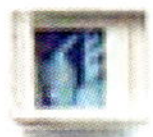 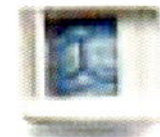 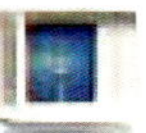 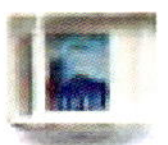 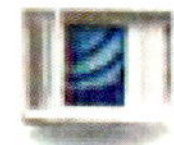 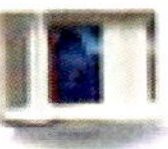

126

Santiago Sierra
250 cm line tattooed on 6 paid people
Espacio Aglutinador, Havana, Cuba, December 1999
150 × 216 cm

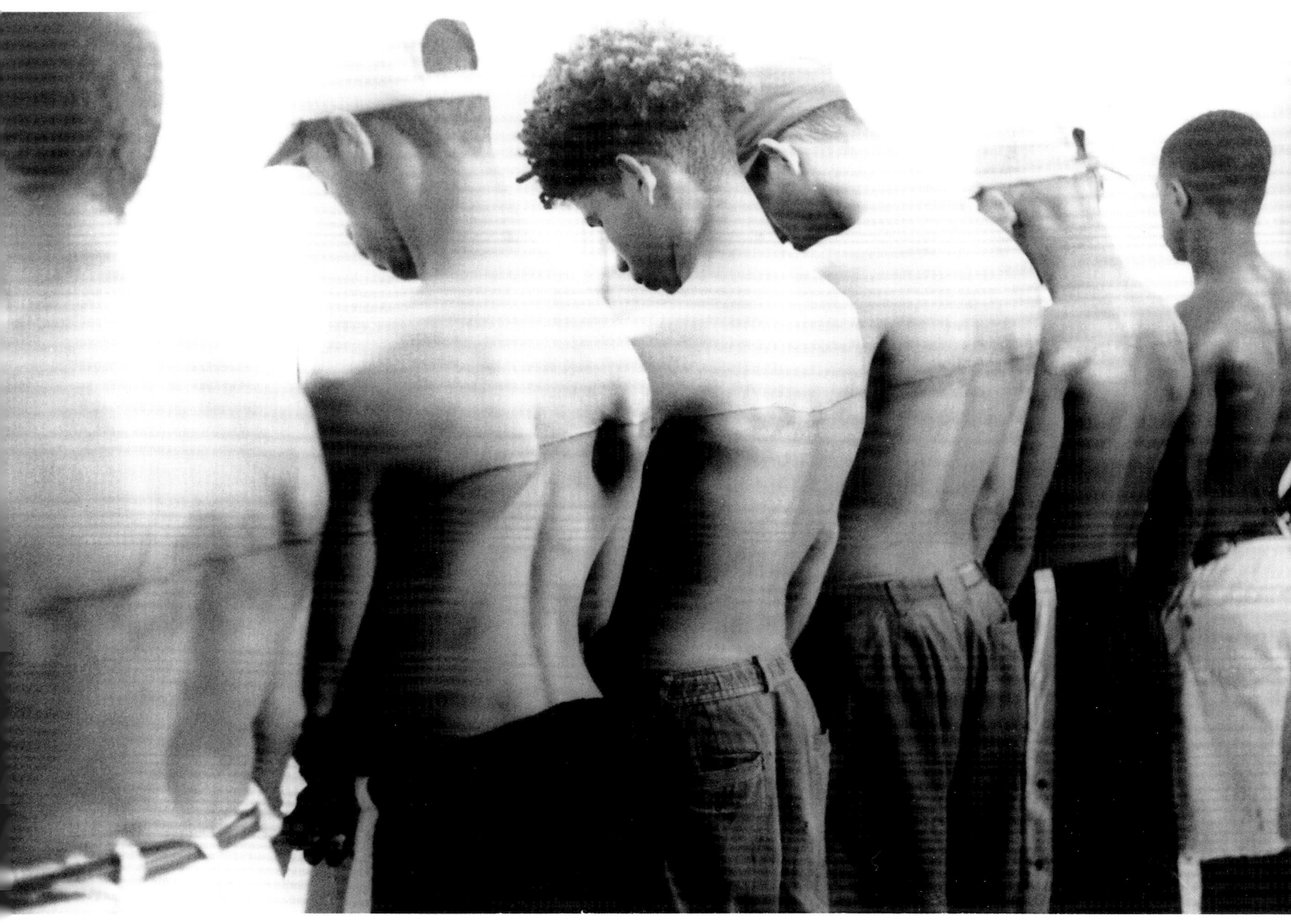

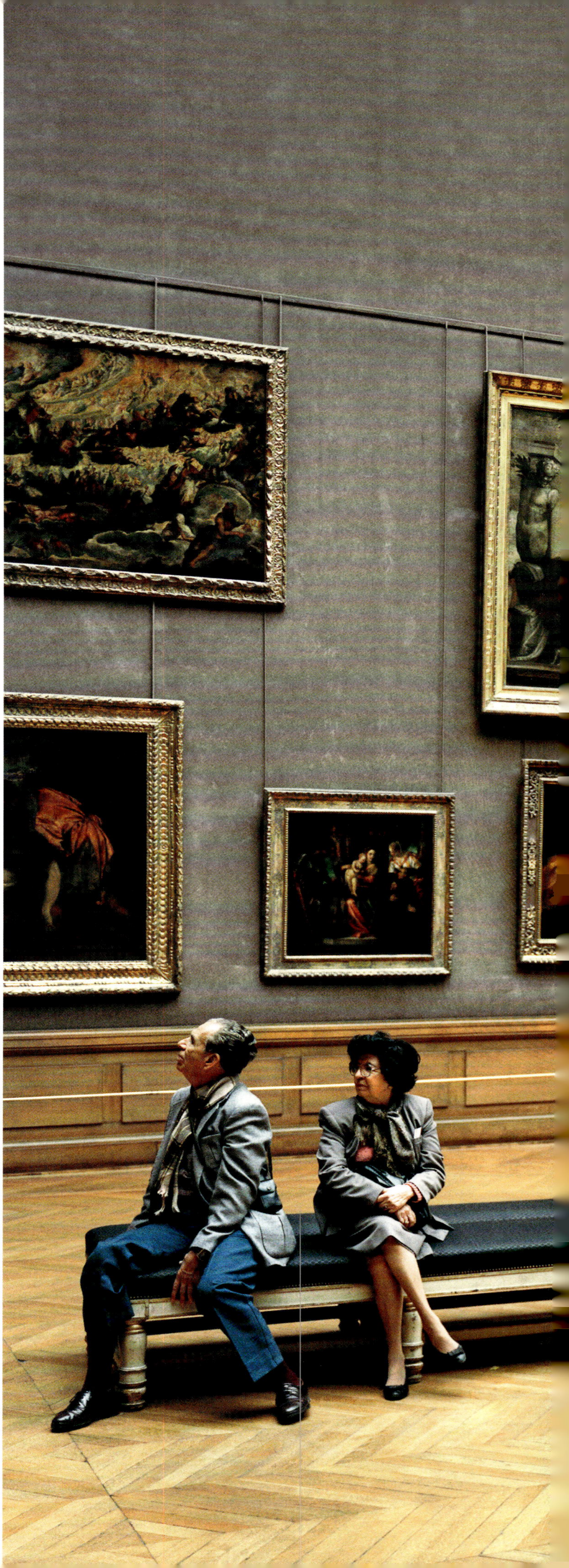

Thomas Struth
Musée du Louvre III, Paris, 1989
156 × 175,5 cm

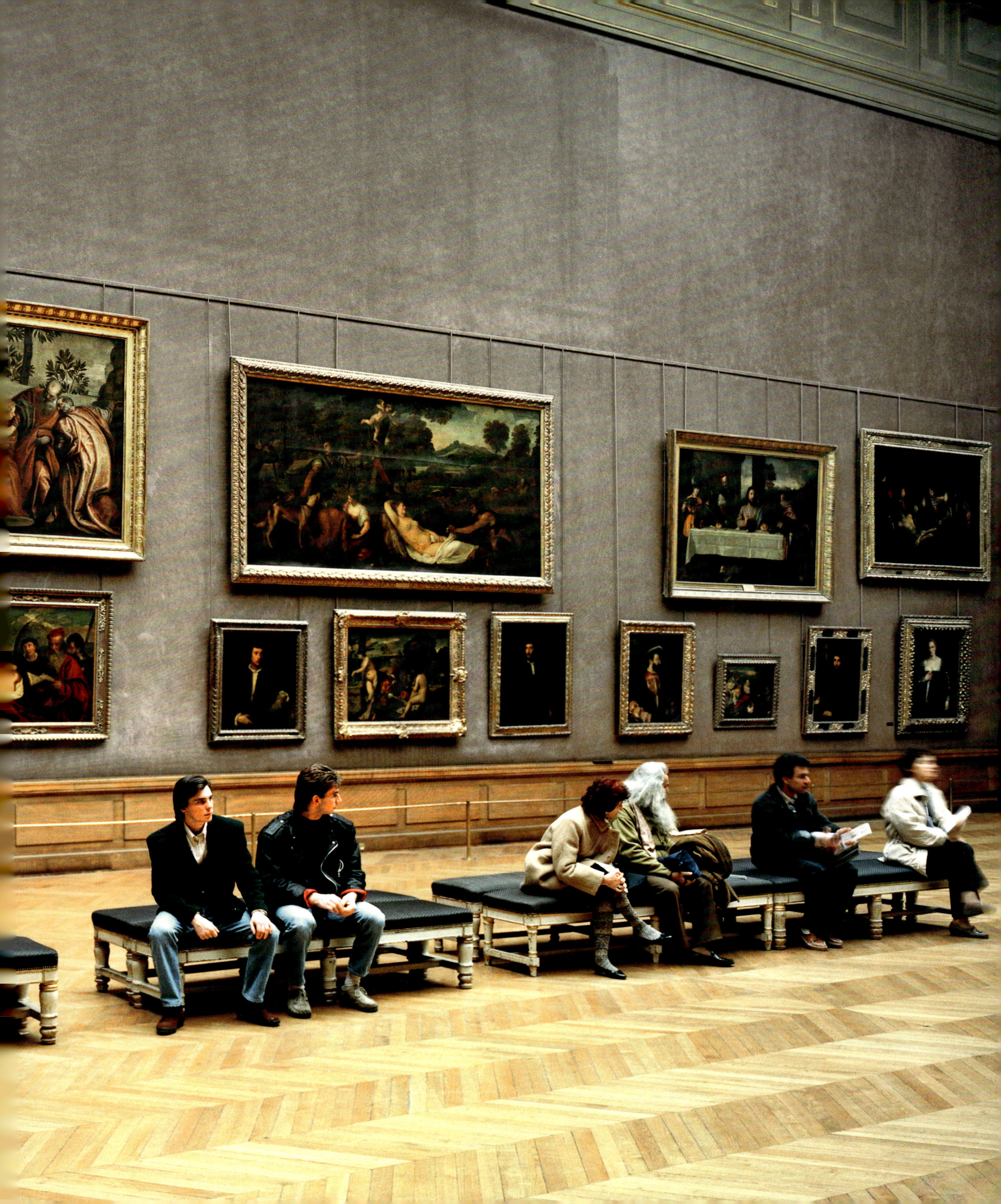

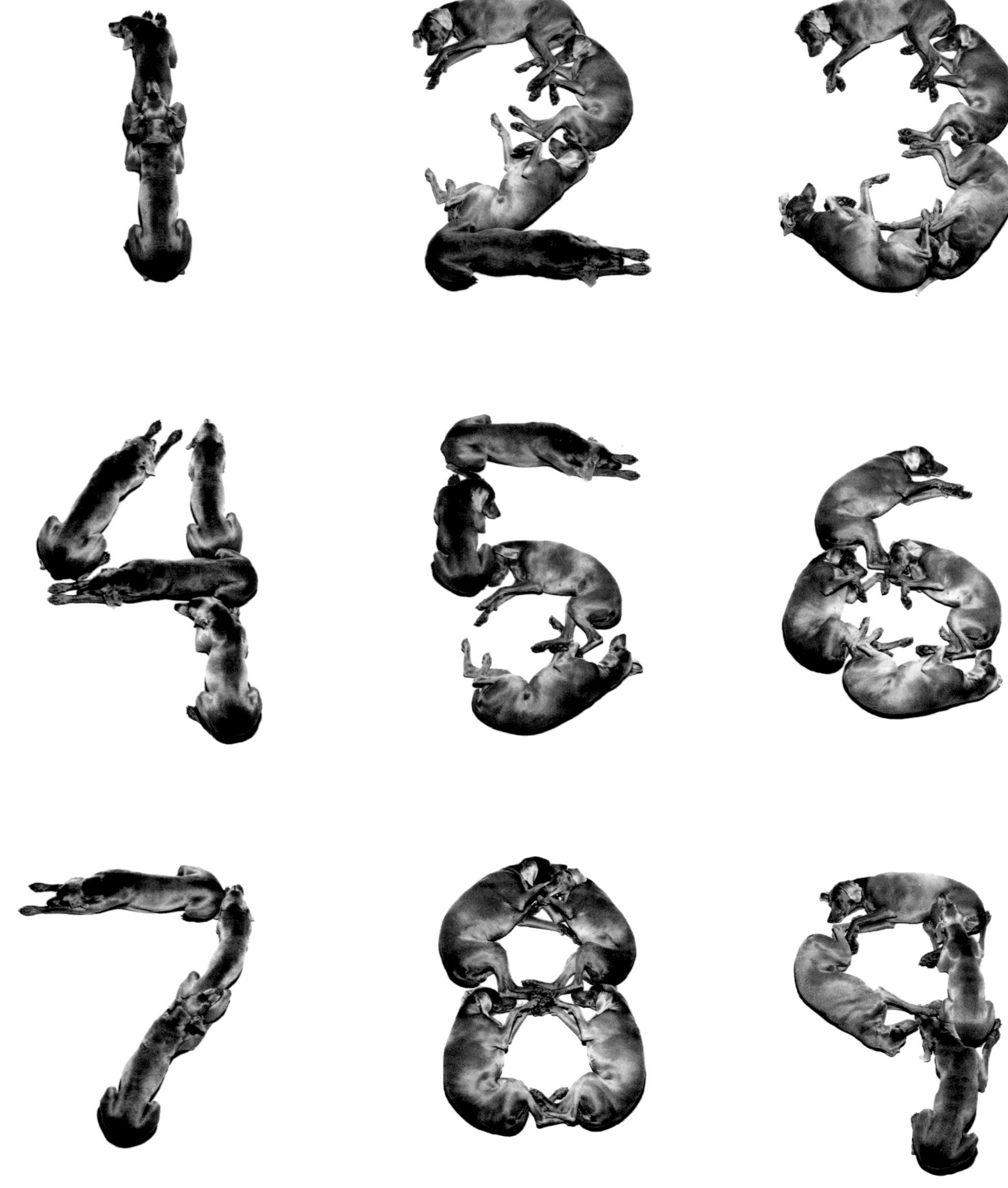

William Wegman
Numbers 0–9, 1993
Punctuations : . ? ! ; , 1993
je *each* 32 × 29 cm

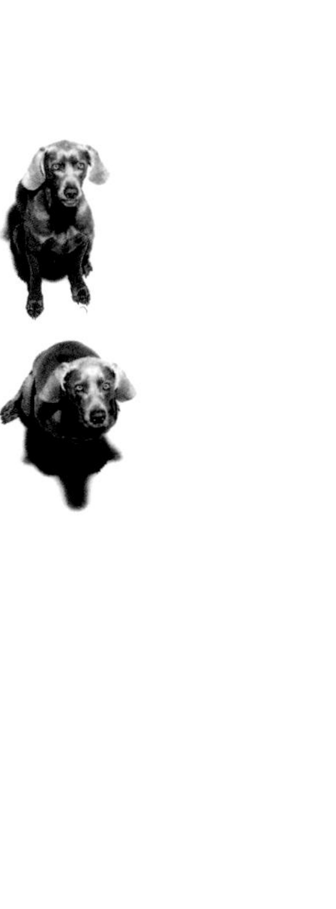
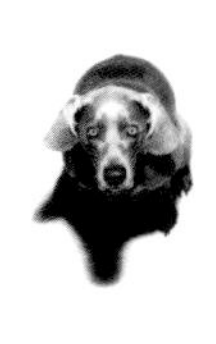
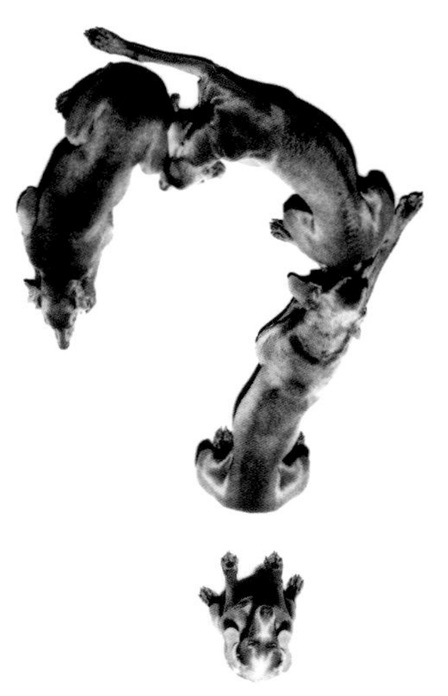

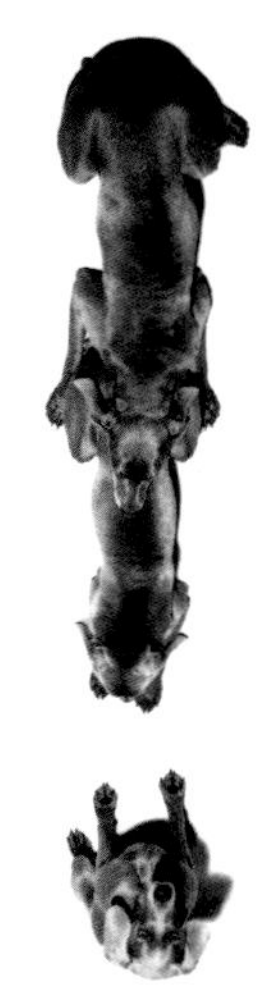
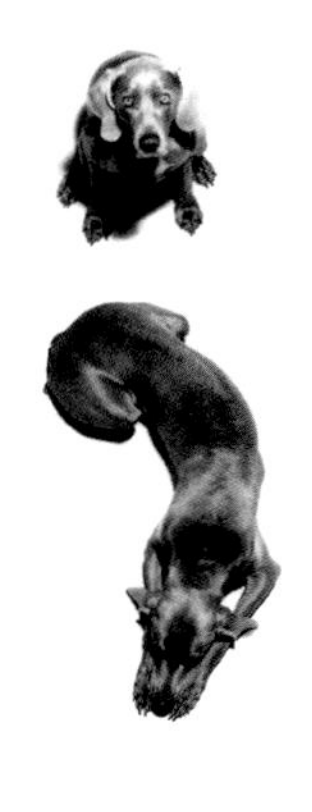
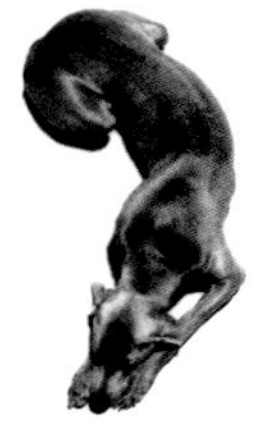

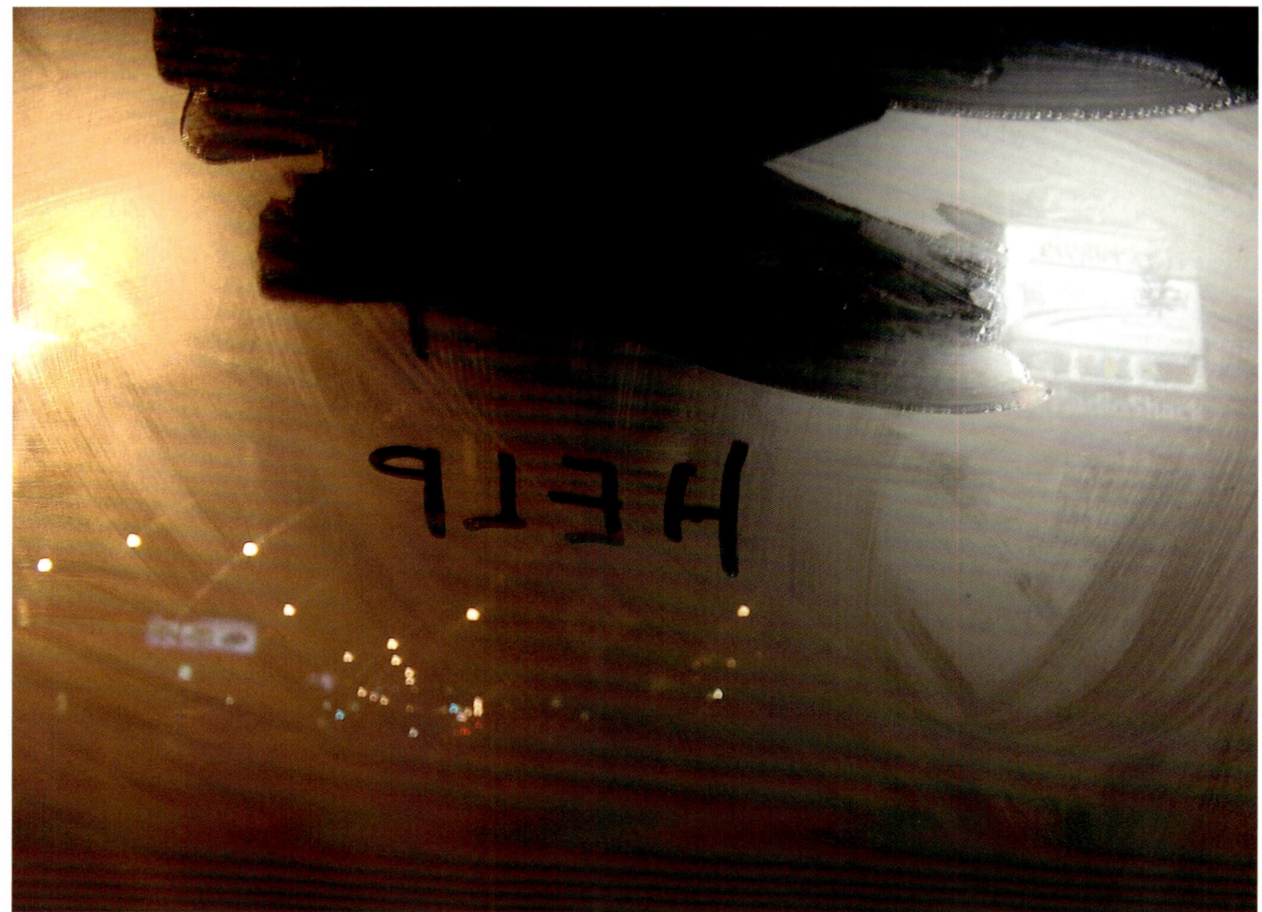

Sascha Weidner
Pleh II, 2005
21 × 28 cm

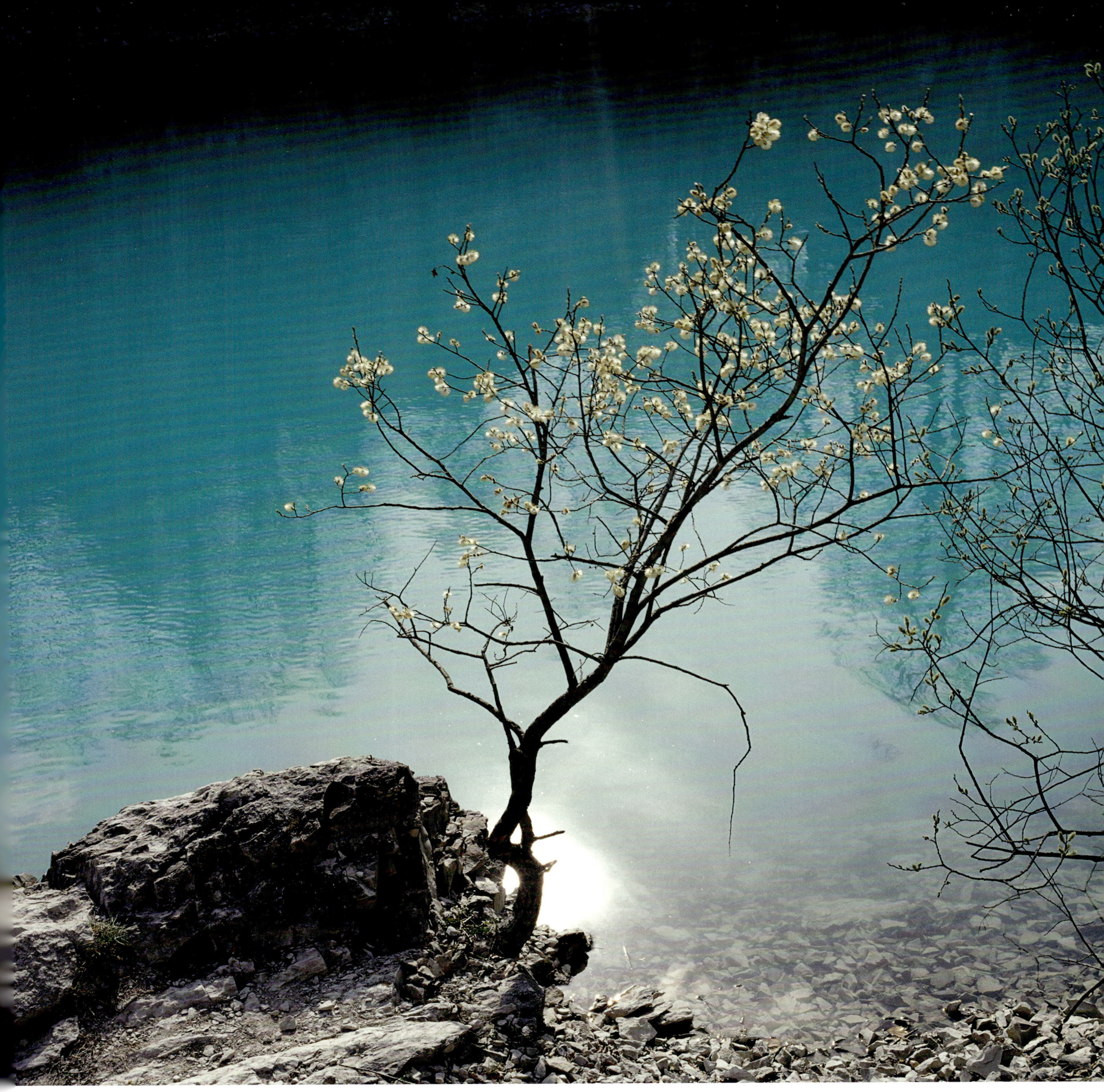

Blühende Mandelbaumzweige II (nach van Gogh), 2003
40 × 40 cm

KÜNSTLERBIOGRAFIEN (AUSWAHL)

ARTISTS' BIOGRAPHIES (SELECTED)

Richard Avedon

*1923 in New York
†2004 in San Antonio, Texas

1944–50 Design Laboratory, New York
1989 Honorary doctorate from the
 Royal College of Art, London
1994 Honorary doctorate from the
 Parsons School of Design, New York
2000 Berlin Photography Prize 2000

Einzelausstellungen *Solo exhibitions*

1974 Museum of Modern Art, New York
1978 Metropolitan Museum of Art, New York
1986–89 Museum of Modern Art, San Francisco,
 (touring) San Francisco Museum of Modern
 Art, Phoenix Art Museum, Art Institute of
 Chicago, High Museum of Art, Atlanta,
 Georgia
1994–95 Whitney Museum of American Art, New
 York, (touring) Museum Ludwig, Cologne,
 Palazzo Reale, Milan, National Portrait
 Gallery, London, Minneapolis Institute of
 Arts, Minneapolis
2001–02 Kunstmuseum Wolfsburg, Wolfsburg,
 Germany, Diputación de Granada, Granada,
 Spain, Fundacion la Caixa, Barcelona,
 Fundacion la Caixa, Madrid
2002 The Metropolitan Museum of Art, New York
2007 Camera Work, Berlin
 Center for Creative Photography, Tucson

Gruppenausstellungen *Group exhibitions*

1998 *Fünf Komma Fünf,* Fotomuseum Winterthur
2001 *The Contemporary Face: Von Pablo Picasso
 bis Alex Katz,* Deichtorhallen Hamburg
2003 *L. Fritz Gruber zum 95. Geburtstag,*
 Museum Ludwig, Cologne
2004 *A Clear Vision – Photographische Werke
 aus der Sammlung F.C. Gundlach,* Haus der
 Photographie/Deichtorhallen Hamburg
2005 *American Dream – die Wirklichkeit des
 Alltäglichen, Werke aus der Sammlung
 der DZ BANK,* Kunsthalle Mannheim
2006 *Brighton Photo Biennial 2006,* Brighton
2007 *Summer of Love – Art of the Psychedelic
 Era,* Whitney Biennial, New York
 Americans, Kunsthalle Wien

Bibliografie *Bibliography*

*Jacques-Henri Lartigue, Phototagebuch unseres Jahr-
hunderts,* ed. Richard Avedon, Luzern, 1970;
Richard Avedon – In the American West 1979–1984,
exh. cat. Whitney Museum of Modern Art, New York,
1985;
An Autobiography, Richard Avedon, New York, 1993
Avedon – The Sixties, ed. Richard Avedon and Doon
Arbus, New York, 1999;
Woman in the Mirror, Richard Avedon, New York, 2005

Matthew Barney

*1967 in San Francisco
Lives in New York

1989 BA, Yale University
1993 Europa 2000 Prize, Aperto '93, *41. Esposizione Internazionale d'Arte, La Biennale di
 Venezia*
1996 Hugo Boss Award, Solomon R. Guggenheim
 Museum, New York
1999 James D. Phelan Art Award in Video, Bay
 Area Video Coalition, San Francisco Foundation
2001 Glen Dimplex Award, Irish Museum of
 Modern Art, Dublin

Einzelausstellungen *Solo exhibitions*

1991 *Matthew Barney – New Work,*
 San Francisco Museum of Modern Art
1996 *Transexualis and Repressia; Cremaster 1
 and Cremaster 4,* San Francisco Museum
 of Modern Art
1997 *Cremaster 5,* Portikus, Frankfurt/Main
 and Barbara Gladstone Gallery, New York
1999 *Cremaster 2: The Drones' Exposition,*
 Walker Art Center, Minneapolis, and
 San Francisco Museum of Modern Art.
2002 *Matthew Barney – The Cremaster Cycle,*
 with the Solomon R. Guggenheim Museum
 New York; (touring) Museum Ludwig,
 Cologne, and Musée d'Art Moderne
 de la Ville de Paris, Artangel, London
2003 *Matthew Barney – Cremasters,* Astrup
 Fearnley Museet for Moderne Kunst, Oslo
2005 *Matthew Barney – Drawing Restraint,*
 (touring) 21st Century Museum of Contemporary Art, Kanazawa, Japan, Leeum,
 Samsung Museum of Art, Seoul, San
 Francisco Museum of Modern Art (2006)

Gruppenausstellungen *Group exhibitions*

1992 *documenta 9,* Kassel, Germany
1993 *45. Esposizione Internazionale d'Arte,*
 La Biennale di Venezia
1994 *Hors Limites,* Centre Georges Pompidou, Paris
1996 10th Biennial of Sydney
1998 *Wounds – Between Democracy and
 Redemption in Contemporary Art,*
 Moderna Museet, Stockholm
2002 *Visions from America – Photographs
 from the Whitney Museum of American
 Art,* Whitney Museum of American Art,
 New York
2005 *American Dream – die Wirklichkeit des
 Alltäglichen, Werke aus der Sammlung
 der DZ BANK,* Kunsthalle Mannheim
2006–07 *All in the present must be transformed:
 Matthew Barney and Joseph Beuys,*
 Deutsche Guggenheim, Berlin, and
 Peggy Guggenheim Collection, Venice

Bibliografie *Bibliography*

Matthew Barney, Cremaster 4, exh. cat. Barbara Glad-
stone Gallery, New York, 1995;
Matthew Barney, Cremaster 2, exh. cat. Walker Art
Center, Minneapolis, 1999;
Mathew Barney, The Cremaster Cycle, ed. Nancy
Spector, Neville Wakefield, exh. cat. Guggenheim
Museum, New York, 2002;
Drawing Restraint, Volume 1–3, Matthew Barney,
exh. cat. Leeum Samsung Museum of Contemporary
Art, Seoul, and 21st Century Museum of Contemporary
Art, Kanazawa, Japan, 2005

Sibylle Bergemann

*1941 in Berlin
Lives in Berlin

1966 Student of Arno Fischer
1990 Founder member of "Ostkreuz – Agentur
 der Fotografie in Berlin"
1994 Member of the Akademie der Künste, Berlin

Einzelausstellungen *Solo exhibitions*

1978 Galerie Berlin (Staatlicher Kunsthandel)
1981 Neue Dresdener Galerie, Dresden
1991 Centre Régional de la Photographie Nord
 Pas-de Calais Douchy, France
2000 Deutsches Hygiene-Museum, Dresden
2003 Pinacothek, São Paulo
2006/07 Akademie der Künste, Berlin
2007 Museum für Photographie, Braunschweig

Gruppenausstellungen *Group exhibitions*

1990 PPS Galerie, Hamburg
1990 Musée de l'Elysée, Lausanne
1993 Deutsches Historisches Museum, Berlin
1997 *Tokyo Today,* Tokyo Metropolitan Museum
 of Photography, Tokyo
1997 *Ostkreuz,* Willy-Brand-Haus, Berlin
1998–01 *Das Versprechen der Fotografie –
 Werke aus der Sammlung der DG BANK,*
 (touring) Hara Museum of Contemporary
 Art, Tokyo, Kestnergesellschaft, Hanover,
 Centre National de la Photographie, Paris,
 P.S.1 Contemporary Art Center, New York,
 Akademie der Künste, Berlin, Schirn Kunsthalle, Frankfurt/Main, 2004–05 Haus der
 Photographie, Moscow
2003 *Sammlung F. C. Gundlach,* Deichtorhallen,
 Hamburg
2003 Neue Nationalgalerie, Berlin

Bibliografie *Bibliography*

Klaus Walther, et al. *Berlin. Hauptstadt der DDR.
Ein Reiseverführer,* Photos: Sibylle Bergemann,
Rudolfstadt, 1980;
Irene Runge, *Himmelhölle Manhattan,* Photos:
Sibylle Bergemann, Berlin, 1986;
Sibylle Bergemann, Verwundete Wirklichkeit,
exh. cat. Galerie Weinberg, Berlin, 1992;
*Sibylle Bergemann, Chausseestrasse 125, Die Woh-
nungen von Bertolt Brecht und Helene Weigel in
Berlin Mitte,* Stiftung Archiv der Akademie der Künste,
Berlin, 2000;
Sibylle Bergemann, Photographien, Heidelberg, 2006

Joseph Beuys

*1921 in Krefeld
†1986 in Düsseldorf

1947–51 Staatliche Kunstakademie Düsseldorf
1961–72 Professor at Staatliche Kunstakademie
 Düsseldorf
1978 Thorn-Prikker-Ehrenplakette, City of Krefeld
1979 Kaiserring, City of Goslar, Germany
1986 Wilhelm Lehmbruck Preis, City of Duisburg,
 Germany

Einzelausstellungen *Solo exhibitions*

1967 Städtisches Museum Abteiberg,
 Mönchengladbach, Germany
1970 Hessisches Landesmuseum, Darmstadt
1979 Solomon R. Guggenheim Museum, New York
1984 Seibu-Museum, Tokyo
1993 Kunsthaus Zürich
1998 Dia Art Foundation: Chelsea, New York
2006 Museum Moderner Kunst, Vienna

Gruppenausstellungen *Group exhibitions*

1964–82 *documenta 3–7,* Kassel
1980 *40. Esposizione Internazionale d'Arte,
 La Biennale di Venezia*
1981 Westkunst, Cologne
1982 *Zeitgeist,* Martin-Gropius-Bau, Berlin
1983 *Der Hang zum Gesamtkunstwerk,*
 Kunsthalle und Kunstverein Düsseldorf
1998–01 *Das Versprechen der Fotografie –
 Werke aus der Sammlung der DG BANK,*
 (touring) Hara Museum of Contemporary
 Art, Tokyo, Kestnergesellschaft, Hanover,
 Centre National de la Photographie, Paris,
 P.S.1 Contemporay Art Center, New York,
 Akademie der Künste, Berlin, Schirn Kunst-
 halle, Frankfurt/Main, 2004–05 Haus der
 Photographie, Moscow
2001 *Szenenwechsel XX,* Museum für Moderne
 Kunst, Frankfurt/Main

2007   *Was ist Plastik? 100 Jahre – 100 Köpfe –
        Das Jahrhundert moderner Skulptur,*
        Stiftung Wilhelm Lehmbruck Museum,
        Center of International Sculpture, Duisburg

Bibliografie *Bibliography*

Joseph Beuys – Richtkräfte, ed. Christos M. Joachi-
mides, exh. cat. Nationalgalerie Berlin, 1977;
Joseph Beuys, ed. Caroline Tisdall, exh. cat. Solomon
Guggenheim Museum, New York, 1979;
Joseph Beuys – Der erweiterte Kunstbegriff, ed.
Matthias Bleyl, Darmstadt, 1989;
Joseph Beuys – Die Aktionen, ed. Uwe M. Schneede,
Ostfildern, 1994;
Joseph Beuys, exh. cat., 3 vols., ed. Heiner Bastian,
Munich, 2006

Christian Boltanski

*1944 in Paris
Lives in Paris

1993   Gunther-Fruhtrunk-Preis des
        Akademievereins München
1994   Kunstpreis of the City of Aachen, Germany
1996   Rolandpreis, Stiftung Bremer Bildhauerpreis
2001   Kaiserring, City of Goslar, Germany

Einzelausstellungen *Solo exhibitions*

1976   Centre Georges Pompidou, Paris
1984   Kunsthalle Bern
1990   Whitechapel Art Gallery, London
1995   Kunsthalle Wien
1996   Hessisches Landesmuseum, Darmstadt
1998   Musée d'Art Moderne de la Ville de Paris
2006/07 Mathildenhöhe, Darmstadt

Gruppenausstellungen *Group exhibitions*
1972   *documenta 5,* Kassel
1986   *42. Esposizione Internazionale d'Arte,
        La Biennale di Venezia*
1987   *documenta 8,* Kassel
1993   Haus der Kunst, Munich
1997   *Die Epoche der Moderne,*
        Martin-Gropius-Bau, Berlin
1998–01 *Das Versprechen der Fotografie –
        Werke aus der Sammlung der DG BANK,*
        (touring) Hara Museum of Contemporary
        Art, Tokyo, Kestnergesellschaft, Hanover,
        Centre National de la Photographie, Paris,
        P.S.1 Contemporary Art Center, New York,
        Akademie der Künste, Berlin, Schirn Kunst-
        halle, Frankfurt/Main, 2004–05 Haus der
        Photographie, Moscow
2002   *Face to Face – Werke aus der DZ BANK
        Sammlung,* Stadtmuseum Stuttgart
2004   Musée du Louvre, Paris
2006   Museum of Modern Art, New York

Bibliografie *Bibliography*

Christian Boltanski – Les Suisses morts, ed. Günther
Metken, Schriften zur Sammlung des Museums für
Moderne Kunst, Frankfurt/Main, 1991;
Christian Boltanski, Lynn Gumpert, Paris, 1992;
Kai Uwe Henken, *Gedächtnisbilder – Vergessen und
Erinnerung in der Gegenwartskunst,* Leipzig, 1996;
*Christian Boltanski "Inventaire du Cabinet d'art
Graphique 1977–1998",* Centre Georges Pompidou,
Paris, 2000;
Boltanski, time, ed. Carola Kemme, Ralf Beil, exh. cat.
Mathildenhöhe Darmstadt, Ostfildern, 2006

Hanne Darboven

*1941 in Munich
Lives in Hamburg and New York

1962–66 Hochschule der Bildenden Künste, Hamburg
1994   Lichtwark-Preis, Hamburg
1995   Internationaler Preis des Landes Baden-
        Württemberg
2000   Honorary doctorate from the Hochschule
        für Bildende Künste Hamburg

Einzelausstellungen *Solo exhibitions*

1974   Museum of Modern Art, Oxford
1991/92 Deichtorhallen, Hamburg, Stedelijk
        Van Abbemuseum, Eindhoven
1996   Dia Art Foundation, New York
1997   Staatsgalerie Stuttgart
2003   Museum Moderner Kunst
        Stiftung Ludwig, Vienna
2004   Kestnergesellschaft, Hanover
2006   Deutsche Guggenheim, Berlin

Gruppenausstellungen *Group exhibitions*

1970   Museum of Modern Art, New York
1971   Guggenheim Museum, New York
1972–82 *documenta 5–7,* Kassel
1982   *40. Esposizione Internazionale d'Arte,
        La Biennale di Venezia*
1997   *Deutschlandbilder,*
        Martin-Gropius-Bau, Berlin
2002   *documenta 11,* Kassel
2007   *Eye on Europe,* Museum of Modern Art,
        New York

Bibliografie *Bibliography*

Hanne Darboven – The Sculpting of Time, Ingrid Burg-
bacher-Krupka, Ostfildern-Ruit, 1994;
Hanne Darboven – Evolution Leibniz, exh, cat. Spren-
gel Museum Hanover, Ostfildern-Ruit, 1996;
Klaus Honnef, Thomas Wagner, et al. *Hanne Darbo-
ven – Schreibzeit,* Cologne, 2000;
Elke Bippus, Ortrud Westheider, et al., *Hanne Dar-
boven, kommentiertes Werkverzeichnis der Bücher,*
Cologne, 2002;
Hanne Darboven. Kulturgeschichte 1880–1983,
Cologne, 2003

Tacita Dean

*1965 in Canterbury
Lives in London and Berlin

1985–88 Falmouth School of Art
1989–90 Athens School of Fine Arts
1990–92 Slade School of Fine Art, London
1998   Turner Prize nomination, Tate Gallery,
        London
2002   Aachner Künstlerpreis, Aachen
2005   The Sixth Bennesse Prize,
        Biennale di Venezia
2006   Hugo Boss Prize, Solomon R. Guggenheim
        Museum New York

Einzelausstellungen *Solo exhibitions*

1997   Witte de With Center for
        Contemporary Art, Rotterdam
2000   Museum für Gegenwartskunst, Basel
2001   Tate Britain, London
2003   Musee d'Art Moderne de la Ville de Paris
2005–06 Tate, St Ives, Cornwall
2006   Center for Contemporary Art,
        Kitakyushu, Japan
2007   Solomon R. Guggenheim Museum,
        New York

Gruppenausstellungen *Group exhibitions*

1993   *Barclays Young Artist Award,* Serpentine
        Gallery, London
1998   *The Turner Prize,* Tate Gallery, London

1999   *Tacita Dean, Lee Ranaldo, Robert Smithson,*
        Dia Center for the Arts, New York
2001   *Arcadia,* National Gallery of Canada, Ottawa
2002   *Preis der Nationalgalerie für junge Kunst,*
        Hamburger Bahnhof – Museum für Gegen-
        wart, Berlin
2005   *51. Esposizione Internazionale d'Arte,
        La Biennale di Venezia;* New Acquisitions,
        Museum of Modern Art, New York
2006   *15th Biennial of Sydney Of Mice and Men,*
        4. berlin biennale für zeitgenössische kunst

Bibliografie *Bibliography*

Tacita Dean, ed. Clarrie Wallis, JG Ballard et al, exh.
cat. Tate Britain, London, 2001;
Tacita Dean, Roland Groenboom, London, 2003;
An Aside: Works Selected by Tacita Dean, ed. Tacita
Dean, London 2005;
Tacita Dean, Analogue, ed. Theodora Vischer, Isabel
Friedli, exh. cat. Schaulager Basel, 2006;
Tacita Dean (Contemporary Artists), Jean-Christophe
Royoux, Marina Warner, Germaine Greer, Berlin, 2006

Olafur Eliasson

*1967 in Copenhagen
Lives in Copenhagen and Berlin

1989–95 Royal Danish Academy of Art, Copenhagen
2004   mfi-Preis Kunst am Bau, Essen
2005   Henrik-Steffens-Preis, Hamburg
2006   Friedrich-Kiesler-Preis für Architektur
        und Kunst, Vienna

Einzelausstellungen *Solo exhibitions*

1997   Kunsthalle Basel, Suisse
2001   The Museum of Modern Art, New York
2002   Musée d'Art Moderne de la Ville de Paris
2003   Tate Modern, London
2005   Hara Museum of Contemporary Art, Tokyo
2006   Portikus, Frankfurt/Main
2007   Museum of Modern Art, San Francisco

Gruppenausstellungen *Group exhibitions*

1996   *Manifesta 1,* Rotterdam 1996
1998   *1. berlin biennale für zeitgenössische kunst*
1999/03 *48., 50. Esposizione Internazionale d'Arte,
        La Biennale di Venezia*
2000   *Preis der Nationalgalerie für junge Kunst,*
        Hamburger Bahnhof – Museum für Gegen-
        wartskunst, Berlin
2005   *Parkett – 20 Years of Artists' Collaborations,*
        Kunsthaus Zürich
2006   *Landscape: Recent Acquisitions,*
        The Museum of Modern Art, New York
        Peace Tower, Whitney Museum of Ameri-
        can Art, New York
2006–07 *Fantastic Politics,* National Museum of Art,
        Architecture and Design, Oslo

Bibliografie *Bibliography*

Olafur Eliasson, The Curious Garden, exh. cat. Kunst-
halle Basel, Basel, 1997;
Olafur Eliasson, The Mediated Motion, ed. Eckhard
Schneider with Günther Vogt, exh. cat. Kunsthaus
Bregenz, Cologne, 2001;
*Olafur Eliasson, The Blind Pavilion: 50th Venice
Biennial 2003: Danish Pavilion,* exh. cat. The Danish
Contemporary Art Foundation, Copenhagen, 2003;
Olafur Eliasson, Dufttunnel, exh. cat. Autostadt
Wolfsburg, Ostfildern-Ruit, 2005;
The Goose Lake Trail (Southern Route), exh. cat. Eidar
Art Center, Cologne 2006

Gábor Gerhes

*1962 in Budapest
Lives in Budapest
1992 Prize of the Municipal Council of Budapest
2000 Prize at *Art Future,* Taipei, Taiwan
2005 Munkacsy Prize of the Ministry of Cultural
      Heritage, Budapest; Lecturer at the Acade-
      my of Applied Arts "Laszlo Moholy-Nagy",
      Budapest

Einzelausstellungen *Solo exhibitions*

1990 French Institute, Budapest
1991 Várfok 14 Galéria, Budapest
1994 Hungarian Institute, Helsinki
1998 Óbudai Társaskör Galéria, Budapest
2001 FRAC – Languedoc-Roussilon,
      Montpellier, France
2002 Ludwig Museum – Museum of
      Contemporary Art, Budapest
2003 Mûcsarnok-Kunsthalle, Budapest
2006 Vintage Gallery, Budapest

Gruppenausstellungen *Group exhibitions*

1992 *Jeune Peinture,* Grand Palais, Paris
1995 *Zusammenziehende Häuser?,*
      Kunsthaus Hamburg
1998 *Observatory – New Art from Hungary,*
      Ujasdowsky Castle, Centre for Contem-
      porary Art, Warsaw
1999 *3rd Biennial in Prague*
2000 *Up to You!* Gallery SKUC, Lujbljana
2002–04 *The View from Here,* Cleveland,
      Colombus, Ohio, USA
2004–05 *Instant Europe,* Villa Manin, Codroipo, Italy
2006 *Lost and Found,* Kunsthalle Baden-Baden,
      Germany

Bibliografie *Bibliography*

Hajo Schiff, „Junge Kunst aus Ungarn", in: *Prinz*
5/1995;
Peter Herbstreuth, „Zufallsfunde im zerstörten Haus"
in: *Der Tagesspiegel,* 29. August 1999;
Axel Lap, „Likšr/Liquor" in: *Art Monthly,* 247 6/2001;
Ami Barak: „Parti Pris /Art Between Reality and Fiction" in: Catalogue of Exhibition Parti Pris;
Amiel Grunberg, „Europe extension du domaine artis-
tique" – *Beaux Arts,* April 2004;
2006/10 SPIKE – Austria

Jochen Gerz

*1940 in Berlin
Lives in Yvry-sur-Seine, France

1958–62 Universität Köln, Cologne, Universität Basel
1990 Roland Preis, Bremen
1996 Deutscher Kritikerpreis, Berlin
      Ordre National du Mérite, Paris
1998 Grand Prix National des Arts Visuels, Paris

Einzelausstellungen *Solo exhibitions*

1978 Kestnergesellschaft, Hanover
1986 *Mahnmal gegen Faschismus* (Jochen Gerz,
      Esther Shalev Gerz), Hamburg
1995 *Die Bremer Befragung,* Bremen
1998 *Les Témoins de Cahors,* Cahors, France
2002 Centre Georges Pompidou, Paris
2004 *The Future Monument,* Coventry, England
2005 Bundeskunsthalle, Bonn

Gruppenausstellungen *Group exhibitions*

1974 *Video,* Musée d'Art Moderne
      de la Ville de Paris
1976 *39. Esposizione Internazionale d'Arte,*
      La Biennale di Venezia

1977/87 *documenta 6, 8,* Kassel
1994 *Hors limites,* Centre Georges Pompidou,
      Paris
1998 *Premises (Art in France 1960 to 2000),*
      Solomon R. Guggenheim Museum,
      New York
1998–01 *Das Versprechen der Fotografie –
      Werke aus der Sammlung der DG BANK,*
      (touring) Hara Museum of Contemporary
      Art, Tokyo, Kestnergesellschaft, Hanover,
      Centre National de la Photographie, Paris,
      P.S.1 Contemporary Art Center, New York,
      Akademie der Künste, Berlin, Schirn Kunst-
      halle, Frankfurt/Main, 2004–05 Haus der
      Photographie, Moscow
1999 *Das 20. Jahrhundert (The Century Exhibition),*
      Neue Nationalgalerie, Berlin
2002 *Face to Face – Werke aus der DZ BANK
      Sammlung,* Stadtmuseum Stuttgart
2005 *Big Bang,* Centre Georges Pompidou, Paris

Bibliografie *Bibliography*

EXIT das Dachau-Projekt 1978, Jochen Gerz, Francis
Lévy, Frankfurt/Main, 1978;
Die Bremer Befragung: sine somno nihil, 1990–95,
Jochen Gerz, Ostfildern-Ruit, 1995;
Das vierte Buch (Zeit der Beschreibung), Klaus Ramm,
Spenge, 1983;
*Das Berkeley Orakel = The Berkeley Oracle: Fragen
ohne Antwort;*
Start of the Internet-project, Karlsruhe, 1999;
*Werkverzeichnis Band I–III, Performances, Installa-
tionen und Arbeiten im öffentlichen Raum, Foto/
Texte und Mixed Media Fotografien, Editionen und
Foto/Texte,* ed. Museum Wiesbaden, Nuremberg,
1999–2005

Rodney Graham

*1949 Masqui, British Columbia, Canada
Lives in Vancouver

1968–71 University of British Columbia, Vancouver
1978–79 Simon Fraser University, Vancouver
2006 12. Marler Video-Kunst-Preis, Kunsthalle
      Göppingen

Einzelausstellungen *Solo exhibitions*

1973 Vancouver Art Gallery, Vancouver
1989 Stedelijk Van Abbemuseum, Eindhoven, The
      Netherlands
1998 Wexner Center for the Arts, Columbus, Ohio
1999 Dia Art Foundation, New York
      Museum of Contemporary Art, Miami
2002 Kunsthalle Zürich, Zurich
      Whitechapel Art Gallery, London
2007 Musée d'Art Contemporain de Montréal

Gruppenausstellungen *Group exhibitions*

1985 *49th Parallel,* Center for Contemporary
      Canadian Art, New York
1998 *Wounds – Between Democracy
      and Redemption in Contemporary Art,*
      Moderna Museet, Stockholm
1992 *documenta 9,* Kassel
1998–01 *Das Versprechen der Fotografie –
      Werke aus der Sammlung der DG BANK,*
      (touring) Hara Museum of Contemporary
      Art, Tokyo, Kestnergesellschaft, Hanover,
      Centre National de la Photographie, Paris,
      P.S.1 Contemporary Art Center, New York,
      Akademie der Künste, Berlin, Schirn Kunst-
      halle, Frankfurt/Main, 2004–05 Haus der
      Photographie, Moscow
2000 *Loop,* P.S.1 Contemporary Art Center,
      New York
2001 *010101 – Art in Technological Times,*
      Museum of Modern Art, San Francisco

2006 *Surprise, Surprise,* Institute of
      Contemporary Arts, London
      Whitney Biennial – Day for Night,
      New York

Bibliografie *Bibliography*

Rodney Graham – Works from 1976–1994, ed. Loret-
ta Yarlow, Art Gallery of NY University, Ontario, 1994;
Rodney Graham, getting it together in the country,
Rodney Graham, Susanne Gaensheimer, [combined
media], exh. cat. Kunstverein München, Cologne,
2000;
Michael Glasmeier, *Loop: zur Geschichte und Theorie
der Endlosschleife am Beispiel Rodney Graham,*
Michael Glasmeier, Cologne, 2002;
Rodney Graham, ed. Iwona Blazwick, exh. cat. Whitechapel Art Gallery London, Ostfildern-Ruit, 2003;
Rodney Graham, Dorothea Zwirner and Rodney Graham, ed. F.-Christian Flick Collection, Cologne, 2004

Andreas Gursky

*1955 in Leipzig
Lives in Düsseldorf

1978–81 Folkwang Schule, Essen
1981–87 Staatliche Kunstakademie Düsseldorf
1989 1. Deutscher Photopreis Stuttgart
1991 Bremer Kunstpreis 1991, Kunsthalle Bremen
2003 Wilhelm-Loth-Preis, City of Darmstadt

Einzelausstellungen *Solo exhibitions*

1989 Museum Haus Lange, Krefeld
1992 Kunsthalle Zürich
1994 Haus der Photographie/Deichtorhallen
      Hamburg
1998 Kunstmuseum Wolfsburg, (touring) Photo-
      museum Winterthur, Suisse, Serpentine
      Gallery, London, Scottish National Gallery
      of Modern Art, Edinburgh, Castello di
      Rivoli, Turino, Centro Cultural de Belem,
      Lisbon, Kunsthalle, Düsseldorf
2001 Museum of Modern Art, New York,
      (touring) Reina Sofia, Madrid, Centre
      Georges Pompidou, Paris, Museum
      of Contemporary Art, Chicago
2003 San Francisco Museum of Modern Art,
      San Francisco
2007 Haus der Kunst, Munich

Gruppenausstellungen *Group exhibitions*

1997 *2nd Johannesburg Biennial*
1998–01 *Das Versprechen der Fotografie –
      Werke aus der Sammlung der DG BANK,*
      (touring) Hara Museum of Contemporary
      Art, Tokyo, Kestnergesellschaft, Hanover,
      Centre National de la Photographie, Paris,
      P.S.1 Contemporary Art Center, New York,
      Akademie der Künste, Berlin, Schirn Kunst-
      halle, Frankfurt/Main, 2004–05 Haus der
      Photographie, Moscow
2000 *12th Biennial of Sydney*
2004 *Fred Sandback, Karl Blossfeldt,*
      Pinakothek der Moderne, Munich
2005–06 Zwischen Wirklichkeit und Bild, National
      Museum of Modern Art, Tokyo, (touring)
      National Museum of Modern Art, Kyoto,
      MIMOCA Kagawa; Contemporary Voices,
      Museum of Modern Art, New York, and
      Fondation Beyeler, Basel
2006 *Speaking with Hands,* Solomon R.
      Guggenheim Museum, New York, (touring)
      Solomon R. Guggenheim Museum, Bilbao,
      Museum Folkwang, Essen, Russian Museum,
      St. Petersburg
2007 *What does the jellyfish want?,* Museum
      Ludwig, Cologne; *Les Peintres de la vie
      moderne,* Centre Georges Pompidou, Paris

Bibliografie *Bibliography*

Andreas Gursky, ed. Julian Heynen, exh. cat. Museum Haus Lange, Krefeld, 1989;
Andreas Gursky – Fotografien, ed. Zdenek Felix, exh. cat. Deichtorhallen Hamburg, Munich, 1994;
Andreas Gursky – Montparnasse, Andreas Gursky, Portikus Frankfurt/Main, 2 vols., Stuttgart, 1995;
Andreas Gursky – Fotografien von 1984 bis heute, ed. Marie Luise Syring, Munich, 1998;
Andreas Gursky, exh. cat. Museum of Modern Art, New York, 2001

Tibor Hajas

*1946 in Budapest
†1980 in Szeged, Hungary

1964   Eötvös Loránd University of Sciences (ELTE), Faculty of Humanities, Budapest
1965–66   arrested after street demonstration on 23 October, anniversary of the Hungarian 1956 Revolution
1966   expelled from university
1967   commenced publishing his poems in literary periodicals (*Élet és Irodalom, Alföld*) and anthologies of young poets 1967
          Publishes poems in literary periodicals (*Élet és Irodalom, Alföld*) and anthologies
1969   Becomes involved in Action Art and Conceptual Art.
1975   Prize of the Spring Salon of the Young Artists Studio, Budapest

Einzelausstellungen *Solo exhibitions* Performances

1969   *A Stamp as Passport,* action, General Post Office, Budapest
1975   *To the Streets with Your Message! I. (A Letter to My Friend in Paris),* graffiti action, Budapest
1976   *A Photograph as Art Medium,* text and action with László Beke and János Vető, Cultural Centre of the Ganz-MÁVAG Factory, Budapest
1979   *Works and Words,* exhibition and experimental film screening. Stichting de Appel, Amsterdam
1980   *Untitled, No. 9,* performance, Museum van Hedendaagse Kunst, Ghent, Belgium
1990   *Nightmare Works – Tibor Hajas,* Anderson Gallery, School of the Arts, Virginia Commonwealth University, Richmond VA, USA
2005   *Emergency Landing – Tibor Hajas Retrospective Exhibition.* Ludwig Muzeum – Museum of Contemporary Art, Budapest

Gruppenausstellungen *Group exhibitions*

1975   *Spring Salon,* Young Artists Club, Budapest
1978   *International Triennial of Drawing.* Museum of Architecture, Wroclaw, Poland
1979   *European Dialogue,* Biennial of Sydney, Australia
1980   *Prospect 80/1. 6 Hongaarse Kunstenaars,* Museum van Hedendaagse Kunst, Ghent, Belgium
1981   *Erweiterte Fotografie 5. Wiener Internationale Biennale,* Secession, Vienna
1987   *Out of Eastern Europe – Private Photography.* List Visual Arts Center, Massachusetts Institute of Technology, Cambridge, Mass., USA
2005–06   *Fluxus – Happening – Konzeptkunst,* Neue Galerie Graz, Austria
2007   *Kontakt Beograd,* Museum of Contemporary Art, Belgrad

Bibliografie *Bibliography*

László Beke, "Underground művészet" (Underground Art), in: *Helikon,* Budapest, XXII. évfolyam, 1976/1, szám. 49–60;
Works and Words, exh. cat. De Appel, Amsterdam, 1979;
László Beke, "A performance és Hajas Tibor (Performance Art and Tibor Hajas)", in: *Mozgó Világ,* Budapest, 1980/10;
Steven S. High, László Beke, John P. Jacob, in: *Nightmare Works – Tibor Hajas,* exh. cat. Anderson Gallery, Virginia Commonwealth University, Richmond, Virginia, 1990, VIII. 30. – X. 14;
Képkorbácsolás, Hajas Tibor (1946–1980), Vető Jánossal készített fotómunkái (Image Whipping. Photo Works by Tibor Hajas (1946–1980) and János Vető), ed. Beke László Beke, MTA Művészettörténeti Kutatóintézet (Research Institute for Art History of the Hungarian Academy of Science), Budapest, 2004;
Tibor Hajas, *Szövegek (Texts),* ed. Éva Almási, Budapest, 2005;
Marga van Mechelen, *De Appel – Performances, installations, video, projects 1975–1983,* De Appel, Amsterdam 2006

Gottfried Helnwein

*1948 in Vienna
Lives in Los Angeles and Ireland

1965–69   Höhere Graphische Versuchsanstalt, Vienna
1969–73   Akademie der Bildenden Künste, Vienna
1974   Theodor-Körner-Preis
2004   Lecturer at the University of Fine Arts, Peking

Einzelausstellungen *Solo exhibitions*

1979   Albertina, Vienna
1985   Museum of Modern Art, New York
1992   Stadtmuseum München, Munich
1997   Staatliches Russisches Museum, St. Petersburg
2000   Modernism Gallery, San Francisco
2006   *The Eleventh International Biennial of Photography and Photo-Related Art, Artists responding to Violence,* Mackey Gallery, Houston

Gruppenausstellungen *Group exhibitions*

1983   *Köpfe und Gesichter,* Kunsthalle Darmstadt
1984   *Orwell und die Gegenwart,* Museum Moderner Kunst, Vienna
1987   *Krieg und Frieden,* Hamburger Kunsthalle
1988   *Selection 4,* Victoria and Albert Museum, London
1997   *Versuche zu trauern, Meisterwerke aus der Sammlung Ludwig,* Haus Ludwig für Kunstausstellungen, Saarlouis
1998–01   *Das Versprechen der Fotografie – Werke aus der Sammlung der DG BANK,* (touring) Hara Museum of Contemporary Art, Tokyo, Kestnergesellschaft, Hanover, Centre National de la Photographie, Paris, P.S.1 Contemporary Art Center, New York, Akademie der Künste, Berlin, Schirn Kunsthalle, Frankfurt/Main, 2004–05 Haus der Photographie, Moscow
2000   Museum Ludwig, Cologne
2002   *Face to Face – Werke aus der DZ BANK Sammlung,* Stadtmuseum Stuttgart
2006   *Superstars,* Kunsthalle Wien, Vienna

Bibliografie *Bibliography*

Walter Koschatzky, Peter Gorsen, et al., *Gottfried Helnwein – Arbeiten von 1970–1985,* exh. cat. Albertina, Vienna, 1985;
Gottfried Helnwein – Selbstbildnisse 1970–1987, Heidelberg, 1988;
Helnwein, ed. Peter Feyerabend, Cologne, 1992;
The Child, Works by Gottfried Helnwein, Robert Flynn Johnson, Harry S. Parker, exh. cat. San Francisco, 2004;
Gottfried Helnwein, Face It, Renate Helnwein, exh. cat. Lentos Kunstmuseum Linz, Vienna, 2006

David Hockney

*1937 in Bradford
Lives in Los Angeles

1953–57   Bradford College of Art
1957–63   Royal College of Art, London
1969   Visiting professor, Hochschule für Bildende Künste, Hamburg
1984   Kodak Fotobuchpreis
1996   Honorary doctorate from the University of Oxford
1998   Kulturpreis der Deutschen Gesellschaft für Fotografie

Einzelausstellungen *Solo exhibitions*

1970   Whitechapel Art Gallery, London
1982   Centre Georges Pompidou, Paris
1988   Los Angeles County Museum of Art
1994   Takashimaya Art Gallery, Tokyo
1998   Museum Ludwig, Cologne
2004   The Art Institute of Chicago
2006–07   National Portrait Gallery, London, (touring) Museum of Fine Arts, Boston, Los Angeles County Museum of Art, National Portrait Gallery, London

Gruppenausstellungen *Group exhibitions*

1968/77   *documenta 4, 6,* Kassel
1981   *A New Spirit in Painting,* Royal Academy, London
1989   *Bienal de São Paulo*
1995   *46. Esposizione Internazionale d'Arte, La Biennale di Venezia*
1998   *Waterproof, Expo '98,* Lisbon
1998–01   *Das Versprechen der Fotografie – Werke aus der Sammlung der DG BANK,* (touring) Hara Museum of Contemporary Art, Tokyo, Kestnergesellschaft, Hanover, Centre National de la Photographie, Paris, P.S.1 Contemporary Art Center, New York, Akademie der Künste, Berlin, Schirn Kunsthalle, Frankfurt/Main, 2004–05 Haus der Photographie, Moscow
2004   *Whitney Biennial,* Whitney Museum of American Art, New York
2007   *Eye on Europe,* Museum of Modern Art, New York

Bibliografie *Bibliography*

David Hockney – On Photography: A lecture at the Victoria and Albert Museum, David Hockney, New York, 1983;
Peter Clothie, *David Hockney,* New York, 1995;
David Hockney, *Secret Knowledge,* London, New York, 2001;
Die Monografie/David Hockney, Munich, 2004;
David Hockney, *Die Welt in meinen Augen – Autobiografie 1973–1992,* Schmieheim, 2005

Nan Hoover

*1931 in New York
Lives in Amsterdam

1949–54   Corcoran Gallery Art School, Washington D.C.
1986–96   Professor of Video & Film, Staatliche Kunstakademie Düsseldorf
1996   Erster Künstlerinnenpreis des Landes Nordrhein-Westfalen, Germany
1987   3rd International Biennial, Ljubljana, Yugoslavia, 1st prize with Dan Reeves

Einzelausstellungen *Solo exhibitions*

1977   Museum of Modern Art, New York
1984   Monte Video, Amsterdam
1988   Kunsthaus Zürich
1991   Pinakothek, Munich
1998   Salon, San Miquel de Allende, Mexico
2003   Kunsthalle Darmstadt, Germany
2006   Museum Wiesbaden, Germany

Gruppenausstellungen *Group exhibitions*

1977/87   *documenta 6, 8,* Kassel
1984   *41. Esposizione Internazionale d'Arte,*
        La Biennale di Venezia
1985   *Special Relationships in Video,*
        Museum of Modern Art, New York
1990   *Künstlerinnen des 20. Jahrhunderts,*
        Museum Wiesbaden
1998   *Zeichnung und Raum,* Kunsthaus Nürnberg
1998–01   *Das Versprechen der Fotografie –*
        Werke aus der Sammlung der DG BANK,
        (touring) Hara Museum of Contemporary
        Art, Tokyo, Kestnergesellschaft, Hanover,
        Centre National de la Photographie, Paris,
        P.S.1 Contemporary Art Center, New York,
        Akademie der Künste, Berlin, Schirn Kunst-
        halle, Frankfurt/Main, 2004–05 Haus der
        Photographie, Moscow
2002   *Das zweite Gesicht,* Deutsches Museum,
        Munich
2006–07   *100 Tage = 100 Videos,* Kunstverein
        Heidelberg, GL Strand, Kopenhagen

Bibliografie *Bibliography*

Nan Hoover – Photo, Video, Performances, 1980–1982,
exh. cat. Musée d'Art Contemporain, Montreal, 1982;
night letter, by Nan Hoover, ed. Sasa Hanten and
René Schmitt, Cologne, 2000;
Dialogue about Nan Hoover, Rob Perrée, Cologne,
2001;
Some Times: Nan Hoover, Bill Viola, exh. cat. Peter
Jochen, Kunsthalle Darmstadt, Darmstadt, 2003;
Nan Hoover: drei Installationen, exh. cat. Nan Hoover,
Wiesbaden, 2006

Teresa Hubbard/Alexander Birchler
working together since 1990
Live in Austin, Texas

Teresa Hubbard

*1965 in Dublin, Ireland

1987   Skowhegan School of Painting and
        Sculpture, Skowhegan, Maine
1985–88   University of Texas, Austin
1988   Yale University School of Art, New Haven
1990–92   Nova Scotia College of Art & Design, Halifax
2000–   Assistant Professor, Department of Art &
        Art History, University of Texas, Austin
2004–   Core Faculty, Milton Avery Graduate School
        of the Arts, Bard College, New York

Alexander Birchler

*1962 in Baden, Switzerland

1985   University of Art and Design, Helsinki
1990–92   Nova Scotia College of Art & Design, Halifax
1995   Yukon Arts Centre Residency Grant,
        Whitehorse, Canada
1996   Manor-Kunstpreis, Museum für Gegen-
        wartskunst, Basel,
1997/99   Eidgenössischer Preis für Freie Kunst,
        Switzerland
2004–   Core Faculty, Milton Avery Graduate School
        of the Arts, Bard College, New York

Einzelausstellungen *Solo exhibitions*

1997   Museum für Gegenwartskunst, Basel
1998   Künstlerhaus Bethanien, Berlin
2001   Museum Haus Lange and Museum
        Haus Esters, Krefeld
2004   Whitney Museum of American Art,
        New York; Bonakdar Gallery, New York;
        Museum für Gegenwartskunst, Basel
2005   Pinakothek der Moderne, Munich
2006   Miami Art Museum

Gruppenausstellungen *Group exhibitions*

1998–01   *Das Versprechen der Fotografie –*
        Werke aus der Sammlung der DG BANK,
        (touring) Hara Museum of Contemporary
        Art, Tokio; Kestnergesellschaft, Hanover,
        Centre National de la Photographie, Paris;
        P.S.1 Contemporary Art Center, New York;
        Akademie der Künste, Berlin; Schirn Kunst-
        halle, Frankfurt/Main
1999   *48. Esposizione Internazionale d'Arte,*
        La Biennale di Venezia
2002   *Out of Place – Contemporary Art and the*
        Architectural Uncanny,
        Museum of Contemporary Art, Chicago
2003   *Fast Forward, ZKM | Zentrum für Kunst und*
        Medientechnologie, Karlsruhe
2004   *3': Condensed Information,*
        Schirn Kunsthalle, Frankfurt/Main
2005   *The World is a Stage,* Mori Art Museum,
        Tokyo
2006   *Gefrorene Augenblicke – Von Vallotton*
        bis Hubbard/Birchler, Kunsthaus Zürich
2007   *The Narrativity of the Image,* Le Mois de
        la photo 2007, VOX Centre de l'image
        contemporaine, Montreal

Bibliografie *Bibliography*

Exchange 2, texts by Harm Lux, Philip Ursprung et al.,
exh. cat. Shedhalle Zurich, 1993;
Werk Raum: Sophie Calle, Teresa Hubbard/Alexander
Birchler, Rémy Markowitch, texts by Eugen Blume
and Jörg Makarinus, exh. cat. Hamburger Bahnhof
– Museum für Gegenwart, Berlin, 2000;
Single Wide, Shamim M. Momin, exh. cat. Whitney
Museum of American Art at Altria, New York, 2004;
Stephan Urbaschek et al., *Imagination Becomes Reali-*
ty, Museum Sammlung Goetz, Munich, 2006

Ilya Kabakov

*1933 in Dnjepropetrowsk, Ukraina
Lives in New York

1943   Artist School of the Leninrad Art Academy
1945–51   Moskau School of Art
1951   Surikov – Institut, Graphik-design departe-
        ment, Moskau
1992–93   Professor at Städelschule, Staatliche Hoch-
        schule für Bildende Künste, Frankfurt/Main
1989   Ludwig-Preis der Freunde des Museums
        Ludwig, Aachen
1993   Joseph-Beuys-Preis der Joseph-Beuys-
        Stiftung, Basel; Max-Beckmann-Preis der
        Stadt Frankfurt am Main
        Ehrenpreis der Biennale von Venedig
1995   Chevalier des Arts, Paris
1998   Kaiserring, City of Goslar, Germany

Einzelausstellungen *Solo exhibitions*

1988   Ronald Feldman Gallery, New York
1993   Museum of Contemporary Art, Chicago
1995   Museum für Gegenwartskunst, Basel
1998   Museum van Heedendaagse Kunst,
        Antwerpen
2004   Ermitage, St. Petersburg
        (with Emilia Kabakov)

2005   Les Abattoirs – Frac Midi-Pyrénées,
        Toulouse (with Emilia Kabakov)
2006   Sean Kelly Gallery, New York

Gruppenausstellungen *Group exhibitions*

1991   *Dislocations,* Museum of Modern Art,
        New York
1992   *documenta 9,* Kassel
1993   *45. Esposizione Internazionale d'Arte,*
        La Biennale di Venezia
1998   *Szenenwechsel XIV,* Museum für Moderne
        Kunst, Frankfurt/Main
1998–01   *Das Versprechen der Fotografie –*
        Werke aus der Sammlung der DG BANK,
        (touring) Hara Museum of Contemporary
        Art, Tokyo, Kestnergesellschaft, Hanover,
        Centre National de la Photographie, Paris,
        P.S.1 Contemporary Art Center, New York,
        Akademie der Künste, Berlin, Schirn Kunst-
        halle, Frankfurt/Main, 2004–05 Haus der
        Photographie, Moscow
2003   *50. Esposizione Internazionale d'Arte,*
        La Biennale di Venezia
2005   *Open Systems,* Tate Modern, London
2006   *RUSSIA,* Solomon R. Guggenheim Museum
        New York, Bilbao

Bibliografie *Bibliography*

Boris Groys, *Die Kunst des Fliehens,* Munich/Vienna,
1991;
Jürgen Harten, *Sowjetische Kunst um 1990,* Cologne,
1991;
Ilya Kabakov – The Rope of Life and other installatio-
ns, Schriften zur Sammlung des Museums für Moder-
ne Kunst, Frankfurt/Main, 1994;
Ilya Kabakov, Boris Groys, Pavel Pepperstein: Zuger
Gepräch, exh. cat. Kunsthaus Zug, Zug, 2001;
Ilya & Emilia Kabakov – Installation & Theater, ed.
Isabel Siben, New York, 2006

Seydou Keïta

*1921 in Bamako, Mali
† 2001 in Bamako, Mali

from 1945 photographer (self-taught)

Einzelausstellungen *Solo exhibitions*

1994   Fondation Cartier pour l'art Contemporain,
        Paris
1995   Centre Nationale de la Photographie, Paris
1996   National Museum of African Art, Smithsoni-
        an Institution, Washington, D.C.
2001   House Gallery, North Vancouver, Canada
        Sean Kelly Gallery, New York
2006   Galleria Marabini, Bologna
2007   Danziger Projects, New York

Gruppenausstellungen *Group exhibitions*

2000   *12th Biennial of Sydney*
2001   *The Short Century – Befreiungsbewegungen*
        in Afrika, Villa Stuck, Munich
2001–03   *You Look Beautiful Like That,* (touring) The
        Fogg Art Museum, Harvard University Art
        Museums, Cambridge, UCLA Armand Ham-
        mer Museum of Art, Los Angeles, National
        Portrait Gallery, London, Norton Museum
        of Art, West Palm Beach
2002–04   *The Short Century: Liberation and Inde-*
        pendence Movements in Africa, 1945–1994,
        P.S.1 Contemporary Art Center, New York,
        Martin-Gropius-Bau, Berlin; Go Johnny Go!
        Die E-Gitarre – Kunst und Mythos, Kunst-
        halle Wien

2005   *Africa Remix – L'Art Contemporain d'un Continent,* Centre Pompidou, Paris; *Faces in the Crowd,* Castello di Rivoli, Turin, Whitechapel Art Gallery, London
2006   *Some Tribes,* Scalo Guye Gallery, Los Angeles

Bibliografie *Bibliography*

Seydou Keita, photographer: Portraits from Bamako, Mali, exh. cat. Washington, D.C., National Museum of African Art, Smithsonian Institution, 1995;
Seydou Keita. ed. André Magnin, Contemporary African Art Collection, Zürich, Berlin, New York, 1997;
Julie Alexandra Doring, *Seydou Keita – making people more beautiful,* MA thesis, University of Chapel Hill, North Carolina, 1999;
Michelle Lamuniere, Malick Sidibe, *You Look Beautiful Like That – The Portrait Photographs of Seydou Keita and Malick Sidibe,* exh. cat. Harvard University, New Haven, 2001;
Seydou Keita – A Retrospective, ed. Jean M. Patras, Zurich, 2006

Barbara Kruger

*1945 in Newark, New Jersey
Lives in New York and Los Angeles

1965   Syracuse University, New York
1966   Parsons School of Design, New York
2005   León de Oro: La Biennale di Venezia

Einzelausstellungen *Solo exhibitions*

1974   Artst's Space, New York
1983   Institute of Contemporary Art, London
1984   Kunsthalle Basel
1993   Museo Pecci, Prato, Italy
2000   Museum of Contemporary Art, Los Angeles
2005   Museum of Contemporary Art, San Diego
2006   Kestner Gesellschaft, Hanover

Gruppenausstellungen *Group exhibitions*

1973   *Whitney Biennial,* New York
1982   *40. Esposizione Internazionale d'Arte, La Biennale di Venezia*
1982/87 *documenta 7, 8,* Kassel
1998–01 *Das Versprechen der Fotografie – Werke aus der Sammlung der DG BANK,* (touring) Hara Museum of Contemporary Art, Tokyo, Kestnergesellschaft, Hanover, Centre National de la Photographie, Paris, P.S.1 Contemporary Art Center, New York, Akademie der Künste, Berlin, Schirn Kunsthalle, Frankfurt/Main, 2004–05 Haus der Photographie, Moscow
2003–04 *The Last Picture Show – Artists Using Photography,* Walker Art Center, Minneapolis
2005   *51. Esposizione Internazionale d'Arte, La Biennale di Venezia*
2006   *Speaking with Hands,* Solomon R. Guggenheim Museum New York, Bilbao, Museum Folkwang, Essen
2005   *American Dream – die Wirklichkeit des Alltäglichen, Werke aus der Sammlung der DZ BANK,* Kunsthalle Mannheim
2007   *Dangerous Beauty,* Chelsea Art Museum, New York

Bibliografie *Bibliography*

Barbara Kruger, *Picture/Readings,* New York, 1978;
Barbara Kruger, *We Won't Play Nature to Your Culture,* London, 1983;
Barbara Kruger – Love for Sale. The words and pictures of Barbara Kruger, New York, 1990;
Thinking of You, Barbara Kruger, exh. cat. The Museum of Contemporary Art, Los Angeles, 1999;

Barbara Kruger, desire exists where pleasure is absent, exh. cat. ed. Veit Görner, Hilke Wagner et al., Kestnergesellschaft Hanover, Bielefeld, 2006

Marie-Jo Lafontaine

*1950 in Antwerp, Belgium
Lives in Brussels

1975–79 École Supérieure d'Arcitectureet des Arts Visuels La Chambre, Brussels
1977   Prix de la Jeune Peinture Belge, Brussels
1992   Professor at Hochschule für Gestaltung Karlsruhe; Preis für Europäische Medien und Kommunikation
1995   Wilhelm-Loth-Preis, Kunstpreis, City of Darmstadt
1998   Associate Professor at Hochschule für Gestaltung Karlsruhe
1997   Photo 98, photography award, Great Britain

Einzelausstellungen *Solo exhibitions*

1981   Centre Georges Pompidou, Paris
1985   Tate Gallery, London
1986   Sprengel Museum Hanover
1994   Guggenheim Museum, Soho, New York
1996   Museum van Heedendaagse Kunst, Antwerp
1999   Institut Mathildenhöhe, Darmstadt
2001–03 Henie Onstad Kunstsenter, Høvikodden, Norway, Kunsthalle Wilhelmshaven, Walter Bischoff Galerie, Stuttgart
2006   *Sky Arena,* City of Frankfurt/Main

Gruppenausstellungen *Group exhibitions*

1987   *documenta 8,* Kassel
1991   *Multimediale 2,* ZKM | Zentrum für Kunst und Medientechnologie, Karlsruhe
1993   *Feuer-Wasser-Licht-Erde,* Deichtorhallen, Hamburg
1996   *Sammlung Marx im Hamburger Bahnhof,* Hamburger Bahnhof – Museum für Gegenwart, Berlin
1997   *foto text text foto,* Frankfurter Kunstverein
1998–01 *Das Versprechen der Fotografie – Werke aus der Sammlung der DG BANK,* (touring) Hara Museum of Contemporary Art, Tokyo, Kestnergesellschaft, Hanover, Centre National de la Photographie, Paris, P.S.1 Contemporary Art Center, New York, Akademie der Künste, Berlin, Schirn Kunsthalle, Frankfurt/Main, 2004–05 Haus der Photographie, Moscow
2002   *Face to Face – Werke aus der DZ BANK Sammlung,* Stadtmuseum Stuttgart
2004–05 *Meisterwerke der Medienkunst aus der ZKM-Sammlung,* ZKM | Zentrum für Kunst und Medientechnologie, Karlsruhe
2006   *Art Space Germany,* SCA GALLERY, Sydney College of the Arts

Bibliografie *Bibliography*

Marie-Jo Lafontaine, Museum für Gegenwartskunst, Basel, 1987;
Marie-Jo Lafontaine – Immaculata, Stuttgart, 1992;
Marie-Jo Lafontaine – Jeder Engel ist schrecklich, exh. cat. Tel Aviv Museum of Art, 1993;
Marie-Jo Lafontaine, ed. Bernd Barde, Ostfildern-Ruit, 1999;
marie-jo lafontaine – babylon babies, exh. cat. Henie Onstad Kunstsenter, Høvikodden, 2001

Les Levine

*1935 in Dublin
Lives in New York

1953–55 Central School of Arts and Crafts in London
1967   1st Prize Canadian Sculpture Biennale, Toronto
1975   Professor at William Paterson College in Wayne, New Jersey
1979   CAPS Video Prize

Einzelausstellungen *Solo exhibitions*

1974   The Vancouver Art Gallery, Vancouver, B.C.
1989   International Center of Photography, New York
1996   The Alternative Museum, New York
1997   Galerie der Stadt Stuttgart
2000   Galerie Asbaek
2004   Duisburger Akzente, Wilhelm Lehmbruck Museum, Duisburg, Germany
2005   Brigitte March Galerie, Stuttgart

Gruppenausstellungen *Group exhibitions*

1977   *documenta 6,* Kassel
1987   *documenta 8,* Kassel
1993   Kunsthalle Wien
1994   Institut of Contemporary Art, Boston
1997   Museum of Modern Art, New York
1998–01 *Das Versprechen der Fotografie – Werke aus der Sammlung der DG BANK,* (touring) Hara Museum of Contemporary Art, Tokyo, Kestnergesellschaft, Hanover, Centre National de la Photographie, Paris, P.S.1 Contemporary Art Center, New York, Akademie der Künste, Berlin, Schirn Kunsthalle, Frankfurt/Main, 2004–05 Haus der Photographie, Moscow
2001   *49. Esposizione Internazionale d'Arte, La Biennale di Venezia*
2006   *transmediale.06,* Berlin

Bibliografie *Bibliography*

Les Levine, exh. cat. The Vancouver Art Gallery, Vancouver, 1974; *Die Sprache der Kunst,* ed. Eleonora Louis, exh. cat. Frankfurter Kunstverein, 1993;
Die Sprache der Kunst – Die Beziehung von Bild und Text in der Kunst des 20. Jahrhunderts, ed. Eleonora Louis und Toni Stooss, Stuttgart, 1993;
Les Levine: media projects and public advertisements, ed. Victor Gisler, Luzern, 1988;
Art can see: Les Levine – Medienskulptur, ed. Johann-Karl Schmidt, exh. cat. City of Stuttgart, Ostfildern-Ruit, 1997

Robert Mapplethorpe

*1946 Long Island, New York
†1989 in New York

1963–70 Pratt Institute, Brooklyn

Einzelausstellungen *Solo exhibitions*

1978   Los Angeles Institute of Contemporary Art
1983   Centre Georges Pompidou, Paris
1988   Retrospektive, Whitney Museum of American Art, New York
1994   Solomon R. Guggenheim Museum, New York
2002   Museum of Contemporary Art, Sapporo, Japan
2004   Deutsche Guggenheim, Berlin
2006   Scottish National Gallery of Modern Art, Edinburgh

Gruppenausstellungen *Group exhibitions*

1977/82	*documenta 6, 7,* Kassel
1981	*Autoportraits photographiques,* Centre Georges Pompidou, Paris
1986	*The Nude in Modern Photography,* San Francisco Museum of Modern Art
1988	*Identitiy – Representations of Self,* Whitney Museum of American Art, New York
1991	*Fashion Photography since 1945,* Victoria & Albert Museum, London
1998–01	*Das Versprechen der Fotografie – Werke aus der Sammlung der DG BANK,* (touring) Hara Museum of Contemporary Art, Tokyo, Kestnergesellschaft, Hanover, Centre National de la Photographie, Paris, P.S.1 Contemporary Art Center, New York, Akademie der Künste, Berlin, Schirn Kunsthalle, Frankfurt/Main, 2004–05 Haus der Photographie, Moscow
2001	*Century City – Art and Culture in the Modern Metropolis,* Tate Modern, London
2002	*Face to Face – Werke aus der DZ BANK Sammlung,* Stadtmuseum Stuttgart
2005	*American Dream – die Wirklichkeit des Alltäglichen, Werke aus der Sammlung der DZ BANK,* Kunsthalle Mannheim
2007	*The Heartbeat of Fashion,* Deichtorhallen, Hamburg

Bibliografie *Bibliography*

Robert Mappplethorpe, Certain People: a Book of Portraits, Passadena, 1985;
Germano Celant, *Mapplethorpe,* Milan, 1992;
Mapplethorpe, ed. Germano Celant, exh. cat. Staatsgalerie Stuttgart, 1997;
Mapplethorpe, Arthur Danto and Robert Mapplethorpe Foundation, Munich, Paris, London, 1992;
Herbert Muschamp, *Robert Mapplethorpe – The Complete Flowers,* Kempen, 2006

Mario Merz

*1925 in Milan
†2003 in Turin

1981	Arnold-Bode-Preis der documenta-Stadt Kassel
1989	Kaiserring, City of Goslar, Germany

Einzelausstellungen *Solo exhibitions*

1987	Musée d'Art Contemporain, Lyon
1989	Solomon R. Guggenheim Museum, New York; P.S.1 Contemporay Art Center, New York
1991	Kunsthalle Basel, Switzerland
2000	Fondazione Antonio Ratti, Como, Italy
2005	Fondazione Merz, Turin
2007	Mario Merz – Disegni, Kunstmuseum Winterthur, Switzerland

Gruppenausstellungen *Group exhibitions*

1972	*36. Esposizione Internazionale d'Arte, La Biennale di Venezia*
1972	*documenta 5,* Kassel
1977	*documenta 6,* Kassel
1982	*documenta 7,* Kassel
1987	*Skulptur. Projekte in Münster,* Westfälisches Landesmuseum Münster, Germany
1993/95	*45., 46. Esposizione Internazionale d'Arte, La Biennale di Venezia*
1992	*documenta 9,* Kassel
1997	*Arte Povera from the Goetz Collection,* Neues Museum Weserburg, Bremen, Kunsthalle Nürnberg
2005	*Lichtkunst aus Kunstlicht,* ZKM	Museum für Neue Kunst & Medienmuseum, Karlsruhe

Bibliografie *Bibliography*

Mario Merz, exh. cat. Museo Comunale d'Arte Moderna Ascona, Italy, 1990;
Mario Botta, Mario Merz im Gespräch mit Marlies Grüterich, ed. Christina Bechtler, Kunsthaus Bregenz, Ostfildern-Ruit, 1996;
Mario Merz – Historical Works, ed. Danilo Eccher, exh. cat. Fundación PROA, Buenos Aires, 2003;
Mario Merz – Die Katze, die durch den Garten geht, ist mein Arzt, exh. cat. Kurhaus Kleve, 2001;
Arte Povera – Arbeiten und Dokumente aus der Sammlung Goetz 1958 bis heute, ed. Ingvild Goetz und Christiane Meyer-Stoll, exh. cat., Munich, 2000

Ryuji Miyamoto

*in Tokyo
Lives in Tokyo

1973	MA in Graphic Design, Tama Art University, Tokyo
1989	14th Ihei Kimura Prize
1996	Leone d'oro, *Esposizione Internazionale d'Arte, La Biennale di Venezia*
1999	The 11th Shashin-no-Kai Prize
2005	The Minister of Education's 55th Art Encouragement Prize; 12th Award for the Promotion of Japanese Arts and Culture
2001–05	Professor at Kyoto University of Art and Design
2005–	Professor at Kobe Design University

Einzelausstellungen *Solo exhibitions*

1977	Shimizu Gallery, Tokyo
1990	Min Lowinsky Gallery, New York
1998	Centre national de la photographie, Paris
1999	Museum für Moderne Kunst, Frankfurt/Main
2002/04	Taro Nasu Gallery, Tokyo
2004	Setagaya Art Museum, Tokyo
2006	Taro Nasu, Tokyo

Gruppenausstellungen *Group exhibitions*

1995	*Tokyo City of Photos,* Tokyo Metropolitan Museum of Photogrphy
1996	*6. Esposizione Internazionale d'Architettura, La Biennale di Venezia*
1998	Centre national de la photographie, Paris
2002	*documenta 11,* Kassel
2004	*komplex berlin, 3. berlin biennale für zeitgenössische kunst*
2006	*Tokyo – Berlin/Berlin – Tokyo,* Neue Nationalgalerie, Berlin *Art Forum Berlin 2006*

Bibliografie *Bibliography*

Kau Lung Shing Chai – Kowloon Walled City, Tokyo, 1988; *Kobe 1995, After the Earthquake,* Workshop for Architecture and Urbanism, Tokyo, 1995;
Ryuji Miyamoto, Gerhard Steidl, Göttingen, 1999;
Architectural Apocalypse, Ryuji Miyamoto, Tokyo, 2003;
Kobe 1995: The Earthquake Revisited, Ryuji Miyamoto, Tokyo, 2006

Tracey Moffatt

*1960 in Brisbane, Australia
Lives in Sydney and New York
1982   MA, Queensland College of Art
Einzelausstellungen *Solo exhibitions*

1989	Australia Center for Photography, Sydney
1992	Centre for Contemporary Arts, Glasgow
1997	Dia Center for the Arts, New York Musee d'art Contemporain, Lyon
1998	Kunsthalle Wien
2003	Museum of Contemporary Art, Sydney
2007	STUX Gallery, New York

Gruppenausstellungen *Group exhibitions*

1995	*Antipodean Currents,* Solomon R. Guggenheim Museum, New York
1996	*10th Biennial of Sydney Prospect '9,* Frankfurt/Main
1997	*47. Esposizione Internazionale d'Arte, La Biennale di Venezia*
1998	*Echolot,* Museum Fredericianum, Kassel
1998–01	*Das Versprechen der Fotografie – Werke aus der Sammlung der DG BANK,* (touring) Hara Museum of Contemporary Art, Tokyo, Kestnergesellschaft, Hanover, Centre National de la Photographie, Paris, P.S.1 Contemporary Art Center, New York, Akademie der Künste, Berlin, Schirn Kunsthalle, Frankfurt/Main, 2004–05 Haus der Photographie, Moscow
2002	*Face to Face – Werke aus der DZ BANK Sammlung,* Stadtmuseum Stuttgart
2003	*Selbstgespräch,* Pinakothek der Moderne, Munich
2005	*The World is a Stage – Stories Behind Pictures,* Mori Art Museum, Tokyo
2007	*Normal Love – Precarious Sex,* Künstlerhaus Bethanien, Berlin

Bibliografie *Bibliography*

Twenty Contemporary Australian Photograhers, ed. Isobel Crombie and Sandra Byron, exh. cat. National Gallery of Victoria, 1990;
Gael Newton, *Tracey Moffatt – Fever Pitch,* Annandale, 1995;
Tracey Moffatt, ed. Martin Hentschel, exh. cat. Kunsthalle Wien, Ostfildern-Ruit, 1998;
Tracey Moffatt – Laudanum, ed. Brigitte Reinhardt, exh. cat. Ulmer Museum, 1999;
Christine Walter, *Bilder erzählen,* Weimar, 2002

Hajnal Németh

*1972 in Szony, Hungary
Lives in Berlin

1995–00	Hungarian Academy of Fine Arts, Intermedia Department, Budapest,
2002	Künstlerhaus Bethanien, scholarship International Studio Programme, Berlin

Einzelausstellungen *Solo exhibitions*

1996	Liget Galéria, Budapest
1998	Annexed Gallery, London
2000	*In my garden* with Peter Land, Stúdió Galéria, Budapest
2002	Künstlerhaus Bethanien, Berlin
2003	Ludwig Museum – Museum of Contemporary Art, Budapest
2005	SanHouse Gallery of Contemporary Art, Pecs, Hungary
2006/07	Vintage, Budapest

Gruppenausstellungen *Group exhibitions*

1995	*Through the glass,* Galeria SKUC, Ljubljana, SLO
1998	*Very Short Spaces of Time,* Biennale de l'Image Paris
2001	*2. Berlin Biennale für Zeitgenössische Kunst,* Berlin
2002	*Unstable narratives,* hARTware Medien Kunst Verein, Dortmund
2004	*New Video, New Europe,* Renaissance Society, Chicago, (touring) Contemporary Art Museum, St. Louis, France, Tate Modern, London

2005   *Urbane Realitäten: Fokus Istanbul*,
        Martin-Gropius-Bau, Berlin
2006   *Autopoesis*, Slovenska narodna galeria,
        Bratislava

Bibliografie *Bibliography*

Twilight Tomorrow, exh. cat. Singapore Art Museum,
Singapore, 2004;
*Confidences "Parce que c'était lui, parce que c'était
moi"*, exh. cat Casino Luxembourg – Forum d'art
contemporain, Vox, centre de diffusion de la photographie, Montréal, 2001;
2. berlin biennale, exh. cat., Berlin, 2001;
What if – art on the verge of architecture and design,
exh. cat. Moderna Museet, Stockholm, 2000;
János Sturcz, *The Deconstruction of the Heroic Ego*,
ed. Hungarian University of Fine Arts, Budapest, 2005

Gabriel Orozco

*1962 in Jalapa, Veracruz, Mexico
Lives in Mexiko and New York

1981–84 Escuela National des Artes Plasticas,
        Mexico City
1986–87 Circulo des Bellas Artes, Madrid
2006   blueOrange – Kunstpreis der Deutschen
        Volksbanken und Raiffeisenbanken

Einzelausstellungen *Solo exhibitions*

1993   Museum of Modern Art, New York
1996   *Retrospektive*, Kunsthalle Zürich
1998   ARC/Musée Nationale d'Art Moderne
        de la Ville de Paris, Paris
1999   Portikus, Frankfurt/Main
2000   The Museum of Contemporary Art,
        Los Angeles
2005   Reina Sofia, Madrid
2006/07 *Samurai's Tree Invariant*, blueOrange prize
        2005, Museum Ludwig, Cologne

Gruppenausstellungen *Group exhibitions*

1995   *Migrateurs*, Musée d'Art Moderne de la
        Ville de Paris
1998–01 *Das Versprechen der Fotografie –
        Werke aus der Sammlung der DG BANK*,
        (touring) Hara Museum of Contemporary
        Art, Tokyo, Kestnergesellschaft, Hanover,
        Centre National de la Photographie, Paris,
        P.S.1 Contemporary Art Center, New York,
        Akademie der Künste, Berlin, Schirn Kunst-
        halle, Frankfurt/Main, 2004–05 Haus der
        Photographie, Moscow
1999   *La Ville, Le Jardin, La Mémoire*,
        Villa Medici, Rome
2002   *documenta 11*, Kassel
2003   *Site Specific*, Museum of Contemporary Art,
        Chicago
2003/04 *fast forward. Media Art Sammlung Goetz*,
        ZKM Zentrum für Kunst und Medientechno-
        logie, Karlsruhe
2003/05 *50., 51. Esposizione Internazionale d'Arte,
        La Biennale di Venezia*
2006   *Speaking with Hands*, Solomon R.
        Guggenheim Museum New York

Bibliografie *Bibliography*

Gabriel Orozco, ed. Catherine de Zegher, exh. cat.,
Kanaal Art Fondation, Kortrijk, 1993;
Gabriel Orozco, exh. cat., Kunsthalle Zürich, Zurich,
1996;
Gabriel Orozco – Clinton is Innocent, exh. cat., Musée
Nationale d'Art Moderne de la Ville de Paris, 1998;
Gabriel Orozco, exh. cat., Museum of Contemporary
Art, Los Angeles, 2000;
Gabriel Orozco – Samurai's Tree Invariant, ed. Luminita
Sabau, exh. cat. Museum Ludwig, Cologne, 2006

Sigmar Polke

*1941 in Oels, Schlesien
Lives in Cologne and Hamburg

1961–67 Staatliche Kunstakademie Düsseldorf
1977–91 Professor, Hochschule für Bildende Künste
        Hamburg
1982   Will-Grohmann-Price
1986   Leone d'oro, *Esposizione Internazionale
        d'Arte, La Biennale di Venezia*
2000   Kaiserring, City of Goslar, Germany
2007   Rubensprize, City of Siegen, Germany

Einzelausstellungen *Solo exhibitions*

1966   Galerie Block, Berlin
1984   Kunsthaus Zürich
1996   Museum of Contemporary Art, Los Angeles
1997   Kunst- und Ausstellungshalle der Bundesre-
        publik Deutschland, Bonn
1998   Hamburger Bahnhof – Museum für Gegen-
        wart, Berlin
1999   Museum of Modern Art, New York
2006   The National Museum of Art, Osaka

Gruppenausstellungen *Group exhibitions*

1977   *documenta 6*, Kassel
1981   *A New Spirit in Painting*, Royal Academy of
        Arts, London
1984   *von hier aus*, Düsseldorf
1986   *42. Esposizione Internazionale d'Arte,
        La Biennale di Venezia*
1998   *Art of Four Decades: 1958–1998*, San Fran-
        cisco Museum of Modern Art
1998–01 *Das Versprechen der Fotografie –
        Werke aus der Sammlung der DG BANK*,
        (touring) Hara Museum of Contemporary
        Art, Tokyo, Kestnergesellschaft, Hanover,
        Centre National de la Photographie, Paris,
        P.S.1 Contemporary Art Center, New York,
        Akademie der Künste, Berlin, Schirn Kunst-
        halle, Frankfurt/Main, 2004–05 Haus der
        Photographie, Moscow
1999   *48. Esposizione Internazionale d'Arte,
        La Biennale di Venezia*
2007   *Von Edvard Munch bis Barnett Newman –
        Die Sammlung der Neuen Nationalgalerie*,
        Neue Nationalgalerie, Berlin

Bibliografie *Bibliography*

Martin Hentschel, *Die Ordnung des Heterogenen –
Sigmar Polkes Werk bis 1986*, Darmstadt, 1991;
Sigmar Polke. Photoworks – When pictures vanish,
ed. Russell Ferguson, exh. cat. Museum of Contempo-
rary Art, Los Angeles, 1995;
Sigmar Polke – Back to Postmodernity, ed. David
Thistlewood, Tate Gallery Liverpool, 1996;
Sigmar Polke – Die drei Lügen der Malerei, exh. cat.
Kunst- und Ausstellungshalle der Bundesrepublik
Deutschland, Bonn, 1997;
Sigmar Polke – Die Editionen 1963–2000, ed. Jürgen
Becker, Claus von der Osten, Ostfildern-Ruit, 2000

Inge Rambow

*1940 in Marienburg
Lives in Frankfurt/Main

1981   Sonderpreis Grafik, Bundesministerium des
        Inneren, Germany
1998   Reisestipendium, Hessische Kulturstiftung
1999   Maria Sibylla Merian Prize, Germany

Einzelausstellungen *Solo exhibitions*

1993   Deutsches Historisches Museum, Berlin
1994   Museum für Moderne Kunst, Frankfurt/
        Main; Amerika Haus, Frankfurt/Main

1995   Städtische Galerie Pforzheim, Germany
1997   Galerie für Zeitgnössische Kunst, Leipzig,
        Germany; Museum für Moderne Kunst,
        Frankfurt/Main
1998   Goethe-Institut, New Dheli and Mumbai
2001   Museum für Photographie, Braunschweig,
        Germany

Gruppenausstellungen *Group exhibitions*

1975   *Experimenta 5*, Frankfurter Kunstverein
1992   *Wasteland Fotografie Biennale Rotterdam 3*
1993   *European Exercises: Twentieth Century
        Storm*, Galerie DB-S, Antwerp
1994   *Screen Towers*, Museum für Moderne Kunst
        and Amerika Haus, Frankfurt/Main
1996   *Prospect '96*, Frankfurt/Main
1997/98 *Szenenwechsel XII*, Museum für Moderne
        Kunst, Frankfurt/Main
1998–01 *Das Versprechen der Fotografie –
        Werke aus der Sammlung der DG BANK*,
        (touring) Hara Museum of Contemporary
        Art, Tokyo, Kestnergesellschaft, Hanover,
        Centre National de la Photographie, Paris,
        P.S.1 Contemporary Art Center, New York,
        Akademie der Künste, Berlin, Schirn Kunst-
        halle, Frankfurt/Main, 2004–05 Haus der
        Photographie, Moscow
2003   *Kunst_Sachsen-Anhalt 2: Landschaft(en)*,
        Stiftung Moritzburg, Halle, Germany
2005   *Das verlorene Paradies – Die Landschaft in
        der zeitgenössischen Photographie*, Opel-
        villen Rüsselsheim, Germany

Bibliografie *Bibliography*

Wasteland, Landscapes from now on, exh. cat. Fotografie Biennale Rotterdam III, 1992;
Photographie in der Gegenwartskunst, exh. cat. Prospect 96, Frankfurter Kunstverein, Schirn Kunsthalle,
ed. Peter Weiermair, Frankfurt/Main, 1996;
Inge Rambow, *Wüstungen 1991–1993*, ed. Jean-Christophe Ammann, exh. cat. Museum für Moderne Kunst,
Frankfurt/Main, 1998;
Contemporary Artists Volume 2, 5th Edition, Detroit,
2001;
*Das XX. Jahrhundert, Fotografien zur deutschen
Geschichte aus der Sammlung des Deutschen His-
torischen Museums*, ed. Dieter Vorsteher, exh. cat.
Deutsches Historisches Museum Berlin, Heidelberg,
2004

Robert Rauschenberg

*1925 in Port Arthur, Texas
Lives in Captiva Island, Florida

1946–47 Kansas City Art Institute
1947   Académie Julian, Paris
1948–50 Black Mountain College, North Carolina
1964   Grand Prize, *32. Esposizione Internazionale
        d'Arte, La Biennale di Venezia*
1984   Honorary doctorate in Fine Arts, New York
        University

Einzelausstellungen *Solo exhibitions*

1960   Leo Castelli Gallery, New York
1963   Ileana Sonnabend Gallery, Paris
1968   Stedelijk Museum, Amsterdam
1970   Kunstmuseum, Basel
1980   Staatliche Kunsthalle, Berlin
1997–99 Solomon R. Guggenheim Museum,
        New York; The Menil Collection, Contem-
        porary Arts Museum, Houston; Museum
        Ludwig, Cologne, Solomon R. Guggenheim
        Museum, Bilbao
2005   *The American Dream – die Wirklichkeit des
        Alltäglichen, Werke aus der Sammlung der
        DZ BANK*, Kunsthalle Mannheim

2005–07 The Metropolitan Museum of Art, New
York, The Museum of Contemporary Art,
Los Angeles, Centre Georges Pompidou,
Paris, Moderna Museet, Stockholm.

Gruppenausstellungen *Group exhibitions*

1959–77 *documenta 2, 3, 4, 6, Kassel*
1964–95 *32., 34., 38., 41., 46. Esposizione Interna-
zionale d'Arte, La Biennale di Venezia*
1962 *Beuys, Rauschenberg, Twomly, Warhol,*
Nationalgalerie, Berlin
1990 *High and Low,* Museum of Modern Art,
New York
1998 *The Edge of Awareness,* P.S.1 Contemporary
Art Center, New York
1998–01 *Das Versprechen der Fotografie –
Werke aus der Sammlung der DG BANK,*
(touring) Hara Museum of Contemporary
Art, Tokyo, Kestnergesellschaft, Hanover,
Centre National de la Photographie, Paris,
P.S.1 Contemporary Art Center, New York,
Akademie der Künste, Berlin, Schirn Kunsthalle, Frankfurt/Main, 2004–05 Haus der
Photographie, Moscow
2004 *Das MoMA in Berlin,* Neue Nationalgalerie,
Berlin
2005 *American Dream – die Wirklichkeit des
Alltäglichen, Werke aus der Sammlung
der DZ BANK,* Kunsthalle Mannheim
2007 *Not for Sale,* P.S.1 Contemporary Art Center, New York

Bibliografie *Bibliography*

Robert Rauschenberg – Werke 1950 – 1980, exh. cat.
Staatliche Kunsthalle, Berlin, 1980;
C. Tomkins, *Off the Wall: Robert Rauschenberg and
the Art World of Our Time,* New York, 1980;
M.L. Kotz, *Robert Rauschenberg, Art and Life,* New
York, 1990;
Robert Rauschenberg – A Retrospective, ed. Walter
Hopps and Susan Davidson, Solomon R. Guggenheim
Museum, New York, 1988;
Robert Rauschenberg – Combines, Paul Schimmel,
exh. cat. The Metropolitan Museum of Art, New York/
Los Angeles, Göttingen, 2005

Klaus Rinke

*1939 in Wattenscheid, Germany
Lives in Los Angeles

1957–60 Folkwangschule, Essen
1974–04 Professor at Staatliche Kunstakademie
Düsseldorf

Einzelausstellungen *Solo exhibitions*

1973 Museum of Modern Art, New York
1981 Staatsgalerie Stuttgart
1985 Centre Georges Pompidou, Paris
1986 Palais du Tau, Rheims
1992 Kunsthalle Düsseldorf
2000 Meyer-Ellinger Gallery, Frankfurt/Main
2004 Kunsthalle Barmen, Von der Heydt-
Museum, Wuppertal, Germany

Gruppenausstellungen *Group exhibitions*

1970 Tokyo Biennial
1972/78 *36., 38., Esposizione Internazionale d'Arte,
La Biennale di Venezia*
1972/77 *documenta 5, 6,* Kassel
1973 *Biennale São Paulo*
1993 *Photographie in der deutschen Gegenwartskunst,* Museum Ludwig, Cologne
1997 *Deutsche Fotografie: Macht eines Mediums
1870–1970,* Bundeskunsthalle, Bonn

1998–01 *Das Versprechen der Fotografie –
Werke aus der Sammlung der DG BANK,*
(touring) Hara Museum of Contemporary
Art, Tokyo, Kestnergesellschaft, Hanover,
Centre National de la Photographie, Paris,
P.S.1 Contemporary Art Center, New York,
Akademie der Künste, Berlin, Schirn Kunst-
halle, Frankfurt/Main, 2004–05 Haus der
Photographie, Moscow
2003–04 *Von Körpern und anderen Dingen,* Museum
Bochum, City Gallery, Prague, Deutsches
Historisches Museum, Berlin, Moscow
House of Photography, Museum Bochum
2007 *between 1969–1973,* Kunsthalle Düsseldorf

Bibliografie *Bibliography*

Klaus Rinke – Zeit Raum Körper Handlungen, ed. Götz
Adriani, exh. cat. Kunsthalle Tübingen, 1972;
*Klaus Rinke – Objekte, Photoserien, Zeichnungen
1969–1975,* Kunstverein für die Rheinlande und West-
falen, Düsseldorf, 1995;
Klaus Rinke – Retroaktiv (1954–1991), Städtische
Kunsthalle Düsseldorf, 1992;
Photographien der deutschen Gegenwartskunst,
ed. Reinhold Misselbeck, exh. cat. Museum Ludwig,
Cologne, 1993;
*Klaus Rinke – Objekte, Photoserien, Zeichnungen
1969–1975,* ed. Karl-Heinz Hering, exh. cat. Kunstver-
ein für d. Rheinlande und Westfalen, Düsseldorf, 1975

Jörg Sasse

*1962 in Bad Salzuflen, Germany
Lives in Berlin

1982–88 Staatliche Kunstakademie, Düsseldorf
1988–89 Lecturer at Kunstakademie Düsseldorf
1993–94 Visiting lecturer at Merz Akademie,
Stuttgart
2003– Professor at University Duisburg-Essen.
Germany
2006 Epson art photo award, award for best class
2003 Kunst Köln Award, Cologne

Einzelausstellungen *Solo exhibitions*

1995 DZ BANK Kunstprojekt, Frankfurt/Main
1996 Kölnischer Kunstverein, Cologne
1997 Kunsthalle Zürich
Musée d'Art Moderne de la Ville de Paris
1998 Portikus, Frankfurt/Main (with Udo Koch)
2001 Kunsthalle Bremen, Germany
2003 Kunst Köln Award 2003, Art Cologne
2005 Kunstmuseum Bonn
2007 ART FOYER DZ BANK, Frankfurt/Main
Museum Kunst Palast, Düsseldorf

Gruppenausstellungen *Group exhibitions*

1994 *Kunst mit Fotografie – Die neunziger Jahre,*
Rheinisches Landesmuseum, Bonn
1995 *Scharfer Blick,* Bundeskunsthalle Bonn
1996 *Der soziale Blick – Sonderausstellung Foto-
grafie auf der Art Frankfurt,* Frankfurt/Main
1998–01 *Das Versprechen der Fotografie –
Werke aus der Sammlung der DG BANK,*
(touring) Hara Museum of Contemporary
Art, Tokyo, Kestnergesellschaft, Hanover,
Centre National de la Photographie, Paris,
P.S.1 Contemporary Art Center, New York,
Akademie der Künste, Berlin, Schirn Kunst-
halle, Frankfurt/Main, 2004–05 Haus der
Photographie, Moscow
1999 *Insight – Out,* Kunstraum, Innsbruck,
Kunsthaus Baseland, Muttenz, Kunsthaus
Hamburg
2002 *Moving Pictures,* Solomon R. Guggenheim
Museum, New York
2005 *Why Pictures Now,* Museum moderner
Kunst, Stiftung Ludwig, Vienna

2006–07 *Die Liebe zum Licht,* Städtische Galerie
Delmenhorst, Kunstmuseum Celle, Kunstmuseum Bochum, Germany

Bibliografie *Bibliography*

Jörg Sasse, exh. cat. Institut Mathildenhöhe, Darmstadt, 1992;
Jörg Sasse, exh. cat. Kölnischer Kunstverein, Cologne,
1996;
Jörg Sasse, exh. cat. Musée d'Art Moderne de la Ville
de Paris, 1997;
Jörg Sasse – tableaux & esquisses, ed. Guy Tosatto,
exh. cat. Musée de Grenoble, Munich, 2004;
Jörg Sasse – Tableaus und Skizzen 2004/2005,
exh. cat. Kunstmuseum Bonn, Munich, 2006

Cindy Sherman

*1954 in Glen Ridge, New Jersey
Lives in New York

1976–77 State Univerity College, Buffalo, New York
1995 John D. and Catherine T. MacArthur Foundation
1997 Wolfgang-Hahn-Preis (Gesellschaft für Moderne Kunst am Museum Ludwig), Cologne
1999 Kaiserring, City of Goslar, Germany

Einzelausstellungen *Solo exhibitions*

1980 Metro Pictures, New York
1987 Whitney Museum of American Art,
New York, (touring) The Institute of
Contemporary Art, Boston,
The Dallas Museum of Art
1991 Kunsthalle Basel
1993 Tel Aviv Museum of Art, Tel Aviv
1995 Haus der Photographie/Deichtorhallen
Hamburg
1996 Museum Boijmans Van Beuningen,
Rotterdam
1998 Museum Ludwig, Cologne
1999 Retrospective, Museum of Contemporary
Art, Los Angeles
2003 Serpentine Gallery, London
2007 Kunsthaus Bregenz, Austria

Gruppenausstellungen *Group exhibitions*

1981 *Autoportraits,* Centre Georges Pompidou,
Paris
1982 *documenta 7,* Kassel
1983 *Whitney Biennial,* New York
1992 *More than Photography,* Museum of Modern Art, New York
1995 *46. Esposizione Internazionale d'Arte,
La Biennale di Venezia*
1998–01 *Das Versprechen der Fotografie –
Werke aus der Sammlung der DG BANK,*
(touring) Hara Museum of Contemporary
Art, Tokyo, Kestnergesellschaft, Hanover,
Centre National de la Photographie, Paris,
P.S.1 Contemporary Art Center, New York,
Akademie der Künste, Berlin, Schirn Kunsthalle, Frankfurt/Main, 2004–05 Haus der
Photographie, Moscow
2002 *Face to Face – Werke aus der DZ BANK
Sammlung,* Stadtmuseum Stuttgart
2003 Ludwig Museum – Museum of Contemporary Art, Budapest
2005 *American Dream – die Wirklichkeit des
Alltäglichen, Werke aus der Sammlung
der DZ BANK,* Kunsthalle Mannheim
2007 *Traum und Trauma,* Kunsthalle Wien

Bibliografie *Bibliography*

Cindy Sherman – A History of Portraits, Munich, 1993;
Jürgen Klauke – Cindy Sherman, exh. cat. Sammlung
Goetz, Ostfildern-Ruit, 1994;

Cindy Sherman – Photoarbeiten 1975–1995, ed.
Zdenek Felix, Exh. cat. Deichtorhallen Hamburg,
Munich, 1995;
Cindy Sherman, exh. cat. Museum Boijmans Van Beuningen, Rotterdam 1996;
Cindy Sherman – A Play of Selves, ed. Monika Sprüth/
Philomene Magers, Ostfildern-Ruit, 2007

Anatolij Shuravlev

*1963 in Moscow
Lives in Berlin and Moscow

1991–92 Stipendium Künstlerhaus Bethanien, Berlin
1994 Fotostipendium der Senatsverwaltung für
Kulturelle Angelegenheiten, Berlin

1995 Langsdorff Revisitado, International Artists'
Workshop and Expedition, Brasilia (Goethe-Institut, São Paulo)
1997 Arbeitsstipendium der Senatsverwaltung
für Wissenschaft, Forschung und Kultur,
Berlin

Einzelausstellungen *Solo exhibitions*

1992 Künstlerhaus Bethanien, Berlin
1994 KW Institute for Contemporary Art,
Berlin; Staatliches Russisches Museum,
St. Fetersburg
1995 La Base, Centre d'Art Contemporain,
Levallois/Paris
1996 Aidan Gallery, Moscow
2001 *Schnittbogen (Templates),* Gary Tatintsian
Gallery, New York
2005 Galerie Urs Meile, Luzern, Switzerland
2006 Charim Galerie, Vienna

Gruppenausstellungen *Group exhibitions*

1987 *Retrospective Exhibition of Moscow Artists
1957–1987,* Hermitage Association,
Moscow
1989–90 *10 + 10,* Forth Worth, San Francisco, Buffalo,
Milwaukee, Washington, D.C., Moscow,
Leningrad
1991 *Perspectives of Conceptualism,* P.S.1 Contemporary Art Center, New York
1998 *1. berlin biennale für zeitgenössische kunst*
1999–01 *After the Wall,* Moderna Museet,
Stockholm
2005 *1st Moscow biennial of contemporary art*
2006 *Artists Against The State – Perestroika
Revisited,* Ronald Feldman Fine Arts Inc.,
New York

Bibliografie *Bibliography*

Anatolij Shuravlev, exh. cat. Berlin, 1992;
Maria Serebrjakova, 6 Moskauer Konzeptualisten,
Bern, 1994;
Anatolij Shuravlev, exh. cat. Künstlerhaus Bethanien,
Berlin, 1992;
Children of Berlin, exh. cat. P.S.1 Museum for Contemporary Art, New York, 1999;
28 russische Künstler, exh. cat. Zentraler Ausstellungssaal Manege, Moscow, 2001

Santiago Sierra

*1966 in Madrid
Lives in Mexico City

1989 Graduated in Fine Arts, Universidad Computense, Madrid
Círculo de Bellas Artes (J.G. Dokoupil), Madrid
1989–91 Hochschule für Bildende Künste, Hamburg
1995–97 Escuela de San Carlos, Universidad Nacional
Autónoma de México, Mexico City

Einzelausstellungen *Solo exhibitions*

1994/95 The Joan Miró Foundation, Barcelona
1999 *250 cm Line tattooed on 6 paid People,*
Espacio Aglutinador, La Habana, Cuba
2000 *Workers who cannot be paid, remunerated to remain inside cardboard boxes,* KW
Institute for Contemporary Art, Berlin
2002 *Hiring and arrangement of 30 workers
in relation to their skin color,* Kunsthalle
Wien, Vienna
2004 *300 Tonnen/300 Tons,* Kunsthaus Bregenz
2005 *102 Beggars,* Plaza del Estudiante, 20,
Mexico City
2006 *The Punished,* Public Space, 10 locations,
Frankfurt/Main

Gruppenausstellungen *Group exhibitions*

1995 Fundación Joan Miró, Barcelona
2000 *Pervirtiendo el minimalismo,* Museo Nacional Centro de Arte Reina Sofia, Madrid
2001–05 *49.–51. Esposizione Internazionale d'Arte,
La Biennale di Venezia*
2004 *BIACS1 – Bienal Internacional de Arte Contemporáneo de Sevilla*
2005 *8. Biennale de Lyon 2005*
2006 *Inverting the Map,* Tate Liverpool
2006/07 *Into Me/Out of Me,* P.S.1 Contemporary
Art Center, New York.
KW Institute for Contemporary Art, Berlin

Bibliografie *Bibliography*

Santiago Sierra, exh. cat. Galerie Peter Kilchmann,
Zurich, 2001;
Ana Palacio and Santiago Sierra, Santiago Sierra:
Spanish Pavillion, 50th Venice Biennial, exh. cat.,
Madrid, 2003;
Santiago Sierra, 300 Tons and Previous Work,
exh. cat. Kunsthaus Bregenz, ed. Eckhard Schneider,
Cologne, 2004;
Santiago Sierra – Haus im Schlamm, House in Mud,
exh. cat. Kestnergesellschaft, ed. Veit Görner, Ostfildern-Ruit, 2005;
Santiago Sierra, Santiago Sierra, exh. cat. CAC –
Centro de Arte Contemporano, Malaga, 2006

Taryn Simon

*1975 in New York
Lives in New York

1993–97 BA, Brown University, Providence, RI
2001 Guggenheim Foundation Fellowship in
Photography, New York
1999 The Alfred Eisenstaedt Award in Photography, Columbia University, New York
1997 The Westin Fine Arts Award in Photography, Brown University, Providence
Roberta Joslin Award for Excellence in Art,
Brown University, Providence

Einzelausstellungen *Solo exhibitions*

2001 Camerawork, Berlin
1997 The RISD Museum, Providence
The List Art Center, Brown University,
Providence
2003–06 P.S.1 Contemporary Art Center, New York,
KW Institute for Contemporary Art, Berlin,
Gagosian Gallery, London, Gagosian Gallery, Beverly Hills, Museum Jan Cunen Oss,
Netherlands, Contemporary Arts Center,
Cincinnati
2006 High Museum of Art Atlanta, Georgia
2007 Whitney Museum of American Art, Museum für Moderne Kunst, Frankfurt/Main

Gruppenausstellungen *Group exhibitions*

2001 Kobe Museum, Japan
2002 *Archeology of Elegance,* Haus der Photographie/Deichtorhallen, Hamburg
2002/03 *How Human – Life in the Post-Genome Era,*
International Center of Photography, New
York
2005 *Greater New York 2005,* P.S.1 Contemporary Art Center, New York; Set Up – Recent
Aquisitions in Photography, Whitney Museum of American Art, New York.
2005 *The American Dream – die Wirklichkeit des
Alltäglichen, Werke aus der Sammlung der
DZ BANK,* Kunsthalle Mannheim
2006 *New Photography – Taryn Simon: Nonfiction,* High Museum of Art, Atlanta *Whitney
Biennial,* New York; *Click DoubleClick –
The Documentary Factor,* Haus der Kunst,
Munich, Palais des Beaux Arts, Brussels,
Belgium

Bibliografie *Bibliography*

Taryn Simon, exh. cat. Galerie Camerawork Berlin,
2001;
Taryn Simon – The Innocents, Taryn Simon, with
commentaries by Peter Neufeld & Barry Scheck, New
York, 2003;
Die Zehn Gebote (The Ten Commandments), ed. Klaus
Biesenbach, exh. cat. Deutsches Hygiene-Museum
Dresden, Dresden, 2004;
Greater New York, ed. Klaus Biesenbach, exh. cat.
P.S.1 Contemporary Art Center, New York, 2006;
ClickDoubleClick – The Documentary Factor, Jean-François Chevrier, Johan De Vos, Thomas Weski,
exh. cat. Haus der Kunst Munich, Cologne, 2006

Thomas Struth

*1955 in Geldern, Germany
Lives in Düsseldorf

1973–78 Staatliche Kunstakademie, Düsseldorf
1978 New York scholarship from Staatliche
Kunstakademie Düsseldorf
1993–97 Professor at Staatliche Hochschule für
Gestaltung, Karlsruhe
1997 Spectrum International Photography Prize,
Stiftung Niedersachsen, Germany

Einzelausstellungen *Solo exhibitions*

1987 Kunsthalle Bern
1996 Kunstmuseum Bonn
2000 National Museum of Art, Tokyo & Kyoto
2002–03 The Museum of Contemporary Art,
Los Angeles
2003 Museum of Contemporary Art, Chicago
The Metropolitan Museum of Art,
New York
2004 Hamburger Bahnhof, Berlin

Gruppenausstellungen *Group exhibitions*

1987 *Skulptur. Projekte in Münster,* Westfälisches
Landesmuseum Münster, Germany
1990 *44. Esposizione Internazionale d'Arte,
La Biennale di Venezia*
1992 *documenta 9,* Kassel
1998–01 *Das Versprechen der Fotografie –
Werke aus der Sammlung der DG BANK,*
(touring) Hara Museum of Contemporary
Art, Tokyo, Kestnergesellschaft, Hanover,
Centre National de la Photographie, Paris,
P.S.1 Contemporary Art Center, New York,
Akademie der Künste, Berlin, Schirn Kunsthalle, Frankfurt/Main, 2004–05 Haus der
Photographie, Moscow
1998 Biennial of Sydney

2003–04 *Cruel and Tender,* Tate Modern, London;
*Cruel and Tender – Fotografie und das
Wirkliche,* Museum Ludwig Köln
2005 *Contemporary Voices,* Museum of Modern
Art, New York
2006 *Why Pictures Now,* Museum moderner
Kunst Stiftung Ludwig, Vienna

Bibliografie *Bibliography*

Thomas Struth – Portraits, Museum Haus Lange,
Krefeld, 1992;
Thomas Struth – Straßen: Photographien 1976–1995,
exh. cat. Christoph Schreier, Stefan Gronert, Kunst-
museum Bonn, 1995;
Museum Photographs – Thomas Struth, ed. Thomas
Struth, Hans Belting, Munich, 2005;
Thomas Struth, 1977–2002, ed. Thomas Struth,
Douglas Eklund, exh. cat. New Haven, London, 2002;
Thomas Struth – New Pictures from Paradise, exh.
cat. Thomas Struth, Ingo Hartmann, Hans Rudolf
Reust, Munich, 2002

Andy Warhol

*1928 in Pittsburgh
†1987 in New York

1945–45 Institute of Technology, Pittsburgh
1962 Setting up of "the Factory", New York
Numerous prices and Awards; more than 100 films;
magazine *Interview,* TV-series

Einzelausstellungen *Solo exhibitions*

1952 Hugo Gallery, New York
1970/71 Museum of Contemporary Art, Chicago
Tate Gallery, London
1979 Whitney Museum of American Art,
New York
1989 *Andy Warhol – A Retrospective,*
Museum of Modern Art, New York;
Museum Ludwig, Cologne
1994 The Andy Warhol Museum, Pittsburgh
2007 Albertina, Vienna

Gruppenausstellungen *Group exhibitions*

1956 *Recent Drawings, U.S.A.,* The Museum
of Modern Art, New York
1968/72 *34., 36. Esposizione Internazionale d'Arte,*
La Biennale di Venezia
1984/86 *41., 42. Esposizione Internazionale d'Arte,*
La Biennale di Venezia
1995 *46. Esposizione Internazionale d'Arte,*
La Biennale di Venezia
1968 *documenta 4,* Kassel
1977 *documenta 6,* Kassel
1982 *documenta 7,* Kassel
1982 *Zeitgeist,* Martin-Gropius-Bau, Berlin
1985 *Warhol, Basquiat Paintings,* Tony Shafrazi
Gallery, New York
1998–01 *Das Versprechen der Fotografie –*
Werke aus der Sammlung der DG BANK,
(touring) Hara Museum of Contemporary
Art, Tokyo, Kestnergesellschaft, Hanover,
Centre National de la Photographie, Paris,
P.S.1 Contemporary Art Center, New York,
Akademie der Künste, Berlin, Schirn Kunsthalle, Frankfurt/Main, 2004–05 Haus der
Photographie, Moscow
2005 *50 Jahre documenta,* Kunsthalle Friderici-
anum, Kassel
*American Dream – die Wirklichkeit des
Alltäglichen, Werke aus der Sammlung der
DZ BANK,* Kunsthalle Mannheim
2007 *Out of Time,* Museum of Modern Art,
New York

Bibliografie *Bibliography*

Andy Warhol, a., New York, 1968;
Bob Colacello, *Holy Terror – Andy Warhol Close Up,*
New York, 1991;
The Andy Warhol Museum, Andy Warhol Museum,
Pittsburgh, New York, Ostfildern-Ruit, 1994;
Andy Warhol's time capsule 21, exh. cat. The Andy
Warhol Museum, Pittsburgh, Museum für Moderne
Kunst, Frankfurt/Main, Cologne, 2003;
Andy Warhol, *Die Philosophie des Andy Warhol von
A nach B und zurück (The philosophy of Andy Warhol
from A to B and back again),* (New York, 1975) Frank-
furt/Main, 2006

John Waters

*1945 in Baltimore, Maryland
Lives in Baltimore

1965 University of Baltimore
1966 New York University
Film director (Pink Flamingos, 1972), author,
photographer, actor
1980's Teacher at Baltimore Prison

Einzelausstellungen *Solo exhibitions*

1995 American Fine Arts, New York
1996 Galerie Christian Nagel, Cologne
1997 *Director's Cut,* Pace WildensteinMacGil,
Los Angeles
2000 American Fine Arts, New York
2004 New Museum of Contemporary Art,
New York; Fotomuseum Winterthur,
Switzerland
2005 Andy Warhol Museum, Pittsburgh
2006 The Visual Arts Gallery, The University
of Alabama at Birmingham

Gruppenausstellungen *Group exhibitions*

1992 Aperture Gallery, New York
1996 *Spiral Garden,* Tokyo
1997 *4e Biennale de Lyon*
1998 Center for Contomporary Art, Glasgow
1998–01 *Das Versprechen der Fotografie –*
Werke aus der Sammlung der DG BANK,
(touring) Hara Museum of Contemporary
Art, Tokyo, Kestnergesellschaft, Hanover
Centre National de la Photographie, Paris,
P.S.1 Contemporary Art Center, New York,
Akademie der Künste, Berlin, Schirn Kunsthalle, Frankfurt/Main, 2004–05 Haus der
Photographie, Moscow
2005 *Bildwechsel /01,* Haus der Photographie/
Deichtorhallen Hamburg
2004 *Artists See God,* Institut of Contemporary
Art, London
2006 Walter Maciel Gallery, Los Angeles

Bibliografie *Bibliography*

John Waters, *Schock,* Munich, 1982;
John Waters, *Abartig – Meine Obsessionen,* Berlin,
1991;
John McCarthy, *The Sleaze Merchants – Adventure in
Exploitation Filmmaking,* New York, 1995;
John Waters, *Director's Cut,* Zurich, Berlin, New York,
1997; John Waters, *Unwatchable,* New York, 2006

William Wegman

*1943 in Holyoke, Massachussetts
Lives in New York

1961–65 Massachussetts College of Art, Boston
University of Baltimore, Maryland
1966–67 University of Illinois, Urbana
1986 Guggenheim Fellowship

Einzelausstellungen *Solo exhibitions*

1973 Los Angeles County Museum of Art
1986 Cleveland Museum of Art, Ohio
1991 Frankfurter Kunstverein
Centre Georges Pompidou, Paris
1992 Ringling Museum, Sarasota, Florida
1998 Holly Solomon Gallery, New York
2006 *William Wegman Retrospective,* Brooklyn
Museum of Modern Art, New York

Gruppenausstellungen *Group exhibitions*

1972/77 *documenta 5, 6,* Kassel
1984 *41. Esposizione Internazionale d'Arte,*
La Biennale di Venezia
1986 *Prospect '86,* Frankfurt/Main
1989 *Whitney Biennial,* New York
1990 *Photography Until Now,* Museum
of Modern Art, New York
1998–01 *Das Versprechen der Fotografie –*
Werke aus der Sammlung der DG BANK,
(touring) Hara Museum of Contemporary
Art, Tokyo, Kestnergesellschaft, Hanover,
Centre National de la Photographie, Paris,
P.S.1 Contemporary Art Center, New York,
Akademie der Künste, Berlin, Schirn Kunsthalle, Frankfurt/Main, 2004–05 Haus der
Photographie, Moscow
2003–04 *The Last Picture Show,* Walker Art Center,
Minneapolis, (touring) UCLA Hammer
Museum, Los Angeles, Museo de Arte Con-
temporánea de Vigo, Spain, Fotomuseum
Winterthur, Switzerland
2006 *A Curator's Eye,* Los Angeles County Muse-
um of Art

Bibliografie *Bibliography*

William Wegman – Man's Best Friend, New York,
1982;
*William Wegman – Malerei, Zeichnung, Fotografie,
Video,* ed. Martin Kurz, Cologne 1990;
William Wegman – Cinderella, Munich, 1993;
William Wegman – Meine Geschichte mit Fay, Munich,
2000; *William Wegman – Polaroids,* Munich, 2002

Sascha Weidner

*1976 in Osnabrück, Germany
Lives in Braunschweig

1996–04 Brunswick School of Arts, Staatliche
Kunstakademie Düsseldorf, Hochschule
für Bildende Kunst Hamburg
2001 1st Prize International Polaroid Award
2004/06 DAAD scholarship (fine arts), Los Angeles
2005 Förderpreis Fotografie 2005, Nbank,
Hanover
2007 Nominated for Preis der Nationalgalerie für
junge Kunst, Berlin

Einzelausstellungen *Solo exhibitions*

2005 Junge Kunst e.V., Wolfsburg
2006 ART FOYER DZ BANK, Frankfurt/Main
2007 Galerie Conrads, Düsseldorf at Filiale Berlin,
Germany.

Gruppenausstellungen *Group exhibitions*

1998 Klasse Huber at Kunstverein Hanover
1999 *Gesundheit,* Kunsthaus Essen
2000 *Nach Cindy,* Mönchehaus – Museum für
Moderne Kunst, Goslar
Phænographie, Kunstmuseum Wolfsburg
2003 *fremde.orte.,* Museum für Photographie,
Braunschweig
My favorites, Galerie der Hochschule für
Bildende Künste, Braunschweig

2004   *Der Raum. Die Wand. Das Buch., Meister-
       schüler 2004,* Galerie der Hochschule für
       Bildende Künste, Braunschweig
2006   *Eißfeldts Meister,* Apex Kunstverein pro art,
       Göttingen
2006–07 *Die Liebe zum Licht,* Städtische Galerie
       Delmenhorst Haus Coburg, Kunstmuseum
       Celle, Kunstmuseum Bochum

Bibliografie *Bibliography*

Gastspiel, Klasse Thomas Huber, exh. cat. Kunstverein
Hanover, 1998;
fremde.orte., Klasse Dörthe Eißfeldt, exh. cat. Museum
für Photographie, Braunschweig, 2003;
*Das Schreiben der Bilder – Der Raum. Die Wand. Das
Buch.,* Meisterschüler 2004, ed. Michael Glasmeier,
Braunschweig, 2004;
Sascha Weidner, *Beauty remains,* Braunschweig,
2006;
*Eißfeldts Meister – Matthias Langer, Sonja Wegener,
Sascha Weidner,* exh. cat. Apex Kunstverein, Göt-
tingen, 2006

LISTE DER AUSGESTELLTEN WERKE

LIST OF WORKS IN THE EXHIBITION

Richard Avedon
Roberto Lopez, Oil Field Worker, Lyons, Texas,
September 28, 1980/85
Schwarz-Weiß-Fotografie
Black-and-white photograph
152 × 120,5 cm

Juan Patricio Lobato, Carney, Rocky Ford,
Colorado, August 23, 1980/85
Schwarz-Weiß-Fotografie
Black-and-white photograph
152 × 120,5 cm

Hansel Nicholas Burum, Coal Miner, Somerset,
Colorado, December 17, 1979/85
Schwarz-Weiß-Fotografie
Black-and-white photograph
152 × 120,5 cm

Matthew Barney
Cremaster 2: The Golden Tablet, 1998
Farbfotografie *Color photograph*
127 × 102 cm

Cremaster 2: The Ectoplasm, 1998
Farbfotografie *Color photograph*
102 × 127 cm

Sibylle Bergemann
Das Denkmal, 1975–1986/1996
8 Schwarz-Weiß-Fotografien
8 black-and-white photographs
je *each* 58,5 × 70 cm

Joseph Beuys
FIU (Kassel 1977) Honigpumpe am Arbeitsplatz, 1979
2 Farbfotografien *2 color photographs*
je *each* 44 × 34 cm

Christian Boltanski
Gymnasium Chases, 1991
24-teilig *24 parts*
Fotogravüre *Photogravure*
je *each* 60 × 40 cm

Hanne Darboven
Das Jahr 1990: Gedankenstrich (+1), 1990
109-teilig *109 parts*
Farbfotografie/Tusche *Color photograph/ink*
je *each* 54 × 74 cm

Tacita Dean
T&I, 2006
25-teilig *25 parts*
Fotogravüre *Photogravure*
je *each* 72 × 90 cm

Olafur Eliasson
The Inner Cave, 1998
36-teilig *36 parts*
Farbfotografie *Color photograph*
je *each* 35,5 × 52 cm

Gábor Gerhes
Mothers at Rest, 2004
Lambdaprint *Lambda print*
171 × 125 cm

Man longing to be absorbed in his own Belief, 2004
Lambdaprint *Lambda print*
168 × 125 cm

Jochen Gerz
Die Zeugen von Cahors, 1998
48-teilig *48 parts*
Fotosiebdruck und Offsetdruck auf Büttenpapier
Silkscreened photograph and offset print on
manuscript paper
je *each* 44,5 × 32 cm

The Berkeley Oracle (Fragen ohne Antwort), 1999
40-teilig *40 parts*
Farbfotografie *Color photograph*
je *each* 18 × 24 cm

Rodney Graham
Ponderosa Pine I, 1991
Farbfotografie *Color photograph*
214,5 × 184,5 cm

Andreas Gursky
Charles de Gaulle, 1992
Farbfotografie *Color photograph*
180,5 × 226 cm

Tibor Hajas
Restoration 2. Restored money, 1976
Money, photograph
45,8 × 33 cm

Restoration 5. Restored Huxley, 1976
Book, photograph
45,8 × 33 cm

Gottfried Helnwein
Sting, München, 1991
Clint Eastwood, München, 1984
Keith Richards, Berlin, 1990
Keith Richards, Berlin, 1990
Mick Jagger, London, 1982
Andy Warhol I, New York, 1983
Andy Warhol II, New York, 1983
Lou Reed, London, 1992
John Cale, Bruxelles, 1991
William S. Burroughs, Lawrence, 1990
William S. Burroughs II, Lawrence, 1990
Keith Haring, Düsseldorf, 1989
Roy Lichtenstein, New York, 1992
Leo Castelli, New York, 1992
Maximilian Schell, Los Angeles, 1990
Norman Mailer, Provincetown, 1990
Michael Jackson, Köln, 1988
Willy Brandt, Bonn, 1989
Simon Wiesenthal, Wien, 1990
Lech Walesa, Bonn, 1989
Billy Wilder, Los Angeles, 1991
Elton John, München, 1992
Roland Topor, Essen, 1989
Charles Bukowski, Los Angeles, 1991
Charles Bukowski, Los Angeles, 1991
Heiner Müller, Burgbrohl, 1989
Peter Ludwig, Aachen, 1991
Leni Riefenstahl, München, 1990
Arno Breker III, Düsseldorf, 1988
Gottfried Helnwein, Wien, 1981

Aus der Serie *From the series: Faces*
30 Schwarz-Weiß-Fotografien
30 black-and-white photographs
je *each* 52,5 × 34 cm

David Hockney
"Roses for Mother," 4 Dec, 1995, 1995
Tintenstrahldruck *Inkjet print*
117 × 136,5 cm

Nan Hoover
Coming and Going, 1980
Farbfotografie *Color photograph*
42,5 × 124,5 cm

Teresa Hubbard/Alexander Birchler
Gregor's Room I, 1998/1999
4 Diptychen *4 diptychs*
Farbfotografie *Color photograph*
je *each* 150,5 × 360 cm

Ilya Kabakov
10 Personagen, 1994
12-teilig *12 parts*
Fotosiebdruck *Silkscreened photograph*
7 je *each* 52 × 72 cm
5 je *each* 72 × 52 cm

Seydou Keïta
Ohne Titel, 1949–63/1998
8 Schwarz-Weiß-Fotografien
8 black-and-white photographs
2 je *each* 64 × 80 cm
6 je *each* 80 × 64 cm

Barbara Kruger
Not angry enough, 1997
Fotosiebdruck auf Vinylfolie
Silkscreened photograph on vinyl foil
276 × 277 cm

Marie-Jo Lafontaine
Liquid Crystal, 1999
Schwarz-Weiß-Fotografie
Black-and-white photograph
214 × 131 cm

Liquid Crystal, 1999
Schwarz-Weiß-Fotografie
Black-and-white photograph
214 × 128 cm

Liquid Crystal, 1999
Schwarz-Weiß-Fotografie
Black-and-white photograph
214 × 131 cm

Les Levine
Imitate touch, 1990
Not guilty & imitate touch, 1990
Change your mind, Lodz, 1989
Consume or perish, 1989
Selbstportrait Les Levine, 1989
Green house, 1990
Pray for more, 1989
Work change, Munich, 1990
Brand new, Frankfurt/Main, 1989
Draw charm, Frankfurt/Main, 1989
Switch position, Frankfurt/Main, 1989
Get more, Frankfurt/Main, 1989
12 Farbfotografien *12 color photographs*
je *each* 54 × 64 cm

Robert Mapplethorpe
Self-Portrait, 1988
Schwarz-Weiß-Fotografie
black-and-white photograph
55 × 83 cm

Mario Merz
Isola della Frutta, 1975
35 Farbfotografien *35 color photographs*
je *each* 32 × 26 cm
und 10 Neonleuchten *and 10 neon tubes*
je *each* 11 × 9 cm

Ryuji Miyamoto
Großes Schauspielhaus Berlin, 1985
3 Schwarz-Weiß-Fotografien
3 black-and-white photographs
je *each* 63 × 83,5 cm

Tracey Moffatt
Up in the sky, 1997
25-teilig *25 parts*
Offsetdruck *Offset print*
je *each* 94,5 × 105,5 cm

Something more, 1989
9-teilig *9 parts*
Farbfotografie/Schwarz-Weiß-Fotografie
Color photograph/black-and-white photograph
je *each* 104 × 136 cm

Hajnal Németh
Comfort, 2005
Lambdaprint, Aluminium
Lambda print, aluminum
120 × 120 cm

Reamed Sunday, 2000
Videostills auf Fotopapier, Lambdaprint, Aluminium
Video stills on photographic paper, Lambda print, aluminum
70 × 100 cm

Babak+512, 2001
Videostills auf Fotopapier, Lambdaprint, Aluminium
Video stills on photographic paper, Lambda print, aluminum
140 × 100 cm

Gabriel Orozco
Green Ball, 1995
Farbfotografie *Color photograph*
54,5 × 70,5 cm

Sigmar Polke
Wiederbelebungsversuch, 1968
2 Schwarz-Weiß-Fotografien
2 black-and-white photographs
je *each* 74,5 × 64 cm

Zollstocksterne, 1968
9-teilig *9 parts*
Schwarz-Weiß-Fotografie
black-and-white photograph
je *each* 65 × 54,5 cm

Inge Rambow
Bei Lauchhammer, Brandenburg, 1991
Bei Klingmühl, Brandenburg, 1991
Bei Bergheide, Brandenburg, 1991
Bei Mühlrose, Sachsen, 1991
Aus der Serie *From the series:*
Wüstungen
4 Farbfotografien *4 color photographs*
je *each* 102,5 × 119 cm

Robert Rauschenberg
9–81–Q–13 (NYC), 1981
9–81–K–23 (NYC), 1981
9–81–L–32 (NYC), 1981
2–80–E–14A (NYC), 1980
10–80–C–17 (NYC), 1980
9–81–P–20A (NYC), 1981
10–80–C–11 (NYC), 1980
9–81–K–32 (NYC), 1981
9–81–K–3 (NYC), 1981
9–81–M–18 (NYC), 1981
10–80–J–8 (BOSTON), 1980
9–81–N–15 (NYC), 1981

Aus der Serie *From the series:*
In and out of City Limits: New York/Boston
12 Schwarz-Weiß-Fotografien
12 black-and-white photographs
6 je *each* 73 × 58 cm
6 je *each* 58 × 73 cm

Klaus Rinke
Die Wand, 1972
16-teilig *16 parts*
Schwarz-Weiß-Fotografie
Black-and-white photograph
je *each* 100 × 75 cm

Jörg Sasse
"4251", 1994
Farbfotografie hinter Plexiglas kaschiert
Color photograph face mounted on Plexiglas
124 × 90 cm

"7341", 1996
Farbfotografie hinter Plexiglas kaschiert
Color photograph face mounted on Plexiglas
93 × 150 cm

Cindy Sherman/Richard Prince
Untitled, 1980
Diptychon *Diptych*
Farbfotografie *Color photograph*
je *each* 59 × 79 cm

Anatolij Shuravlev
Berlin, 1998
101-teilig *101 parts*
Farbfotografie hinter Plexiglas kaschiert
Color photograph face mounted on Plexiglas
je *each* 1 × 1 × 1 cm

Santiago Sierra
250 cm line tattooed on 6 paid people
Espacio Aglutinador, Havana, Cuba, December 1999
Schwarz-Weiß-Fotografie auf Farbfotopapier
black-and-white photograph on color photographic paper
150 × 216 cm

Taryn Simon
Calvin Washington, 2002
Eduardo Velazquez, 2002
Kenneth Waters, 2002
Larry Mayes, 2002
John Dixon, 2002
Tim Durham, 2002
Walter (Tony) Snyder, 2002
Troy Webb, 2002
Warith Habib Abdal, 2002

Aus der Serie *From the series:*
The Innocents
9 Farbfotografien *9 color photographs*
je *each* 123,5 × 159 cm

Thomas Struth
Musée du Louvre III, Paris, 1989
Farbfotografie hinter Plexiglas kaschiert
Color photograph face mounted on Plexiglas
156 × 175,5 cm

Andy Warhol
Bianca Jagger at Halston's House, New York
His Holiness Pope John Paul II, St. Peter's Square, Rome
Henry Kissinger & Elisabeth Taylor Warner, Washington, D.C.
Truman Capote at Home, New York
Salvador Dali & Ultra Violet, New York
Diana Vreeland, Empress of Fashion, New York
Halston at Home, New York
Tennessee Williams & Producer Leister Persky, New York
Liza Minnelli at Halston's House, New York
Andy Warhol, Self-Portrait, Montauk, Long Island
Peter Malatesta & Monique van Vooren, Washington, D.C.
Bianca Jagger, Liza Minnelli & Jacqueline Onassis in Liza's Dressing Room, New York

Aus der Serie *From the series:*
Social Disease, 1976–79
12 Schwarz-Weiß-Fotografien
12 black-and-white photographs
4 je *each* 66,5 × 51,5 cm
8 je *each* 51,5 × 66,5 cm

John Waters
Peyton Place – The Movie, 1993
Farbfotografie *Color photograph*
18,5 × 212,5 cm

Peyton Place – The Documentary, 1994
Farbfotografie *Color photograph*
18,5 × 212,5 cm

William Wegman
Letters A–Z, 1993
26 Schwarz-Weiß-Fotografien
26 Black-and-white photographs
je *each* 32 × 29 cm

Numbers 0–9, 1993
10 Schwarz-Weiß-Fotografien
10 Black-and-white photographs
je *each* 32 × 29 cm

Punctuations , ; . : ? ! , ,", 1993
8 Schwarz-Weiß-Fotografien
8 Black-and-white photographs
je *each* 32 × 29 cm

Sascha Weidner
Mullholland Drive II (nach D. Lynch), 2005
80 × 80 cm

Julie II, 2005
80 × 80 cm

Blühende Mandelbaumzweige (nach van Gogh), 2005
40 × 40 cm

Pleh II, 2005
21 × 28 cm

Cancer III, 2005
100 × 100 cm

Heiliger Sebastian III, 2003
40 × 40 cm

Letterstraße 46 II, 2003
40 × 40 cm

Tunnel II, 2003
50 × 50 cm

Concord II, 2005
50 × 50 cm

Aus der Serie *From the series:*
Beauty remains
Farbfotografie hinter Plexiglas kaschiert
Color photograph face mounted on Plexi glass

Alle Maße beziehen sich auf die Rahmen, H × B.
All dimensions refer to the frames, height by width.

Diese Publikation erscheint anlässlich der Ausstellung
*This book is published in conjunction with the
exhibition:*

Konzept: Fotografie
Concept: Photography
Dialogues & Attitudes

Ludwig Museum – Museum of Contemporary Art,
Budapest
27. April – 10 Juni 2007
April 27 – June 10, 2007

Herausgeber *Editor:*
Luminita Sabau

Redaktion *Managing editor:*
Vanessa Adler

Lektorat *Copyediting:*
Hubert Beck,
Stephanie Pfannkuchen,
Andrea Szekeres

Korrektur *Proofreading:*
Ellen Stoppock

Übersetzungen *Translations:*
Aus dem Ungarischen ins Englische
From Hungarian into English: Adele Eisenstein
ins Deutsche *into German:* Christine Rácz
Aus dem Deutschen ins Ungarische
From German into Hungarian: Lajos Adamik
ins Englische *into English:* Jeremy Gaines

Koordination Sammlung *Coordination Collection:*
Christina Leber

Bildredaktion *Image editing:*
Martina Ehrich, Christina Leber, Kerstin Loose

Reproduktionen *Reproductions:*
Michael Frank

Künstlerlebensläufe *Artists' biographies:*
Kerstin Loose

Grafische Gestaltung *Graphic design:*
Boros, Agentur für Kommunikation

Schrift *Typeface:*
Frutiger Next

Papier *Paper:*
Galaxy

Buchbinderei *Binding:*
Verlagsbuchbinderei Dieringer, Gerlingen

Reproduktion und Gesamtherstellung
Reproductions and printing:
Dr. Cantz'sche Druckerei, Ostfildern

© 2007 Hatje Cantz Verlag, Ostfildern,
und Autoren *and authors*

Erschienen im *Published by:*
Hatje Cantz Verlag
Zeppelinstraße 32
73760 Ostfildern
Deutschland *Germany*
Tel. +49 711 4405-200
Fax +49 711 4405-220
www.hatjecantz.com

Hatje Cantz books are available internationally
at selected bookstores and from the following
distribution partners:

USA/North America – D.A.P., Distributed Art
Publishers, New York, www.artbook.com
UK – Art Books International, London,
www.art-bks.com
Australia – Tower Books, Frenchs Forest (Sydney),
www.towerbooks.com.au
France – Interart, Paris, www.interart.fr
Belgium – Exhibitions International, Leuven,
www.exhibitionsinternational.be
Switzerland – Scheidegger, Affoltern am Albis,
www.ava.ch

For Asia, Japan, South America, and Africa, as well
as for general questions, please contact Hatje Cantz
directly at sales@hatjecantz.de, or visit our homepage
at www.hatjecantz.com for further information.

ISBN 978-3-7757-1987-2

Printed in Germany

Umschlagabbildung *Cover illustration: Bianca Jagger
at Halston's House, New York*
Aus der Serie *From the series: Social Disease,*
1976–1979
Schwarz-Weiß-Fotografie
Black-and-white photograph
66,5 x 51,5 cm

© 2007 Andy Warhol Foundation for the Visual Arts/
Artists Rights Society (ARS), New York